Reinhard Pohanka

Das Osmanische Reich

Reinhard Pohanka

Das Osmanische Reich

marixverlag

Die Türken haben schöne Töchter,
Und diese scharfe Keuschheitswächter,
Wer will, kann mehr als eine frein:
Ich möchte schon ein Türke sein

Wie wollt ich mich der Lieb ergeben!
Wie wollt ich liebend ruhig leben,
Und – doch sie trinken keinen Wein;
Nein, nein, ich mag kein Türke sein.

(Gotthold Ephraim Lessing, Lieder: Die Türken)

Nichts bessers weiß ich mir an Sonn- und Feyertagen,
Als ein Gespräch von Krieg und Kriegsgeschrey,
Wenn hinten, weit, in der Türkey,
Die Völker auf einander schlagen.

(Bürger in Goethe, Faust I ,862/63)

Inhalt

Vorwort

Betrachtet man die Geschichte von großen Reichen, Imperien und Dynastien auf dieser Welt, so war das Osmanische Reich eines der am längsten überdauernden Staatsgebilde. Seine Herrscherfamilie, die Osmanen, regierte mehr als 600 Jahre ununterbrochen, eine Leistung, die in Europa nur noch die Habsburger vollbrachten. Zunächst am Rande der islamischen Welt gelegen, wurde das Reich, das sich auf dem Höhepunkt seiner Macht von der Donau bis zum Nil erstreckte, zu deren Mittelpunkt und zum Sitz des Kalifates. Das Osmanische Reich und seine Hauptstadt Konstantiniyye[1] waren von der Religion des Islam durchdrungen und beeinflusst.

Die osmanische Kultur entstand im Hochmittelalter, als ein zunächst unbedeutender, lokaler Emir namens Osman 1299 ein Gebiet in Anatolien eroberte, zu dem er und seine Nachfahren innerhalb weniger Jahrhunderte Stadt um Stadt und Land um Land hinzufügten. Auf dem Höhepunkt des Reichs herrschten die osmanischen Sultane vom Topkapi-Palast an den Ufern des Bosporus über Länder in Asien, Afrika und Europa und ihre Armeen waren gefürchtet auf den Schlachtfeldern von Kosovo Polje, Mohaçs und Nikopolis. Erst 1923 fiel das Reich endgültig seiner Unfähigkeit zum Opfer, sich selbst zu reformieren und weil es technologisch nicht mehr mit den übrigen europäischen Großmächten Schritt halten konnte. Seine Soldaten mussten besiegt die Schlachtfelder des Ersten Weltkrieges verlassen. Was aber bis heute bleibt, sind die Leistungen der Osmanen in Kunst und Kultur und ein demokratischer Nachfolgestaat, die Republik Türkei.

Wer waren die Osmanen, die in Europa als Türken bezeichnet wurden und die für Jahrhunderte die Politik Europas mitbestimmten? Es gibt zahlreiche Reisebeschreibungen des Osmani-

1 Das heutige Istanbul hieß in der Zeit der Griechen Byzantion, in der Spätantike Konstantinopel, unter osmanischer Herrschaft in offiziellen Dokumenten und auf Münzen Kostantiniyye, in der Umgangssprache Stambul oder Istambul und erst seit 1930 wird die Stadt offiziell als Istanbul bezeichnet.

schen Reichs von Europäern, die vom Luxus und den Ausschweifungen der Türken berichten, von Festen in mit Lampions und Tulpen geschmückten Gärten, von Palästen mit geheimnisvollen Serails und einem Harem mit den schönsten Frauen aus Abendland und Morgenland. Es gibt aber auch Berichte von der Grausamkeit der Sultane, die, nachdem sie auf den Thron gekommen waren, ihre Brüder und deren Familien zu ermorden pflegten, um keine Rivalen zuzulassen.

Geht man in der Geschichte zurück, so stößt man auf ein turkstämmiges Steppenvolk aus dem Inneren Asiens, das auf dem Rücken seiner Pferde nach Westen wanderte, dabei die Länder Vorderasiens durchquerte, Persien eroberte und sich dann in Anatolien im Sultanat von Rum niederließ. Hier gelang es einem kleinen türkischen Stamm unter seinem Anführer Osman sich im Gefolge der Rum-Seldschuken festzusetzen, dem Byzantinischen Reich die Stirn zu bieten und eine dauerhafte Herrschaft zu etablieren. In zahlreichen Feldzügen wurde von den Osmanen das Byzantinische Reich bezwungen und seine Hauptstadt Konstantinopel erobert, sie überquerten den Bosporus und die Dardanellen nach Europa, besetzten den Balkan und trugen zweimal Angriffe bis an die Mauern Wiens vor. Der Nahe Osten, die Arabische Halbinsel, Ägypten und fast der gesamte Südrand des Mittelmeers wurden erobert und auf dem Höhepunkt seiner Macht umfasste das Osmanische Reich etwa die selbe Fläche, die einst das Römische Reich besessen hatte und war damit einer der größten Flächenstaaten der frühen Neuzeit geworden.

Der Erfolg des Reichs beruhte auf Expansion. Solange sie anhielt konnten seine Soldaten, die gefürchteten Reiter der Sipahis und die Janitscharen mit ihren hohen Turbanen und ihrer wilden Musik, bezahlt werden. Daneben blühte aber auch die Kultur. Baumeister wie Sinan erdachten großartige Moscheen, deren Minarette in den Himmel ragten, geschickte Handwerker schufen Teppiche, Keramiken und Textilien von unvergleichlicher Farbenpracht. Dichter wie Yunus Emre schrieben Bücher zu Ehren des Sultans.

Das Osmanische Reich war am Höhepunkt seiner Macht ein Vielvölkerstaat, aber keine Kolonialmacht. Alle Untertanen wurden gleich behandelt, ob sie in Kostantiniyye, dem heutigen Istanbul[2], oder an der osmanischen Militärgrenze in Europa lebten. Der Staat war religiös und dennoch tolerant, nicht-muslimische Religionen konnten ihre Synagogen, Kirchen und Klöster behalten und ihrem Kultus nachgehen, wenn sie eine geringe Kopfsteuer (Dschizya) bezahlten. Die Nicht-Muslime lebten unter ihren eigenen Kirchenfürsten und das Osmanische Reich nahm auch verfolgte Minderheiten wie die sephardischen Juden aus Spanien in seine Länder auf.

Das Osmanische Reich konnte sich über sechs Jahrhunderte als Großmacht behaupten und seine Nachbarn in Angst und Schrecken versetzen. Dennoch ging es zu Beginn des 20. Jahrhunderts zugrunde und wurde durch die moderne türkische Republik ersetzt. Die Gründe dafür waren vielfältig. Zum einen die Hybris seiner Sultane, die es lange Zeit nicht erlaubte, andere Herrscher als gleichwertig anzusehen, dazu ein Landverteilungssystem (timar-System), das nur solange funktionieren konnte, wie das Reich expandierte und am Ende der Verlust jedes Fortschrittsgedankens. Während die Länder des Westens die Zeiten der Renaissance, der Aufklärung und des Merkantilismus bis zur industriellen Revolution durchlebten, blieb das Osmanische Reich in seinen mittelalterlichen Traditionen verhaftet und geriet so immer weiter ins Hintertreffen gegenüber den christlichen europäischen Staaten. Innerhalb von drei Jahrhunderten, vom Beginn des 17. Jahrhunderts bis zum Ende des 19. Jahrhunderts, wurde aus einer der stärksten Militärmächte der Welt und aus einem wirtschaftlich autonomen Staatswesen der »kranke Mann am Bosporus«, der zum Spielball der europäischen Mächte herabsank[3]. Zwar gab es hin und wieder den Willen zu Reformen, diese wurden aber meist zu spät oder nur halbherzig durchgeführt. Dennoch bleiben uns viele Dinge, die

---

2 In diesem Buch werden die Begriffe Istanbul, Stambul und Kostantiniyye gleichwertig behandelt und bezeichnen die Hauptstadt des Osmanischen Reichs seit 1453, das heutige Istanbul.

3 Der russische Zar Nikolaus I. prägte den Spruch vom kranken Mann erstmals 1852 in einem Gespräch mit dem britischen Botschafter Sir George Hamilton Seymour indem er sagte: *Wir haben einen kranken Mann auf den Armen. Es wäre ein Unglück, wenn er uns eines Tages entfallen sollte.*

von den Türken auf uns gekommen sind, die Tulpen etwa, die Nationalblume der Osmanen, der Flieder, die »Türkenmanie« des Rokoko, für ewig festgehalten in Mozarts »Entführung aus dem Serail«, aber auch die zahlreichen Kunstwerke und Schriften der Antike, die in den Bibliotheken des Osmanischen Reichs durch die Toleranz der Sultane erhalten geblieben sind und über diesen Weg nach Europa gelangten.

Und dennoch bleibt das Osmanische Reich in vielerlei Hinsicht ein Rätsel. Es kontrollierte die Handelswege zwischen Europa und Asien, war aber selbst kaum am Handel interessiert und beteiligt. Es war ein Reich der Türken, aber dennoch kamen seine hohen Offiziere und Beamten zumeist vom Balkan wie auch seine Elitetruppen, die Janitscharen. Man pflegte das byzantinische Hofzeremoniell, die Literatur war persisch beeinflusst, der Reichtum kam aus Ägypten und man schrieb mit arabischen Buchstaben. Die Landwirtschaft blieb die längste Zeit auf einem primitiven Stand, blühte aber in den vom Reich eroberten Ländern auf. Die Osmanen waren keine fanatischen Muslime und folgten der moderaten Sunni-Schule der Hanafiten mit einer maßvollen Interpretation des Korans. So war das Osmanische Reich ein islamischer Staat, auch wenn die Mehrzahl seiner Untertanen oft keine Muslime waren und man nicht versuchte, sie zum Übertritt zum Islam zu bewegen.

Ihre Sultane wurden über das Leben von Alexander dem Großen unterrichtet, hatten aber sonst kaum Interesse an der Geschichte mit Ausnahme der ihrer eigenen Vorfahren. Dennoch waren sie Vorbilder. Der junge russische Zar Iwan IV. der Schreckliche studierte das Leben von Mehmed II. dem Eroberer und die Venezianer bewunderten ihr Regierungssystem. Die Osmanen waren große Baumeister und Architekten und einer ihrer Großwesire rühmte sich, dass er mehr Moscheen gebaut habe als Kaiser Justinian Kirchen.

Das osmanische Imperium überlebte seine Größe. Als Napoleon 1798 unter den Pyramiden stand und verkündete, dass 40 Jahrhunderte auf seine Soldaten herabblickten, war das Reich schon schwach und im Verfall begriffen. Wenige Türken konnten sich noch aufraffen um den Versuch zu wagen, zur alten Größe zurückzukehren. Daher kamen die besten Seeleute des

Reichs am Ende aus Griechenland, die geschicktesten Händler waren Armenier und Juden. Die Soldaten aus allen Teilen des Reichs waren schlecht geführt, aber bekannt für ihre Tapferkeit und Hingabe an den Staat. Die Staatsmänner, besonders die Großwesire, lebten in ständiger Furcht vor dem Sultan und seinem Henker und unter dem Dauerverdacht der Korruption. Das Reich war geographisch nach allen Seiten offen und hatte keine natürlichen Verteidigungslinien, es gab keine gemeinsame Sprache und keine religiöse Einheit. Die Osmanen hatten niemals nach dem Gold anderer Erdteile gegriffen und besaßen am weltweiten Handel keinen Anteil. Lange Zeit verweigerten sie sich neuartigen Erfindungen wie der Dampfkraft oder der Telegraphie und der Staat war zur »orientalischen Frage« herabgesunken. In den letzten Jahren ihrer Herrschaft stand der Name der Osmanen für Verfall, für langwierige Verhandlungen ohne Ergebnisse statt Entscheidungen, für Bankrott und Korruption und die Welt ging über das Reich hinweg und reduzierte es auf einen anatolischen Rest und einen kleinen Teil, der die heutige Türkei auch zu einem europäischen Staat macht.

Dennoch hat das türkische Element in der Gesellschaft auch im 20. Jahrhundert seine Kraft bewahrt. Mustafa Kemal, genannt Atatürk schuf nach der Katastrophe des Ersten Weltkriegs den Staat neu. Dieser passte sich den modernen Zeiten an, warf jahrhundertealte kulturelle Traditionen über Bord und wurde zum geachteten Partner in wirtschaftlicher, politischer und militärischer Hinsicht. Wenn man heute sagt: »Die Türken kommen«, so ist das kein Warnruf mehr, sondern Ausdruck der Partnerschaft mit einem weltoffenen modernen Staat, der es sich zur Aufgabe gemacht hat, die alte Brückenfunktion, die er für Jahrhunderte zwischen Europa und Asien hatte, wieder einzunehmen.

Der Schauplatz: Europa, Asien und Afrika

Das Theater, in dem sich das Drama vom Aufstieg und Niedergang der Osmanen entfaltet, umfasst drei Kontinente: Asien, Europa und Afrika. Am Beginn steht die Herkunft der Türken aus Innerasien, dann ihre Wanderung in den Südwesten Asiens. Noch heute stellen die Nachkommen dieser Einwanderer in den Staaten Turkmenistan, Usbekistan, Kasachstan und Kirgisien die Mehrheit der Bevölkerung. Von dort gelangten die Vorfahren der Osmanen mit den Seldschuken über Transoxanien in den Iran, der aber für sie ein Durchzugsland blieb. Nur einzelne Stämme wie die Kaschgai[4] im Süden des Iran können heute noch auf türkische Vorfahren zurückgeführt werden. Reste einer turkstämmigen Bevölkerung gibt es im Iran auch noch in Südaserbeidschan. Turk-Stämme finden sich heute aber auch noch im Nordwesten von China, wo sie politisch im Gegensatz zur chinesischen Mehrheitsbevölkerung stehen.

Der Großteil der Türken lebt heute im modernen Staat Türkei, aber auch in Polen, Rumänien, Bulgarien, Bosnien, Griechenland, auf Zypern, in Syrien, im Irak und in Afghanistan gibt es noch türkisch sprechende Minderheiten. Zu den Turkvölkern sind auch die Krimtartaren im Süden der Ukraine zu rechnen, wie überhaupt das Schwarze Meer zeitweise ein osmanisches Binnenmeer war.

Das Osmanische Reich umfasste auf seinem Höhepunkt und im Laufe der Zeiten auch Gebiete, die nicht von Türken besiedelt waren, wie Ägypten, Nubien und den nördlichen Sudan, die Ränder der Arabischen Halbinsel bis hinunter in den Jemen und nach Kuwait sowie den Südrand des Mittelmeeres mit den heutigen Staaten Libyen, Tunesien und Algerien. In Europa waren dies neben dem Balkan auch Ungarn und der Südteil von Polen und Weißrussland. Zeitweise war der gesamte Ostteil des

---

4 Oberling, Pierre; Geschichte der Kaschgai. In: Ehsan Yarshater (Hrsg.): Encyclopædia Iranica, 2003.

Mittelmeeres mit den großen Inseln Zypern, Rhodos und Kreta in türkischer Hand, die ihr Herrschaftsgebiet bis in die Adria und an die dalmatinische Küste ausdehnen konnten. Griechenland und der Peloponnes waren türkisch, wie auch die Inseln des Dodekanes. Im Kaukasus waren Georgien und Armenien bis an das Kaspische Meer im Besitz der Osmanen, manchmal aber auch nur tributpflichtig. Im Iran reichte die osmanische Herrschaft zeitweise bis nach Hamadān und an den Schatt-al-Arab. Es sei aber hier angemerkt, dass die europäische Bezeichnungen »Türkei« oder »Türkisches Reich« in der Vergangenheit für das Osmanische Reich nicht gebräuchlich waren, erst der moderne Nationalstaat der Republik Türkei verwendet diese Bezeichnung für sich.

Der Ursprungsmythos der Türken

Die Mythologie vom Ursprung der Welt und der Türken[5] geht auf jene Zeiten zurück, in der die Vorfahren der Türken als Steppenbewohner in Innerasien lebten und ein nomadisches Leben führten.

Es gibt unter den Turkvölkern mehrere unterschiedliche Sagen über die Schöpfung. Die verbreitetste ist die vom Gott Kaira Khan: Am Anfang gab es nichts außer einem riesigen Meer, genannt »Talay«. Es gab kein Land, weder Himmel, Sonne, Mond noch Sterne. Eines Tages flogen Kaira Khan und ein Mensch über das Meer. Der Mensch hielt sich für etwas Besseres als der Gott, er neckt ihn mit kleinen Späßen, spritzte ihm das Wasser des Meeres ins Gesicht und tauchte in den Ozean, um seinen Mut zu beweisen, wobei er aber fast ertrank. Der Gott rettete ihn aus dem Wasser und ließ einen Felsen aus dem Meer auftauchen. Mensch und Gott setzten sich darauf und Kaira Khan beschloss, das Land zu erschaffen. Er befahl dem Menschen ins Wasser zu tauchen und Sand vom Grund des Meeres zu holen. Der Mensch aber war listig und undankbar, er ahnte das Vorhaben des Gottes und versteckte beim Auftauchen Sand in seinem Mund, um sich sein eigenes Land zu erschaffen. Er folgte einem erneuten Befehl des Gottes und verstreute den Sand auf dem Wasser. Plötzlich entstanden Inseln, die rasch anwuchsen und zu einem lieblichen Land mit endlosen Steppen wurden. Aber auch der Sand im Mund des Menschen begann sich zu mehren. Seine Backen wurden immer dicker, er drohte zu ersticken und zu sterben. Kaira Khan befahl ihm den Sand auszuspucken. Aus dem Sand des Menschen entstanden hässliche Berge auf dem Land des Gottes, das vorher nur weite, ebene Steppe war. Kaira Khan sprach zum Menschen: Du hast gesündigt und wolltest mich betrügen. Die Gedanken der Völker, die mich verehren, werden rein sein, und sie werden sich am Sonnenlicht er-

5 Roux, Jean-Paul; Die alttürkische Mythologie, Stammesmythen. In: Uray-Kőhalmi, Käthe; Roux, Jean-Paul; Boratav, Pertev N.; Vertes, Edith; Götter und Mythen in Zentralasien und Nordeurasien. Stuttgart: Klett-Cotta, 1999, S. 251.

freuen. Die Menschen, die Sünde begehen, sollen dein Volk werden. Kaira Khan ließ einen riesigen Baum mit neun Ästen auf einem Hügel wachsen und unter diesem Baum vereinigten sich Törüngey und Eje, die Urahnen aller Menschen.

Ebenso weit verbreitet unter den Turkvölkern war die Ergenekon-Sage. Sie handelt von einer Krise des türkischen Volkes zwischen dem ersten und dem zweiten Reich der Göktürken[6]. Danach sollen sich die Türken nach einer katastrophalen Niederlage in dem nur schwer zugänglichen Tal Ergenekon niedergelassen haben. Erst nach vielen Generationen wurde dieses Tal zu eng für das Volk, und die Menschen suchten nach Wegen, um es zu verlassen. Die Schmiede schmolzen dazu einen Berg aus Eisenerz. Das Volk kam mit seiner alten Stärke zurück in die Steppe und verkündete bei allen Völkern, dass die Göktürken wieder ihren Platz eingenommen haben.

Einen wichtigen Stellenwert in der türkischen Mythologie nimmt der Wolf ein, der sich bis heute als Symbol des nationalen Türkentums[7] gehalten hat[8].

Der Wolf wurde als heilig verehrt, weil er seinen Kopf beim Heulen zum Himmel erhebt. Als heiligstes und höchstes Totem-Tier spielt er in fast allen Sagen und Mythen der Türken eine wichtige Rolle und er wird als der Urahn der Türken angesehen. Wahrscheinlich hat sich die ursprüngliche Legende vom Ahnen-Wolf bei den Hsiung-nu, den möglichen Vorläufern der Hunnen, entwickelt, und zwar bereits zu einer sehr frühen Zeit. Die bekannteste Legende ist die der Wölfin Asena beim Stamm der T'ue-chüe. Diese bildeten einen eigenen Klan, wurden aber später von einem Nachbarstamm im Kampf besiegt, der alle ihre Krieger, Frauen und Kinder mit Ausnahme eines kleinen Jungen von zehn Jahren auslöschte. Keiner der feindlichen Solda-

---

6 Scharlipp, Wolfgang-Ekkehard; Die frühen Türken in Zentralasien. Eine Einführung in ihre Geschichte und Kultur. Darmstadt: Wissenschaftliche Buchgesellschaft, 1992.

7 Die Rechtsprechung der Türkei setzt den Begriff »türkisch« mit türkischer Nation gleich und definiert alle Muslime in der Türkei als zum »Türkentum« gehörig und kommt damit in Konflikt mit Minderheiten wie Kurden und Armeniern.

8 Als grauer Wolf »Bozkurt« steht er heute als Symbol des rechtsnationalen Türkentums.

ten hatte den Mut, ihn zu töten. Schließlich hackten sie ihm die Füße ab und warfen ihn in einen Sumpf. Dort fand ihn eine Wölfin, die ihn mit Fleisch nährte. So wuchs er heran und vereinigte sich mit der Wölfin, die bald trächtig wurde. Als der feindliche König erfuhr, dass das Kind noch lebte, sandte er seine Krieger aus, um es töten zu lassen. Als diese eine Wölfin an seiner Seite sahen, wollten sie diese nicht mit dem Kind zusammen töten. Die Wölfin floh mit dem Kind auf einen Berg im Turfan-Gebirge nordwestlich von Kao-Tschang. Hier gab es eine Höhle und darin eine flache Ebene, die einen Umfang von mehreren hundert Li[9] hatte und an allen Seiten von Bergen umgeben war. Die Wölfin brachte hier zehn Jungen zur Welt. Als diese groß geworden waren, nahmen sie sich draußen in der Welt Frauen, die bald Mütter wurden, ihre Nachkommen bildeten die Turkstämme.

9 Das Li ist ein altes chinesisches Längenmaß, das in der Vergangenheit je nach Gebiet zwischen 447 m bis 640 m lang war, heute wird das Li als »Chinesische Meile« mit einer Länge von exakt 500 m bezeichnet.

Die frühe Geschichte der Türken

Die Geschichte der Turkvölker und der Volksname »Türken« lässt bis in das sechste Jahrhundert n. Chr. zurückverfolgen. Wenn es so etwas wie eine gemeinsame Urheimat gab, so ist diese am ehesten in Mittelasien anzusiedeln, vermutlich im Bereich der Gebirge des Altai und des Sajan, ein Gebiet, das heute in der Grenzregion zwischen Sibirien und der Mongolei liegt. Zu dieser Region gehören auch der Tienschan an der russisch-chinesischen Grenze, der Altyn-Dag an der Nordwestgrenze Tibets und der Chingan in Nordostchina. Von hier aus sollen sich später die verschiedenen Turk-Stämme ausgebreitet haben.

Die Volksbezeichnung Türk kann erstmals in chinesischen Quellen des sechsten Jahrhunderts n. Chr. ausgemacht werden. Als einer dieser türkischen Stämme wird der nach heutiger Aussprache genannte T'ue chüeh erwähnt, woraus die spätere Volksbezeichnung Türk oder Türküt hervorgegangen sein soll[10].

Die Wissenschaft hat versucht, das Volk der Hsiung-Nu, die man später im Westen mit den Hunnen gleichgesetzt hat, zu den Turkvölkern zu zählen, ebenso die Juan-Juan als die Vorläufer der chinesischen und europäischen Awaren. Diese Hypothesen werden in der gegenwärtigen Forschung jedoch überwiegend zurückgewiesen, da es weder schriftliche Belege noch materielle Überreste gibt, die diese stützen würden.

Das erste turkmenische Staatswesen dürfte um 552 gegründet worden sein. Es war ein loser Verband von mehr oder weniger unabhängigen Nomadenstämmen in Innerasien, der aber schon bald nach seiner Gründung in zwei Teile zerfiel, einen westlichen, der bis zum heutigen Amur Daja, dem antiken Oxus und vielleicht bis zum Kaspischen Meer reichte, und einem östlichen, der im Gebiet der heutigen Mongolei liegt[11]. Beide Staaten, die einen regen Fernhandel und diplomatische Beziehungen mit Byzanz unterhielten, kamen im siebten Jahrhundert un-

10 *Türk* dürfte »stark« oder »mächtig« bedeutet haben.

11 Scharlipp, Wolfgang-Ekkehard; Die frühen Türken in Zentralasien. Eine Einführung in ihre Geschichte und Kultur. Wissenschaftliche Buchgesellschaft, Darmstadt 1992.

ter die Oberherrschaft der Chinesen. 682 gelang es den östlichen Turkstämmen, den sogenannten Göktürken oder »himmlischen« Türken, die Herrschaft der Chinesen abzuschütteln und ein neues Reich zu gründen, das aber kulturell und politisch chinesisch beeinflusst blieb. Der Mittelpunkt dieses Reichs lag im Nordteil der Mongolei am Orchon, einem Nebenfluss der Selenga. Dieser Staat florierte bis in die Mitte des achten Jahrhunderts, als er von einer Koalition mittelasiatischer Turkvölker vernichtet wurde. An seine Stelle traten ab 744 die Uiguren, ebenfalls ein Turkvolk, das um 762 den Manichäismus[12] als Religion annahm. Dieser Staat bestand etwa ein Jahrhundert lang bis um 840, als die Uiguren von einem weiteren Turkvolk, den Kirgisen, aus ihrer Heimat vertrieben wurden und sich später im Tarim-Becken und jenseits der Wüste Gobi im Grenzgebiet zu China niederließen, wo sie zwei Staaten bildeten. Der westlich gelegene Staat in Ostturkestan mit Turfan als Hauptstadt wurde 1028 von den tibetischen Tanguten vernichtet. In China ließen sich die Uiguren nieder, gaben ihre nomadische Lebensweise auf und wurden zu Ackerbauern. Ein Teil von ihnen nahm den Buddhismus als Religion an, ein weiterer konvertierte zum nestorianischen Christentum, der größte Teil blieb aber dem Manichäismus verbunden. Als die Uiguren im 13. Jahrhundert von den Mongolen überrannt wurden, gingen sie ein Vasallenverhältnis zu diesen ein und teilten sich in kleine Fürstentümer auf, die mit der Zeit verschwanden.

Ein weiteres Turkvolk waren die Chasaren, die vom 6. bis zum 11. Jahrhundert in Südrussland ein bedeutendes Reich errichteten, das für die Handelsbeziehungen zwischen Europa und Asien eine wichtige Rolle spielte. In Fragen der Religion war man tolerant. Judentum, Christentum und später der Islam waren hier gleichberechtigt vertreten.

Zu erwähnen unter den Turkvölkern sind auch die Karachaniden, das erste Turkvolk, das in seiner Gesamtheit den Islam

12 Manichäismus ist eine antike Religion, die nach ihrem Stifter, dem persischen Weisen Mani – er lebte etwa 216 bis 276 n. Chr. – benannt wurde. Mani bezeichnete sich selbst nach Buddha und Jesus als letzten Propheten. Wichtigster Aspekt der Lehre ist die dualistische Teilung des Universums in die Reiche des Guten und des Bösen.

annahm. Ursprünglich siedelte dieses Volk am Fluss Talas in Innerasien, nahm im 10. Jahrhundert den Islam an und wanderte nach Süden, wo es ihnen 999 gelang Buchara, die Hauptstadt der iranischen Samaniden, zu erobern. Die Karachaniden passten sich in der Folge schnell der Kultur der Samaniden an. Das älteste erhaltene islamische-türkische Sprachdenkmal, ein Fürstenspiegel mit dem Namen Kutadgu Bilig (Glücklichmachendes Wissen) und ein Diwan, ein Lexikon des Karachaniden Kaschgari, sind hier entstanden. Die Karachaniden gerieten jedoch mit ihren südlichen Nachbarn, den iranischen Ghaznaviden, ursprünglich ebenfalls ein türkischer Stamm, aber nun iranisiert, unter ihrem Sultan Mahmud (997–1030) in Konflikt. Den Ghaznaviden gelang es solange sich gegen die Karachaniden zu verteidigen, bis diese in der ersten Hälfte des 12. Jahrhunderts von den aus China stammenden mongolischen Kara Kitai unterworfen wurden.

Der Vorstoss der Seldschuken nach Kleinasien

Jene türkische Dynastie, die als erste nach Anatolien vordringen sollte, waren die Seldschuken[13]. Diese waren Ohgusen vom Stamm der Kinik und wanderten im achten Jahrhundert nach Transoxanien ein. Im folgenden Jahrhundert konnten sie eine Herrschaft in der Region um Samarkand und Buchara errichten. Der Stamm wurde nach seinem sagenhaften Gründer Seldschuk (um 1000) benannt, der am Ende des 10. Jahrhunderts den gesamten Stammesverband zum Islam konvertieren ließ. Niedergeschrieben war die frühe Geschichte der Seldschuken im Malik-Nameh, einem heute verschollenem Werk aus der Mitte des 11. Jahrhunderts[14]. Nach dieser Quelle konnten die Söhne Seldschuks, Israil und Mikail, die Herrschaft des Stammes über Samarkand und Buchara konsolidieren und bis nach Khurasan ausweiten. 1040 begann Mikails Sohn Tuğrul mit seinen Brüdern Çagri und Ibrahim Inal einen Krieg mit den Ghaznaviden, die zu dieser Zeit ein Reich beherrschten, das von Nordpakistan über Afghanistan, Tadschikistan, Kirgisistan bis nach Usbekistan und Turkmenistan reichte und auch Teile des Iran umfass-e. In der Schlacht von Dandarqan bei Merv besiegten die Seld-chuken 1034 die Ghaznaviden entscheidend, wodurch sie Zu-ang zum iranischen Hochland erhielten.

In Zukunft sollten diese drei Brüder getrennte Wege gehen it dem Bestreben, sich selbst eine Herrschaft und ein Herr-aftsgebiet anzueignen. Der Erfolgreichste unter ihnen war ğrul, der den Nordosten des Iran und einen Teil Aserbeid-ans eroberte, 1055 in Bagdad einmarschierte und sich selbst n Schutzherren des abbasidischen Kalifen al-Mustansir 9–1094) ernannte. Dazu führte er auch den Titel eines Sul-

---

rundlegend dazu: Grousset, René; The Empire of the Steppes: A His-ry of Central Asia. New Brunswick: Rutgers Univ. Press 1970.

ahen, Claude; Le Malik-nameh et l'histoire des origines seljukides, riens, Bd. 2, Nr. 1 (Oct. 31, 1949) S. 31–65.

tans und bezeichnete sich selbst als Herrscher von Ost und West.

Ibrahim eroberte Teile des nordwestlichen Iran, fiel 1045 in Armenien und Georgien ein und stieß bis nach Anatolien vor. Çagri hingegen konnte das Land, das sich östlich des Tigris befand, besetzen.

Als Tuğrul 1063 starb, folgte ihm sein Neffe Alp Arslan (etwa 1030–1072), ein Sohn Çagris, auf dem Thron nach. Tuğrul und Alp Arslan gelten als die ersten Sultane der Großseldschuken des Iran, eine Dynastie, die von der des späteren seldschukischen Sultanats von Rum in Anatolien unterschieden wird.

Die ersten türkischen Einfälle nach Anatolien erfolgten um 1016–1017, als türkische Stämme das Armenische Königreich von Vaspuracan attackierten. Noch nahm man in Byzanz den Einfall der Seldschuken nicht ernst und Kaiser Basileios II. Bulgaroktonos (963–1025) nutzte die Gelegenheit, dass der armenische Prinz Senecherim sein Land im Ansturm der Invasoren aufgeben musste, um es 1021 der byzantinischen Herrschaft zu unterstellen[15]. Ob die Angreifer Seldschuken oder Turkmenen waren, ist nicht klar entschieden. Allerdings verwendeten sie bei ihrem Vorstoß eine türkische Taktik, die auch von anderen Steppenvölkern bekannt ist. Auf einen schnellen Reiterangriff mit Pfeilsalven folgte ein Scheinrückzug um den Feind aus der Defensive zu locken und ihn anschließend wieder mit Bogensalven anzugreifen. Der byzantinische Geschichtsschreiber Michael Attalaiates (um 1020–1085) beschreibt diese Taktik so: *»Diese Barbaren sind geübt im Kampf aus der Ferne, sie konnten so viele Römer verwunden ohne selbst getroffen zu werden [...] diejenigen die am Ufer des Flusses standen feuerten weiterhin auf die Römer und verursachten große Verlust und zwangen diese zu fliehen«*[16].

Unter Alp Arslan hielt der militärische Erfolg der Großseldschuken an. So wurden Aleppo und die heiligen Stätten Mekka

15 Zur byzantinischen Geschichte siehe: Pohanka, Reinhard; Das Byzantinische Reich, Wiesbaden: marixverlag, 2013.

16 Krallis, Dimitris; Kaldellis, Anthony (Hrsg.); Michael Attaleiates: The History (Dumbarton Oaks Medieval Library). Cambridge/London: Harvard Univ. Press, 2012.

und Medina erobert. In dieser Zeit stießen kleinere seldschukische Verbände auch weiter nach Anatolien vor. 1046 konnte Alp Arslan die armenische Hauptstadt Ani am Van-See erobern. Er soll danach 50 000 Einwohner der Stadt versklavt und den Rest massakriert haben, sodass man durch die Straßen von Ani über Leichen gehen konnte, ohne dabei den Boden zu berühren. Im darauffolgenden Jahr sandte Alp Arslan eine Armee nach Anatolien, die bis zu den byzantinischen Städten Kaisareia (Kayseri), Sebaste (Sivas) und Ikonion (Konya) vorstieß. Anatolien lag in dieser Zeit mehr oder weniger schutzlos vor den türkischen Armeen, da sich die byzantinischen Kaiser Konstantin X. Dukas (1059–1067), Michael VII. Dukas (1071–1078) und Kaiserin Eudokia Makrembolitissa (1067–1081) mit den Normannen in Unteritalien und mit militärischen Unternehmungen auf dem Balkan auseinandersetzen mussten. Erst ab 1069 konnte Kaiser Romanos IV. Diogenes (1067–1071) in Anatolien in die Offensive gehen. Dazu stellte er 1071 ein Heer auf, dessen Stärke angeblich um die 100 000 Mann betragen haben soll[17] und sich aus Söldnern sowie Kontingenten aus dem gesamten Byzantinischen Reich zusammensetzte. Dennoch unterlag er am 26. August 1071 Alp Arslan in der Schlacht von Manzikert/Malazgırt[18]. In der Folge führten diese Niederlage und die sich daran anschließenden Ereignisse zum Ende der byzantinischen Herrschaft in Mittel- und Ostanatolien. Kaiser Romanos IV. wurde gefangen genommen und vor Alp Arslan gebracht, der ihn aber behandelte wie es einem Kaiser gebührte und mit ihm einen Friedensvertrag schloss. Gegen Zahlung eines Lösegelds wurde der Kaiser schließlich aus der Gefangenschaft entlassen. Allerdings betrachteten die Seldschuken den geschlossen Vertrag kurz darauf als gebrochen, da Kaiser Romanos auf Grund seiner Niederlage in Konstantinopel für abgesetzt erklärt wurde. Ein militärisches Vorgehen gegen den neuen Kaiser Michael VII. Dukas scheiterte. Romanos IV. wurde in Konstantinopel geblendet, ge-

17 Jüngere Schätzungen über die tatsächliche byzantinische Heeresstärke liegen zwischen 40 000 und 60 000 Mann.

18 Hillenbrand, Carole; Turkish Myth and Muslim Symbol: The Battle of Manzikert. Edinburgh: Edinburgh Univ. Press, 2008.

fangengesetzt und nach Proti verbannt[19]. Im folgenden Jahr fand Alp Arslan sein Ende, als er am 25. November 1072 bei der Eroberung einer Burg durch einen Attentäter sein Leben verlor. Dennoch hatte sein Sieg in der Schlacht von Manzikert den Türken den Weg nach Anatolien geöffnet und die endgültige Eroberung Kleinasiens durch die Seldschuken vorbereitet.

19 Eine Insel im Archipel der Prinzeninseln vor Konstantinopel, wo er nach wenigen Tagen an den Folgen seiner Blendung starb.

Das Sultanat von Rum

Das Wort »Rum« meint eigentlich Rom und wurde von den in Kleinasien einwandernden Turkvölkern als Bezeichnung für das Byzantinische Reich verwendet, dessen Bewohner sich nicht als Byzantiner, sondern als »Rhomaier«, als Römer in der Tradition des antiken Reichs, verstanden. Anatolien war seit der Antike ein Teil des Römischen Reichs gewesen, galt als eine der fruchtbarsten sowie politisch, militärisch und finanziell wertvollsten Provinzen und bildete ab dem siebten Jahrhundert n. Chr. das Kernland der Byzantiner. Der Verlust dieser Region, die wir heute als Kleinasien bezeichnen, sollte das byzantinische Imperium wesentlich schwächen und den Beginn seines Unterganges ankündigen. Dabei war diese Region keineswegs durchgehend urbanisiert und romanisiert. Die bedeutenden Städte lagen an der Küste und dienten dem Handel mit Waren aus dem Landesinneren und anderen Teilen des Mittelmeers. Im Hochland von Anatolien war durch das raue Klima und die geographischen Gegebenheiten nicht überall Landwirtschaft möglich. Jene Gebiete aber, die sich dafür eigneten, waren dicht besiedelt. Die christliche Einwohnerschaft war ein Gemenge aus den verschiedensten Völkerschaften: Griechen siedelten hier neben Armeniern und aus dem Balkan umgesiedelten slawischen Völkern. Daneben gab es noch Reste der keltischen Galater, die bereits im dritten Jahrhundert v. Chr. eingewandert waren. Armenische Siedlungsgebiete lagen vor allem im Osten Anatoliens zwischen Schwarzem Meer und dem Van-See sowie in Kilikien an der Südküste im Südosten Anatoliens, im sogenannten Kleinarmenien.

Nach dem Tode Alp Arslans übernahm sein Sohn Malik Schah (1055–1092) die Herrschaft. Mit Mühe gelang es ihm ein geeintes Großseldschukisches Reich aufrecht zu erhalten. Bereits kurz nach seinem Tod 1092 zeigten sich allerdings erste deutliche Zerfallserscheinungen, die aber zunächst noch von Malik Schahs Sohn Muhammad (1105–1118) überwunden werden konnten. Unter dessen Sohn Sandschar (1118–1157) erodierte das Großseldschukische Reich schließlich und Sandschar konnte seine Herrschaft nur mehr in Khorasan im Iran aufrechterhalten, das aber nach seinem Tod ebenfalls aufgegeben werden musste. Das Reich der Großseldschuken zerfiel aufgrund der niemals aufgegebenen Stammesstruktur in kleinere Fürstentümer, die sich beständig bekriegten. Es gab die Machtbereiche der Khorasanseldschuken, der Kermanseldschuken, der syrischen, irakischen und anatolischen Seldschuken.

Nach der Schlacht von Manzikert 1071 strömten in das Gebiet Zentralanatoliens vermehrt türkische Stämme und ließen sich hier nieder, ohne aber die eingesessene Bevölkerung zu vertreiben oder zum Islam zu bekehren. Diese Türken stellen die direkten Vorfahren der heutigen türkischstämmigen Bevölkerung der Türkei dar. Mehrere kleine seldschukische Fürstentümer oder Emirate entstanden im Laufe der Zeit auf anatolischem Boden: Der Staat der Danischmeniden lag in der Region um Malatya, die Megzutschekiden wohnten am Oberlauf des Euphrat, um Erzurum siedelten die Saltukiden und die Ortokiden in der Gegend von Mardin.

1075 eroberte Süleyman, der Sohn eines abtrünnigen Prinzen der Großseldschuken, die byzantinischen Städte Nikäa (Iznik) und Nikomedia (Izmit) und nahm 1077 den Titel eines Sultans an[20]. 1078 machte Süleyman Nikäa zur Hauptstadt des Sultanats der Rum-Seldschuken. Der Name des Sultanats Rum *(bilâd al-Rûm)* leitet sich von Rom/Rhomaioi ab und es heißt somit das »Römische Sultanat«, bezugnehmend auf das oströmisch-byzantinische Kaiserreich.

Süleyman war der erste der türkischen lokalen Fürsten, der seine Unabhängigkeit gegenüber den Großseldschuken erklärte. Das Herrschaftsgebiet Süleymans hatte zunächst eine ungünstige Lage. Im Westen und Norden wurde es von den Byzantinern und im Osten von den türkischen Danischmeniden bedroht. Süleyman schloss daher Frieden mit den Byzantinern und konnte sein Reich danach stetig nach Osten erweitern. 1176 brachte einer seiner Nachfolger, Sultan Quilitsch Arslan II.

20 Freely, John; Storm on Horseback. The Seljuk Warriors of Turkey. New York: I.B. Tauris, 2008.

(1156–1192), den Byzantinern bei Myriokephalon eine vernichtende Niederlage bei. Zwei Jahre später konnte dieser das Reich der Danischmeniden erobern und seinem Sultanat anschließen. Bei der Vergrößerung des Sultanats spielte den Rum-Seldschuken auch der Lauf der Geschichte in die Hände: 1204 eroberten die Kreuzfahrer des vierten Kreuzzug[21] Konstantinopel und errichteten das Lateinische Kaiserreich von Konstantinopel, das schon auf Grund seiner internen Schwäche nicht offensiv gegen die Rum-Seldschuken vorgehen konnte. Im westlichen Kleinasien etablierte sich nach dem Fall von Konstantinopel ein neues griechisches Staatswesen, das byzantinische Kaiserreich von Nikaia[22], das seit 1205 von Theodor I. Laskaris angeführt wurde. Ebenfalls im Zusammenhang mit dem Vierten Kreuzzug entstand ein zweiter byzantinischer Staat in direkter Nachbarschaft zu den Rum-Seldschuken mit der Hauptstadt Trapezunt im Nordosten Anatoliens. Von äußeren Feinden kaum gehindert, konnte sich daher das Reich der Rum-Seldschuken unter der Herrschaft von Alaeddin Keykubad I. (1192–1237) zu größter Blüte entfalten. Von der Hauptstadt Konya aus erreichte es seine größte Ausdehnung von Ostanatolien bis in den Westen Kleinasiens. Zugleich kam es auf dem Gebiet der Künste und der Wissenschaften zu bedeutsamen Leistungen.

Dazu trug auch die interne Politik der Rum-Seldschuken gegenüber ihren neuen Untertanen bei. Die ansässigen Bauern mit ihrer griechischen, slawischen und armenischen Herkunft wurden nicht gezwungen ihren Besitz zu verlassen, sondern konnten ihre traditionelle Landwirtschaft mit Obstanbau, Weizen- und Gersteproduktion wie auch die dazu nötigen Bewässerungsanlagen weiter betreiben. Die Steuerbelastung unter den Seldschuken scheint im Vergleich zur byzantinischen Zeit sogar gesunken zu sein. Auch im Bereich der Religionsausübung än-

21 Queller, Donald E.; Madden, Thomas: The Fourth Crusade: The Conquest of Constantinople: With an Essay on Primary Sources by Alfred J. Andrea. Univ. of Pennsylvania Press, Philadelphia 1997. Angold, Michael; The Fourth Crusade: Events and Context. London [u. a.]: Longman Pub Group, 2003.

22 Nicol, Donald M.; Nikaia, Kaiserreich. In: Lexikon des Mittelalters. Bd. 6 (1993), Sp. 1152 f.

derte sich zunächst kaum etwas. Nicht-Muslime wurden nicht gezwungen zu konvertieren, sondern mussten nur die Dschizya, die Kopfsteuer, an ihre neuen Herren entrichten. Verließen allerdings die byzantinischen Großgrundbesitzer, die oft über weite Landstriche mit Hunderten von Dörfern und Tausenden von Bauern geboten, ihren Besitz, so fielen die Eigentumsrechte an die Seldschuken und wurden vom Sultan an eine neue seldschukische Oberschichte vergeben. Diese hatte aber kaum Grund an den bestehenden Verhältnissen etwas zu ändern, da eine geordnete Landwirtschaft die Grundlage ihrer regelmäßigen Einkünfte aus der Steuerleistung der Bauern war. Dennoch scheint es nur wenig Privateigentum gegeben zu haben. Der Großteil der freigewordenen Besitzrechte fiel an den Staat, der sie in *ikta*, in Pfründe, aufteilte und diese als Besoldung zur Nutznießung bis zum Widerruf an Beamte und Militärs vergab. Anders als im mittelalterlichen Lehnswesen des Westens waren aber mit den *ikta* keine Hoheitsrechte gegenüber der Bevölkerung verbunden. Diese verblieben beim Staat, der so darauf achten konnte, dass die Macht der Inhaber der Pfründe nicht allzu sehr anstieg.

Zu einem weiteren Wirtschaftsfaktor wurden die Herden der zu diesem Zeitpunkt noch immer der nomadischen Lebensweise anhängenden Türken. Es waren dies vor allem große Schaf- und Ziegenherden, die nicht nur der Fleischversorgung dienten, sondern durch ihre Felle und besonders durch ihre Wolle die Grundlage für die Teppichproduktion bildeten.

In den großen Städten spielten Handel und Handwerk eine bedeutsame Rolle. Im Handwerk wurden die überlieferten Traditionen der Antike mit der nomadisch beeinflussten und der persischen Handwerkskunst der Neuankömmlinge verbunden und brachten Produkte hervor, die bis ins Abendland, nach Persien und China gehandelt wurden. Grundlage des Handels waren die Handelsstraßen und Karawanenrouten, die einen Teil der Seidenstraße vom Mittelmeer nach China bildeten und an denen man in regelmäßigen Abständen Karawanserails errichtete, in denen Reisende Schutz und Unterkunft finden konnten.

Die Architektur der Rum-Seldschuken zeigt deutliche persische Einflüsse, was unter anderem in der Verwendung dekorativer Verzierungen zum Ausdruck kommt, wozu kufische Schriftzeichen[23] und Steinschnittarbeiten gehören. Als erste islamische Macht in Kleinasien verknüpften die Rum-Seldschuken die Architektur des Mittelmeerraumes mit der türkisch-nomadischen Tradition und der persischen Architektur.

In der Literatur blieb das Persische die vorherrschende Sprache, die auch am Hof der Rum-Seldschuken in Anatolien gesprochen wurde, da man das traditionelle Türkisch der Nomaden als primitiv und barbarisch ansah. Der wesentliche Vertreter der seldschukischen Literatur, Mevlana Jalal ad-Din al-Rumi, schrieb seine Werke zumeist in Persisch, nur wenige sind in seiner türkischer Muttersprache oder in einer türkisch-persischen Mischsprache überliefert.

Die Blütezeit des anatolischen Reichs der Rum-Seldschuken währte indessen nur kurz. 1243, nur sechs Jahre nach dem Tod Keykubads I., wurde das seldschukische Heer am Köse Dağ bei Sivas von den Mongolen unter Baijun vernichtend geschlagen. Mit der Gründung der Dynastie der Ilchane 1256 durch den mongolischen Khan Hülegü wurde das Sultanat von Rum endgültig zu einem tributpflichtigen Vasallenstaat herabgestuft[24]. Hier rächte es sich, dass der innere Zusammenhalt des anatolisch-seldschukischen Reichs immer nur durch starke Herrscherpersönlichkeiten gewährleistet worden war, niemals aber die Bevölkerung durchdrungen hatte. Das Sultanat von Rum zerfiel von da ab in einen westlichen Teil, der sich mit dem Byzantinischen Kaiserreich von Nikäa verständigte und einem östlichen Teil, der sich den Mongolen zuwandte. Die Grenze zwischen beiden Reichen bildete der Fluss Kizil Irmak. Nach einem kurzzeitigen Zusammenschluss beider Reiche und dem Einfall des Mamelukensultans Baibar 1277 in Kleinasien nahmen die Mongolen die Rum-Seldschuken stärker unter ihre Herrschaft, was es kleineren Fürstentümern an den Rändern des Staates ermöglichte, vom Sultanat abzufallen und eigene Emirate zu bilden. Endgültig aufgelöst wurde das Sultanat der

23 Kufische Schrift ist eine ornamentale Verwendung von arabischen Schriftzeichen, die geometrisch ausgebildet wurden.

24 Spuler, Bertold; Die Mongolen in Iran. Politik, Verwaltung und Kultur der Ilchanzeit 1220–1350. Leiden: Leiden, 1985.

Rum-Seldschuken in den ersten Jahrzehnten des 14. Jahrhunderts, als die Mongolen den vakanten rum-seldschukischen Thron nicht mehr nachbesetzten, sondern die Verwaltung des Reichs der Rum-Seldschuken unmittelbar in eigener Herrschaft übernahmen.

Seldschukische Kunst und Architektur

Die Zeit der Rum-Seldschuken in Anatolien brachte dem Land einen enormen Aufschwung in Literatur, Architektur und Religion. Poeten und Gelehrte fanden Förderer und Geldgeber, Dichtkunst und Wissenschaften blühten auf. Die rum-seldschukische Kunst ist dabei von einer Zusammenführung von zentralasiatischen, islamischen und anatolischen Einflüssen gekennzeichnet.

Unter den Großseldschuken und den Rum-Seldschuken in Anatolien war Arabisch die Sprache der Gelehrten, Persisch war die Staatssprache und der einfache Mann sprach Türkisch. Zu den bedeutenden Künstlern der Zeit zählten der große Mathematiker und Poet Omar Khayyam (1048–1131) wie auch der muslimische Mystiker, Theologe und Dichter Mevlana Jalal ad-Din al-Rumi (1207–1273). Er wirkte am Hof von Sultan Alaeddin Keykubad I. und gründete den Sufi-Orden der tanzenden Derwische[25].

Der vielleicht größte Beitrag der Seldschuken und Rum-Seldschuken zur türkischen Kultur war die Ausbildung ihrer Architektur. Durch das tolerante Regime und eine günstige wirtschaftliche Lage konnten in Anatolien zu dieser Zeit zahlreiche Moscheen, Medresen[26], Spitäler und Karawansereien errichtet werden.

Die zentralasiatische Tradition der sechsmonatigen Mumifizierung der Toten in einem Zelt führte zur Ausbildung des Bautyps der Türbe, gewölbte oder mit einem Kegeldach versehene Grabbauten, die sich in ganz Anatolien finden lassen. Die seldschukische Architektur ist durch die Verwendung von Ziegeln als Baumaterial gekennzeichnet, wobei die Bauwerke mit ein-

25 So benannt nach ihren drehenden Tänzen. Der ekstatische Trancetanz *(sema)*, der im Mevlevi-Orden der Türkei ausgeübt wird, gilt als eine der körperlichen Methoden, in religiöse Ekstase *(majdhb, fana)* zu verfallen und mit Allah in Kontakt zu kommen.

26 Schulen für islamische Wissenschaften.

schneidenden Reliefbändern verziert sind, die eine starke Licht-Schattenwirkung hervorrufen und die man mit dem Beinamen der »Poesie in Stein« beschrieben hat. Berühmt wurde auch die seldschukische Dekoration mit farbigen Kacheln. Seldschukische Kunst findet man heute nicht nur im ehemaligen Herrschaftsbereich der Rum-Seldschuken, sie wurde auch in die benachbarten muslimischen und christlichen Staaten exportiert. Ihren Höhepunkt erreichte die rum-seldschukische Kunst im 12. und 13. Jahrhundert, also etwa in der Zeit zwischen den ersten vier Kreuzzügen und der mongolischen Invasion.

Eine der wichtigsten architektonischen Tätigkeiten der Rum-Seldschuken war der Bau von Karawanserails, die als Übernachtungsmöglichkeiten, Handelsposten und Verteidigungsstellungen für Karawanen auf der Gewürz- und Seidenstraße dienten. Etwa 100 Bauten dieser Art sind aus rum-seldschukischer Zeit in Anatolien bekannt und bilden das größte zeitlich einheitliche Ensemble dieser Art im gesamten islamischen Kulturkreis. Das größte Karawanserail ist der 1229 gebaute Sultan Han an der Straße von Konya nach Akseray, in der heutigen Stadt Sultanhani, der etwa 5000 m^2 umfasst. Eine einzigartige Inschrift ist hingegen im Karawanserail von Hekimhan erhalten. Hier befinden sich unter der arabischen Bauinschrift zwei weitere in Armenisch und Syrisch. Vermutlich wurde dieses Karawanserail vom Leibarzt des Sultans Alaeddin Keykubad I. in Auftrag gegeben, der ursprünglich ein Christ war und sich zum Islam bekehren hatte lassen.

Nachdem die Rum-Seldschuken und ihre Untertanen in der Regierungszeit von Sultan Kiliç Arslan II. (1156–1192) am Ende des 12. Jahrhunderts teilweise ihre nomadische Lebensweise aufgegeben hatten, begann im gesamten Herrschaftsgebiet der Seldschuken eine rege Bautätigkeit. Dazu kam auch eine Zeit des wirtschaftlichen Wohlstandes, besonders durch den Seiden- und Gewürzhandel, der es den Sultanen und deren Wesiren erlaubte, zu Förderern der Kunst aufzusteigen. Die Zeit von Alaeddin Keykubad I. (1220–1237) brachte den Höhepunkt der rum-seldschukischen Kunst und Architektur. In der unmittelbar darauffolgenden mongolischen Invasion und Besetzung des Landes gab es zwar Einschränkungen bei der Errichtung neuer

Bauwerke, die Gesellschaft war aber nun schon so durchdrungen von ihrem Willen nach Dekoration und Kunst, dass die künstlerische Produktion kaum beeinträchtigt wurde.

Die Einflüsse auf die islamische Kunst der Rum- Seldschuken kommen aus verschiedensten Quellen, darunter auch aus dem Sufismus[27]. Der Sufismus ist ein Sammelbegriff für verschiedene mystische und asketische Strömung innerhalb des Islams. Der Sufi, also der Anhänger des Sufismus, will den Koran nicht nur äußerlich verstehen und sein Leben nach ihm richten, sondern dessen »innere« Seite entdecken und dadurch die Hingabe (Islam) an Gott vollständig erfüllen. Dem Sufi genügen das Erfüllen der islamischen Pflichten (Die fünf Säulen des Islams – Arkan) und das Halten des Gesetzes (Scharia) nicht. Er sucht das unmittelbare Erleben Gottes, das ihn in die Einheit mit Gott führt. Die bedeutendsten Vertreter des Sufismus in Anatolien waren Muhyiddin ibn al-Arabi (1165–1240), genannt der »Meister«, der Dichter und Mystiker Mevlana Jalal al-Din al-Rumi (1207–1273), der Dichter Yunus Emre (1249–1321) und der »Freund Allahs«, der Mystiker Haci Bektas Veli (13. Jahrhundert).

Den zweiten großen Einfluss lieferte der Schamanismus, die ursprüngliche Glaubensform der Türken vor ihrer Islamisierung. Hier wurden die Natur, Steine, Bäume und Tiere mit Geistern belebt, deren Symbole und Abbildungen im Dekor der anatolischen Kunst erscheinen.

27 Sufismus leitet sich höchstwahrscheinlich von dem arabischen Wort »suf« (Wolle) ab. »suf« wurde das weiße Wollkleid genannt, das die ersten Mystiker als Zeichen der Demut trugen. Eine andere Möglichkeit ist auch die Herleitung von arab. »safu« (Reinheit), da die Sufis die spirituelle Reinheit erstreben.

Der Aufstieg der beyliks

Der Zusammenbruch des Sultanats von Rum und des Großseldschukischen Reichs ging einher mit dem Aufstieg von kleineren Herrschaftsgebieten in Anatolien, den beyliks, eine Bezeichnung für jene türkischen Fürstentümer, die sich ab dem 11. Jahrhundert an der Grenze vom Seldschukischen zum Byzantinischen Reich bildeten. Der Name rührt vom Titel ihrer Herrscher, den *beys* (gleichbedeutend Emir) her. Einige dieser kleinen unabhängigen Emirate verschwanden schnell wieder, andere überdauerten bis ins 15. Jahrhundert. Benannt wurden sie zumeist nach ihren mythologischen Gründern. Die bekanntesten unter ihnen waren die Aydiniden, Dülgadir, Eretniden, Esref, Germiyan, Karamaniden, Mentese, Ramazanoglu, Saruhan, Teke und besonders die Osmanen.

Das älteste und zu diesem Zeitpunkt am längsten existierende Emirat war das der Karamaniden, das zu einem der Hauptgegner der Osmanen werden sollte. Jedes dieser beyliks hat seine eigene Geschichte. Von Interesse sind hier aber vor allem die Osmanen, die alle anderen Geschlechter im Laufe der Zeit übertrumpfen sollten[28]. Dabei war die Ausgangslage der Osmanen nicht gerade ideal. Gelegen zwischen größeren beyliks hatte das osmanische Gebiet zunächst um seinen Bestand zu kämpfen. Dazu scheint auch die Herkunft des ersten der Osmanen, Osmans Vater Ertuğrul Ghazi (1198–1282), zweifelhaft. Zwar hat die spätere osmanische Geschichtsschreibung ihm eine noble Herkunft von den Ohgusen bis zurück zur biblischen Figur Noahs zugeschrieben, es könnte aber auch so gewesen sein, dass Ertuğrul Ghazi wie sein Vater Gündüz Alp arabischer Herkunft und vielleicht nicht mehr als einfache Nomadenchefs waren. Jedenfalls scheint Ertuğrul noch von Sultan Alaeddin Keykubad I. ein Gebiet rund um die kleine Stadt Sögüt in der Nähe von Eskişehir verliehen bekommen zu haben. Ertuğrul blieb sein Leben lang das Oberhaupt eines kleinen, nomadisch leben-

28 Eine Zukunft, die Orhan Ghazi vom berühmten islamischen Reisenden Ibn Batutta vorhergesagt wurde, siehe: Ibn Battuta: Reisen bis ans Ende der Welt 1325–1353. Stuttgart: Edition Erdmann, 1985.

den Klans, der den Namen Kayi trug. Zu seiner Zeit scheint der Stamm sesshaft geworden zu sein und weidete sein Vieh im Sommer auf Almen und im Winter auf Winterweiden. Erwähnt wird Ertuğruls Toleranz gegenüber Andersgläubigen, die er sogar vor seinen eigenen Stammesgenossen in Schutz nahm. In Söğüt soll ihn auch sein Sohn Osman Ghazi (1281?–1326) begraben und einen Friedhof gegründet haben, in dem die ersten Herrscher der Osmanen und ihre Frauen bestattet wurden.

Die frühen Sultane der Osmanen – Osman I. und Orhan 1281?–1359

Ebenso wenig wie über Ertuğrul ist über Osman I. (1281?–1326)[29] bekannt. In den Legenden findet sich die Geschichte von Osmans Traum: In diesem schlief Osman im Hause eines heiligen Mannes namens Edebali, als er den Mond aus der Brust des heiligen Mannes aufsteigen und auf seine eigene Brust herabsinken sah. Dann entspross ein Baum aus seinem Nabel, der seinen Schatten auf die Welt warf. In diesem Schatten gab es Berge, Seen und Flüsse, aus denen viele Menschen tranken. Als Osman erwachte und Edebali nach dem Sinn des Traumes fragte, erklärte ihm dieser, dass Gott für Osman und seine Nachkommen den Titel eines Herrschers vorgesehen hatte und dass er Malhun, die Tochter Edebalis, heiraten solle.

Die Lage des beylik von Osman I. scheint sich in der Folge günstig für eine weitere Expansion ausgewirkt zu haben. Sein Land war nahe dem Byzantinischem Reich und Konstantinopel gelegen und brachte ihn immer wieder in Kontakt mit dieser Kultur. Besonders die fruchtbaren Gebiete zwischen Söğüt und Nikäa (Iznik) scheinen sein Interesse erregt zu haben, wenngleich eine erste langandauernde Belagerung von Nikäa von 1298 bis 1301 vorerst ohne Erfolg blieb.

Als Osman I. 1302 in der Schlacht von Bapheus (bei Nikomedia) eine byzantinische Armee besiegen konnte, war es für den Kaiser in Konstantinopel nicht länger möglich, ihn zu ignorieren und nur als kleinen Stammesfürsten anzusehen. Kaiser Andronikos II. Palaiologos (1282–1328) versuchte mit Osmans nominellem Herrscher, dem Ilkhaniden Mahmud Ghazan I. (1271–1304) ein Bündnis zu schließen, um von zwei Seiten gegen Osman vorzugehen. Dieses Bündnis kam jedoch nicht zustan-

29 Im Arabischen lautet sein Name »Othman«, danach werden die Osmanen im Französischen und Englischen zumeist als Ottomanen bezeichnet Dieser Name wurde zuerst von den Franzosen während der Kreuzzüge übernommen und franzisiert, andere Länder übernahmen diesen Begriff in späteren Zeiten.

de. Danach versuchte Andronikos mit Hilfe katalanischer Söldner um Roger de Flor (1266–1305) die Osmanen niederzuringen, nur um zu erleben, dass die Söldner sich zeitweise mit den Osmanen verbündeten und gemeinsam das Land ausplünderten. Lediglich eine Allianz mit Serbien konnte für einige Zeit die Katalanische Grande Kompagnie[30] und die Osmanen im Zaum halten.

Gesellschaftlich ist diese frühe Epoche der osmanischen Herrschaft eine Zeit des Umbruchs, in der sich der Wandel von der halbnomadischen Lebensweise der Turkmenen zur Sesshaftigkeit vollzieht. Da die Felder weiterhin in der Hand der Bauern blieben, die die meisten Steuern für Grund und Boden zu entrichten hatten, blieben den neuankommenden Nomaden nur mehr die weniger dicht besiedelten Gebiete, in denen sie extensive Viehzucht betreiben konnten. Diese Weidegründe befanden sich im Inneren des Landes, an den Grenzen zu den dichter besiedelten griechischen Gebieten, die von den byzantinischen Akritoi, den Grenzwächtern, verteidigt wurden. Da die Zahl der einwandernden Turkmenen immer weiter anstieg konnten die alten Wirtschaftssysteme der Turkmenen diese Menschen nicht mehr ernähren, sodass sich viele der Turkmenen nach einer Beschäftigung außerhalb der Landwirtschaft umsehen mussten. Da sie besonders eifrige Glaubenskämpfer (Ghazis[31]) waren, wandelten sich viele von ihnen zu Berufskriegern, die von Überfällen und der Beute lebten, wobei sich die Interessen dieser Gruppen nicht immer mit denen der türkischen Emire, ihren Auftraggebern, deckten. Daraus ergab sich aber, dass die Emire mit der Zeit über eine große Anzahl an kampferprobten Kriegern verfügen konnten, die sie in den Feldzügen gegeneinander aber auch gegen die Byzantiner einsetzen konnten. Da Osman I. ein erfolgreicher Anführer gewesen sein dürfte, schlossen sich ihm immer mehr Krieger auf der Suche nach Beute an, wodurch Osman in schneller Folge sein zuerst nur kleines Gebiet ausdehnen konnte. Er eroberte die Gebiete von

30 Humphries, Paul Douglas; Of Arms and Men: Siege and Battle Tactics in the Catalan Grand Chronicles (1208–1387). In: Military Affairs 49 (1985), S. 173–178.

31 »Ghāzī«. Encyclopedia of Islam (CD-ROM v. 1.0 ed.). Brill, 1999.

Melangeia, Inegöl und Bileçik. Auch Yenişhehir wurde eingenommen. Da die Türken zu jener Zeit über keine Belagerungstechnik verfügten, waren die größeren byzantinischen Städte zuerst noch sicher vor ihnen, ehe Osman zur Taktik der verbrannten Erde überging und die Umgebung der Städte so lange verwüstete, bis diese sich ihm ergaben. 1317 übergab der schon 60-jährige Osman I. den militärischen Oberbefehl seines Reichs an seinen Sohn Orhan (1281–1359 oder 1362) und vermutlich konnte er noch erleben, wie dieser 1326 die Stadt Brussa, das spätere Bursa, einnahm.

Osman I. Ghazi, der 1326 starb, hat sich die Benennung des späteren osmanischen Staates und dessen Herrscherdynastie nach seinem Namen wohl verdient. Er war jener Herrscher, der aus einem kleinen Nomadenstamm ein Staatswesen formte, obwohl er am Beginn seiner Herrschaft nominell noch immer den Rum-Seldschuken und damit den Ilchanen untertan war. Dennoch scheint er sich schon als souveräner Emir gesehen zu haben, der Münzen mit seinem Namen prägte und der im Freitagsgebet erwähnt und damit als Herrscher bestätigt wurde.

Osman verstand es, die beiden Säulen einer Herrschaft jener Zeit, den Landbesitz und das Militärwesen, völlig neu zu formieren. Obwohl ihm bei seinen Eroberungszügen reichlich bebaubares Ackerland in die Hände fiel, nutzte er dieses nicht zur Weidewirtschaft, sondern vergab das Land wieder an Bauern und förderte so die Landwirtschaft. Die eroberten Ländereien wurden als Domänen an seine Krieger und besonders an die Ghazis vergeben und ermöglichten diesen den Aufstieg zu einer adelsgleichen Mittelschicht, die dann nicht mehr ein beutesuchendes Heer kommandierte, sondern eine Territorialarmee zur Gebietsverteidigung befehligte. Osman, der sich selbst als Emir bezeichnete, schuf das neue Amt des Oberkommandanten für das Heer, den Beğlerbeğ, dem er Unterführer (Subaşi) zur Seite stellte. Auch auf administrativer Ebene schuf Osman die Vorläufer einer staatlichen Verwaltung. Das Recht stützte sich auf den Richter, den Kadi. Bei Verträgen bediente man sich umherreisender Ulemas (Korangelehrter) als Juristen und Notare. Als Osman starb, hatte er sein Herrschaftsgebiet verzehnfacht und sein Sohn und Nachfolger Orhan gebot nun über die Fläche von etwa 18 000 Quadratkilometern.

Den ideologischen Überbau für seine Eroberungspolitik konnte Osman dem islamischen Rechtverständnis entnehmen, wie es insbesondere in der hanafitischen Schule entwickelt worden war. Hier wird die Erde in zwei Sphären geteilt: Ein Gebiet das unter der Herrschaft des Islam steht (Haus des Islam, *darülislam)* und eines, in dem jene Herrschen, die sich nicht zum Islam bekennen (Haus des Krieges, *darülharb)*. Daraus ergibt sich die gemeinsame Verpflichtung der Muslime, die nicht islamischen Länder in Gebiete umzuwandeln, in denen der Islam als Hauptreligion verehrt wird. Allerdings ist es dabei nicht notwendig, alle Nicht-Muslime zum Islam zu bekehren, solange sie die Herrschaft des Islam anerkennen und eine Kopfsteuer entrichten. Dies gilt besonders für die beiden anderen großen monotheistischen Religionen wie das Judentum und Christentum. Die Verpflichtung zur Eroberung nicht-muslimischer Gebiete wird als Dschihad (Glaubenskrieg) angesehen und war stets eine Begründung für das offensive Vorgehen des osmanischen Staates gegenüber Gebieten unter der Herrschaft von Nicht-Muslimen. Da die Osmanen allerdings auch oft Gebiete angriffen die unter muslimischer Herrschaft standen, was im islamischen Rechtverständnis abgelehnt wird, wurde es notwendig, hier zeitweise Umgehungen und Interpretationen zu finden, die ein solches Vorgehen legitimierten.

Als Osman I. 1326 starb, folgte ihm sein Sohn Orhan (1281–1359 oder 1362) auf den osmanischen Thron. Noch im selben Jahr konnte Orhan seinen ersten großen Sieg verbuchen, als er die bithynische Stadt Brussa einnahm, die von den Türken als Bursa bezeichnet wurde. Orhan scheint diese Stadt fast unmittelbar danach zu seiner Residenzstadt bestimmt zu haben, wie der Fund einer Münze mit seinem Namen und dem Datum 1327 nahelegt. Bursa war eine wichtige Stadt im westlichen Anatolien, da hier der nördliche Arm der Seidenstraße, die das Mittelmeer mit China verband, endete. Zudem nutzte er die Eroberung von Bursa und die gleichzeitig immer weiter schwindende Macht der persischen Ilchane dazu, sich nicht nur im freitäglichen Kanzelgebet als Herrscher nennen zu lassen, sondern er nahm auch aus eigenem Antrieb den Titel eines Sultans an.

In Byzanz hatte inzwischen Andronikos III. Palaiologus (1328–1341) im Mai 1328 den Thron bestiegen und begann gemeinsam mit seinem megas domestikos (Oberbefehlshaber) Johannes Kantakuzenos (1295–1383)[32] eine Offensive gegen die Osmanen, um die belagerte Stadt Nikäa (Iznik) zu entsetzen. Er sammelte eine Streitmacht von 4000–5000 kriegserprobten Veteranen und schickte diese mit der Flotte von Konstantinopel über den Bosporus. Von dort aus begann er den Marsch die Küste entlang bis in den Golf von Nikomedien. Als seine Armee am dritten Tag Pelekanon erreichte, stießen sie auf die 8000 Mann starke Truppe Orhans. Am 10. August begann der Angriff der Byzantiner, aber am Ende des Tages hatte keine Seite einen Vorteil erzielen können. Johannes Kantakuzenos überzeugte daraufhin den Kaiser, dass es am besten sei, sich nach Konstantinopel zurückzuziehen. Auf dem Rückmarsch attackierte Orhan die Nachhut der Byzantiner und Kaiser Andronikos wurde dabei leicht am Knie verwundet. Es entstand unter seinen Soldaten das Gerücht, der Kaiser sei getötet worden, was den Rückzug der Byzantiner in eine regelrechte Flucht ausarten ließ. Der Kaiser wurde auf einer Bahre in den Hafen von Philokrene und von dort mit dem Schiff nach Konstantinopel gebracht, während es Johannes Kantakuzenos gelang, die Ordnung der Truppe wiederherzustellen und die Angriffe der Türken abzuwehren.

Die Offensive Andronikos' III. gegen die Osmanen war ins Leere gegangen. Seinen Truppen war es nicht gelungen Nikäa (Iznik) zu erreichen und zu entsetzen, sodass Orhan am 1. März 1331 die Stadt erobern konnte. Danach begann er mit der Belagerung von Nikomedia. Als Andronikos dies erfuhr, belud er seine Flotte mit Infanterie und Kavallerie und sandte sie nach Nikomedia. Orhan, der sah, dass er die Stadt unter diesen Voraussetzungen nicht erobern konnte, schloss daraufhin einen Frieden mit den Byzantinern. Als Andronikos im August 1333

32 Carile, Antonio; Johannes VI. Kantakuzenos. In: Lexikon des Mittelalters. Bd. 5, Sp. 534–535.

in Nikomedia eintraf, unterzeichnete er den Vertrag, der allerdings für die Einhaltung des Friedens auch Tributzahlungen von Andronikos an Orhan in der Höhe von 12–000 Hyperpera[33] vorsah, damit dieser die Küstenstädte nicht weiter attackierte.

Orhan hielt sich allerdings nicht lange an diese Vereinbarung. Nur vier Jahre später eroberte er Nikomedia, nachdem er die Stadt durch die Verwüstung ihres Umlandes ausgehungert hatte. Allerdings war sein Verhalten in den von ihm eroberten Städten so gerecht und mäßig, dass viele der Byzantiner zum Islam übertraten.

Orhan lag aber nicht nur mit dem Kaiser in Konstantinopel im Krieg um Land und Städte. 1336 eroberte er den türkischen beylik der Karasi und konnte damit sein Gebiet um den Küstenstreifen von Pergama im Süden bis hinauf zum Marmarameer erweitern.

Andronikos III. starb am 15. Juni 1341. Sein Nachfolger wurde sein gerade neunjähriger Sohn Johannes V. Palaiologos (1341–1391). Auf Grund seiner Jugend wurde dem neuen Kaiser Johannes Kantakuzenos als Regent zur Seite gestellt. Durch eine Hofintrige, der die Absicht zugrunde lag Johannes Kantakuzenos als Regent zu entmachten, wurde jener noch im selben Jahr durch das Heer zum Gegenkaiser ausgerufen. Im darauffolgenden sechsjährigen Bürgerkrieg konnte keine der beiden Seiten einen Vorteil erringen, sodass im Februar 1347 ein Vergleich geschlossen wurde, der eine gemeinsame Herrschaft beider Kaiser vorsah.

Um sich den Rücken freizuhalten, schlossen Kantakuzenos und Orhan, die sich beide auch menschlich gut verstanden haben dürften, 1346 einen Friedens- und Bündnisvertrag. Dieser half auf der einen Seite Kantakuzenos sich gegen den jungen Palaiologen-Kaiser durchzusetzen. Für Orhan hatte dieser Vertrag auf der anderen Seite den Vorteil, dass zwei unabhängige türkische Kleinfürstentümer an den Dardanellen, Saruhan und Aydin, keine Unterstützung mehr von den Byzantinern erhielten. Eine der Bedingungen des Vertrages war, dass Orhan Theodora, eine der Töchter von Johannes Kantakuzenos, heiraten

33 Eine byzantinische Goldmünze, 72 Hyperpera ergaben ein Pfund Gold.

sollte. Der byzantinische Kaiser wurde damit zugleich der Schwiegervater eines türkischen Sultans. Die Hochzeitsfeier wurde in Selymbria (Silivri), einem Ort etwa 65 Kilometer westlich von Konstantinopel, abgehalten. Orhan erschien mit dreißig Galeeren, vielen Reitern und den vornehmsten Männern seines Gefolges, um die Braut entgegenzunehmen. Johannes Kantakuzenos, der eine Schrift über seine Herrschaft hinterlassen hat, beschreibt die Zeremonie: »*Die Braut stand auf einer Plattform die von Vorhängen aus Seide und Brokat umgeben war, und als diese zurückgeschlagen wurden, zeigten sie die Braut. Zu ihrer Linken und Rechten standen Fackeln, die von Eunuchen gehalten wurden. Trompeten, Flöten und andere Instrumente erklangen [...] Nach den Zeremonien mischten sich die Noblen und Soldaten beider Seiten und feierten für mehrere Tage*«[34].

1347 wurde Johannes Kantakuzenos zum Senior-Kaiser ernannt und Orhan kam nach Eskutari (Üsküdar), um ihm zu gratulieren. Die beiden verbrachten mehrere Tage mit der Jagd und auf Festen[35]. Die Herrschaft von Johannes Kantakuzenos dauerte acht Jahre. In dieser Zeit war er ein treuer Verbündeter Orhans. Dieser wiederum dankte ihm diese Treue, indem er ihm zu mehreren Gelegenheiten seinen Sohn Süleyman Pascha (1316–1357), der ein fähiger Heerführer war, mit bis zu 20 000 Mann zur Hilfe schickte. So auch als der Kaiser in Thrakien mit dem Serbenkönig Stefan Uroš IV. Dušan (1308–1355), genannt »der Mächtige«, in eine militärische Auseinandersetzung geriet, da dieser zuvor Thessaloniki überfallen und erobert hatte. Bei dieser Gelegenheit setzten erstmals türkische Truppen nach Europa über. Süleyman Pascha muss dabei den Eindruck gewonnen haben, dass es für die Türken in Zukunft möglich sei, sich auf dem Balkan militärisch und politisch in die hier bestehenden Rivalitäten einzuschalten und auch alleine, ohne den byzantinischen Kaiser, militärische Erfolge zu erzielen.

34 Bryer, Anthony; Greek Historians on the Turks: The Case of the first Byzantine-Ottoman Marriage, in: R.H.C. Davies und J.M.Wallace-Hadrill (Hrsg.); The Writing of History in the Middle Ages. Oxford: Oxford Univ. Press, 1981, S. 471–94.

35 Jorga, Nicolae; Geschichte des Osmanischen Reiches, Erster Band bis 1451, 1908 (Paderborn: Salzwasser Verlag, 2015), S. 189.

1352 konnte Süleyman die Festung von Czympe (Çimenlik) auf der europäischen Seite der Dardanellen erobern. Er weigerte sich, diese wieder an die Byzantiner zurückzugeben und etablierte damit den ersten festen Stützpunkt der Türken auf europäischem Gebiet. Am 2. März 1354 verwüstete ein starkes Erdbeben die Küste der Dardanellen. Das darauffolgende Chaos nutzte Süleyman und stationierte in den zerstörten Städten Gallipoli (Gelibolu) und Rodosto (Tekirdağ) auf der europäischen Seite türkische Truppen. Politisch wurde das besetzte Gebiet in kleine türkische Fürstentümer unterteilt, die von den Osmanen abhängig blieben. Diese in Rumelien[36] gelegenen Fürstentümer blühten in kurzer Zeit auch durch die Entsendung von Ghazis auf. Die Florentiner Chroniken[37] berichten darüber und erwähnen auch, dass Süleyman noch 1354 bis vor die Mauern von Konstantinopel vorrückte und die Stadt kurzzeitig belagerte, ohne sie aber einnehmen zu können.

In Anatolien führte Orhan Truppen nach Galatien und eroberte die bedeutenden Städte Ankyra (Ankara) und Krateia (Sivrihisar?). Damit bezwang er die türkische Dynastie des zentralanatolischen Emirates Eretna. Die Konsequenz aus seiner expansionistischen Politik war damit die Schaffung von festen Stützpunkten zum weiteren Vormarsch nach Europa und weiter hinein nach Kleinasien.

---

36 Rumelien war die türkische Bezeichnung für den Balkan.

37 Marchionne di Coppo die Stefano Buonaiuti, Florentine Chronicle of Marchionne die Coppo die Stefano Buonaiuti (1327–1385), by Jonathan Usher, Univ. Edinburgh.

Militär und Verwaltung

Der Aufstieg der Osmanen ist mit ihrer stets steigenden militärischen Macht verbunden, wobei ihre ersten militärischen Erfolge nicht von einem Stammesheer, sondern von den Ghazis erzielt wurden. Diese Ghazis waren Krieger, die von der Kriegsbeute lebten, aber auch nicht davor zurückschreckten, sich in Friedenszeiten als Räuber zu betätigen. Ihre Zusammenschlüsse lockten Abenteurer, religiöse Eiferer, landflüchtig gewordene Bauern und politische Abtrünnige aller türkischen Stämme an. In den Ghazi-Truppen in Anatolien dominierten die Türken unter den Kriegern, ähnlich wie bei den Mameluken[38] und bei den Leibwächtern der Kalifen und Emire. Einigen von ihnen sollte es gelingen, in militärischen und politischen Stellen zu Ansehen und Würden zu gelangen.

An der Westgrenze des türkischen Territoriums unternahmen die Ghazis Einfälle in das byzantinisch beherrschte Land, wo sie in den griechischen Grenzwächtern, den Akritoi, ihre ebenbürtigen Gegner fanden, mit denen sie sich im Kampf zu messen hatten. Nach der Schlacht von Manzikert 1076 nahmen die Einfälle in das Reich der Byzantiner deutlich zu, wobei die Ghazi-Verbände oft auf eigene Faust handelten und Angst und Schrecken verbreiteten, wenn sie mit ihren Emblemen, der weißen Kappe und der Keule, im Umland der Dörfer und Städte erschienen.

Den Höhepunkt dieser Entwicklung in Anatolien wurde zur Zeit der mongolischen Ilchane in Persien erreicht, als viele Ghazis nach Anatolien flohen. Zahlreiche Ghazi-Korporationen bildeten sich in Anatolien neu, wobei für den einzelnen Krieger die Übergänge fließend waren und er sich auch auf Zeit einer Truppe anschließen konnte, je nachdem welchen finanziellen Erfolg er sich vom jeweiligen Emir oder Anführer versprach.

---

38 Die Mameluken waren zunächst türkische Militärsklaven, die ab 1250 Ägypten beherrschten, siehe: Irwin, Robert; The Middle East in the Middle Ages: The early Mamluk Sultanate 1250–1382. Teil 2, Carbondale: Southern Illinois Univ. Press, 1986.

In späteren Zeiten wurde das Wort Ghazi zu einem Ehrentitel für jene osmanischen Sultane und Heerführer, die nichtmuslimisches Land eroberten. Der Titel war etwa dem römischen »Imperator« gleichzusetzen, ein Titel der verdient werden musste und nicht verliehen werden konnte.

Die Osmanen waren die erste noble Familie, die den Ehrentitel Ghazi in ihre Titulatur einführte und diese Tradition scheint bis an den Beginn ihres Staates zurückzureichen. Die ersten neun Sultane aus der osmanischen Herrscherfamilie schmückten sich alle mit dem Titel eines Ghazi und verwendeten ihn in ihrem vollen Regentennamen mit anderen Titeln, die oft zeremoniell dazu gefügt wurden, auch wenn sie keine weiterführende Bedeutung mehr besaßen.

Der Titel Ghazi wurde in späterer Zeit in der Bedeutung von »siegreich« auch Heerführern der Osmanen verliehen, wenn sie gegen Nicht-Muslime siegreich gewesen waren[39]. Es war jedoch bereits früh absehbar, dass das Ghazi-System bei der raschen Vergrößerung des Gebietes der Osmanen nicht ausreichen würde, um genügend Soldaten zu rekrutieren. Daher wurde bereits unter Orhan das Militärwesen aus- und umgebaut. Da der Stammesverband von Kriegern schon aufgrund der Größe des neuen Staatswesens nicht mehr aufrechtzuerhalten war, mussten zahlreiche neue Soldaten in die Armee aufgenommen werden, die nicht mehr aus der Beute bezahlt wurden, sondern regulären Sold erhielten. Orhan stellte dazu bezahlte Fußtruppen (yaya oder piyade) und eine ebenfalls besoldete Reiterei (müsellem) auf, die allerdings nur während der Feldzüge ihren Sold erhielten. In Friedenszeiten gab man ihnen Bauernhöfe (çiftlik) zur Bewirtschaftung, deren Erträge sie nutzen konnten, ohne die sonst üblichen Steuern bezahlen zu müssen.

Auch in der Verwaltung musste Orhan, schon aufgrund der Ausdehnung des Staates, neue Wege gehen. Nicht mehr der Herrscher alleine kümmerte sich um die Angelegenheiten der Verwaltung, sondern er war gezwungen, immer größere Teile

39 Der letzte Soldat im Osmanischen Reich der diesen Titel empfing, war Mustafa Kemal Pascha (der spätere Mustafa Kemal Atatürk), der daran beteiligt war, die ANZAC-Truppen in der Schlacht von Gallipoli 1915/16 erfolgreich abzuwehren.

davon zu delegieren. Daher wurde dem Sultan ein Wesir beigegeben, der zunächst nur beratende Funktion hatte, von der vollziehenden Gewalt aber ausgeschlossen blieb. Ebenso konnte er keine militärischen Aufgaben übernehmen. Diese oblagen zu jener Zeit weiterhin dem Beğlerbeğ. Wesir und Herrscher stand ein Staatsrat, der Diwan, zur Seite. Auch die hinzu gewonnenen Provinzen erhielten eine neue Verwaltungsstruktur. Hier etablierte sich eine Eigenart der osmanischen Verwaltung und staatlichen Organisation, nämlich die Vermischung von militärischen und zivilen Belangen, indem man die Verwaltung der eroberten Städten durch die Sandschakbeğs, die eigentlich hohe Militärbeamte waren, vornehmen ließ. Diese hatten ihr Gebiet nicht nur militärisch zu organisieren, sondern waren auch für die zivile Verwaltung zuständig.

Der Posten des Sandschakbeğs galt auch als Ausgangspunkt für eine höhere Karriere im Staatsdienst. Selbst die Söhne der Sultane mussten oft ihre ersten administrativen Erfahrungen als Sandschakbeğs machen.

Ein wichtiger Pfeiler der Verwaltung war die geordnete Rechtsprechung durch die Kadis, zumeist Vertreter des orthodoxen Islam. Es waren dies Rechtsgelehrte, die im Auftrag des Sultans das Richteramt wahrnahmen und nach den Gesetzen der Scharia[40] urteilten.

Eine nichtstaatliche Organisation, die bei den Osmanen eine bedeutende Rolle spielte, waren die ahi-Bünde. Sie waren Zusammenschlüsse von Männern mittleren Alters in den Städten, die ihre Daseinsbestimmung in wohltätigen Werken sahen, aber auch Reisenden und Karawanen halfen. Zudem hatten sie zweitweise eine Bedeutung in den Zünften der Handwerker und nahmen die polizeiliche Gewalt in der Stadt für sich in Anspruch. Man hat die ahi-Bünde als die Standesorganisationen des städtischen Bürgertums angesehen, die zumeist unpolitisch agierten. In einigen Fällen, wie etwa in Ankara vor der Erobe-

---

40 Der Begriff Scharia bezeichnet das islamische Recht; es enthält die Gesamtheit der Gesetze, die in einer islamischen Gesellschaft zu beachten und zu erfüllen sind. Die Scharia basiert auf dem Koran und auf der sich ab der Mitte des 7. Jahrhunderts herausbildenden Überlieferung vom Reden und Handeln Mohammeds (hadith).

rung durch Orhan, konnten sie allerdings auch politische Macht ausüben.

Die rasche Expansion des osmanischen Staates zeigt sich auch deutlich in der Architektur. Zunächst wurden in den wichtigen großen Städten wie Iznik und Bursa Moscheen, Badehäuser, Schulen, öffentliche Küchen, Brücken, Grabmale und Derwischklöster errichtet. Aber auch in den kleineren Orten finden sich bis heute Moscheen aus jener Zeit. In den neu besetzten thrakischen Gebieten wurden Kirchen zu Moscheen umgewandelt, besonders in jenen Orten, die sich nicht freiwillig den Osmanen ergeben hatten, sondern gewaltsam erobert werden mussten.

Erste osmanische Feldzüge auf dem Balkan – Murad I. 1359–1389

Den Ghazis folgten immer mehr zivile Einwanderer nach Thrakien und brachten dieser Landschaft, die jahrzehntelang nur Krieg und Verwüstung in den Kämpfen zwischen Byzantinern, Bulgaren und Serben gesehen hatte, neuen Aufschwung. In Byzanz sah man diese Übernahme- und Siedlungspolitik mit Argwohn und suchte nach Zar Dušans Tod 1355 eine Koalition mit seinen Nachfolgern einzugehen. Zwar konnten kleinere Erfolge erzielt werden, wie die Rückeroberung des Hafenstadt Gelibolu (Gallipoli) durch die Byzantiner, Botschaften an den Papst um weitere Hilfe blieben aber aus byzantinischer Sicht erfolglos.

1357 starb der als Sultan vorgesehene Süleyman Pascha und sein jüngerer Bruder Murad I. (1319 oder 1326–1389) bestieg 1359 nach dem Tode Orhans den Thron der Osmanen. 1360 konnte er Adrianopel (Edirne) erobern. Vier Jahre später erhob er die Stadt zu seinem neuen Regentschaftssitz und zeigte auf diese Weise zugleich deutlich an, wo seine zukünftigen Interessen lagen. Byzanz geriet in Folge dieser Ereignisse in direkte Tributpflicht zu den Osmanen, die allerdings zugleich auch die Getreideversorgung der Stadt am Bosporus sicherten.

Murad ging weiter offensiv von Süden her gegen die Serben und den Balkan vor. 1363 konnte er Philippopel (Plovdiv) erobern. Die Serben sammelten daraufhin in den nächsten Jahren eine Streitmacht und traten Murad 1371 in der Schlacht von Tschernomen an der Mariza entgegen, mussten dabei aber eine bittere Niederlage einstecken. Der serbische König Marko Kraljević (1335–1394) musste ebenso wie die Bulgaren die Oberherrschaft der Osmanen anerkennen. Zugleich konnten die Osmanen Makedonien in Besitz nehmen. In den darauffolgenden Jahren marschierten Murads Truppen auch in Thessaloniki und Sofia ein.

Für einige Zeit schien es, als ob der christliche Widerstand auf dem Balkan endgültig gebrochen sei. Ein makedonischer Mönch schrieb über die Gefühle der Bevölkerung: *»Da gab es kei-*

nen Prinzen oder Anführer mehr, da kam kein Erlöser oder Retter für das Volk. Die tapferen Herzen der heroischen Krieger wurden die verzagten Herzen von Frauen, tatsächlich wurden die Toten von den Lebenden beneidet«[41].

Die Balkanvölker gaben dennoch den Gedanken an Widerstand nicht auf. Als sich Murad I. in Anatolien auf einem Kriegszug befand, schlugen die Armeen der Serben, Bulgaren und Bosnier ein osmanisches Heer am Fluss Vardar, konnten diesen Sieg aber nicht entscheidend ausnutzen. Der Gegenschlag durch Murad folgte schnell, als er mit einem Heer auf dem Amselfeld[42] (Kosovar Polje) erschien und am 15. Juni 1389 ein Koalitionsheer von Serben, Bulgaren, Bosniern und Albanern besiegte. Murad konnte seinen Erfolg aber nicht mehr nutzen. Dem serbischen Nationalhelden Miloš Obilić gelang es, sich auf dem Schlachtfeld zu Murad durchzuschlagen und ihn zu erdolchen, ehe er selbst ums Leben kam.

Murad hatte die Expansion des osmanischen Staates aber nicht nur auf dem Balkan vorangetrieben, sondern auch in Kleinasien. Dabei beschritt er durchaus auch diplomatische Wege. So konnte er seinen Sohn und Nachfolger Bayezid mit einer Prinzessin des Emirates von Germiyan verheiraten und damit den größten Teil des Fürstentums in Besitz nehmen. Der Fürst von Hamit verkaufte für 80 000 Goldstücke einen Teil seines Fürstentums an Murad, was diesen in direkte Nachbarschaft zu seinen Hauptkonkurrenten in Anatolien, den Karamaniden, brachte. Diese unterstützten eine Rebellion von Murads Sohn Savçi gegen den Vater. Die Rebellenarmee wurde allerdings vom Sultan 1385 bei Konya vernichtend geschlagen.

Murad setzte im Inneren die Politik seiner Vorgänger dahingehend fort, dass die stetige Vergrößerung des Reichs zugleich mit einer ständigen Anpassung in Verwaltung und Militär einherging. Dieses System führte zu einer hohen Flexibilität im osmanischen Staat und ermöglichte die bedeutenden militäri-

---

41 Goodwin, Jason; Lords of the Horizons. A History of the Ottoman Empire. New York: H. Holt, 1999, S. 17.

42 Braun, Maximilian; Kosovo, Die Schlacht auf dem Amselfelde in geschichtlicher und epischer Überlieferung. Leipzig: Markert & Petters, 1937.

schen Erfolge und die darauffolgende zivile Expansion. Wie wichtig das Militär im osmanischen Staat war, zeigt die Einführung eines Heeresrichters, der zugleich der oberste zivile Richter im Staat war. Bis zu diesem Zeitpunkt hatte der Kadi von Bursa als oberster Richter gewirkt. Zugleich änderte man in der Gesetzgebung die Interpretation des Rechts durch Religionsgesetze und Gewohnheitsrecht, indem man ein Zivilrecht (kanun) schuf um all jene Fälle abzudecken, für die das Religionsrecht nicht mehr ausreichte.

Der Wesir, der bisher nur beratende Funktion gehabt hatte, wurde zum Vorsitzenden des Staatsrates ernannt und erhielt den Titel eines Paschas. Durch die Ausdehnung des Staates wurde es auch notwendig, das Amt des Beğlerbeğ zu teilen. Ein Beğlerbeğ führte das Kommando im kleinasiatischen, der andere im europäischen Reichsteil. Das Oberkommando über die Gesamtarmee lag allerdings in den Händen des Beğlerbeğs im europäischen Reichsteil.

Bereits unter Osman und Orhan war in der Versorgung der Soldaten mit Besitz das alte ikta-System durch das timar-System ersetzt worden, das unter Murad I. seine gesetzliche Verankerung fand. Ein Krieger hatte danach Anspruch auf eine Kleinpfründe (timar). Dafür diente er in der Reiterei der Sipahi. Die dafür nötige Ausrüstung musste er allerdings selbst finanzieren. Das Anrecht auf einen Teil der Beute blieb jedoch weiterhin bestehen. Als Bezahlung für die höheren Militärs wurden Großpfründe geschaffen (ziamet). Später konnten auch verdiente Zivilbeamte am zunächst exklusiven militärischen timar-System teilhaben. An hohe Provinzbeamte wurden Pfründe als »hass« vergeben, die sich aus einer ganzen Reihe von Einkommensquellen zusammensetzten.

Was zunächst aussieht wie eine Art osmanisches Lehnssystem, unterschied sich allerdings deutlich vom abendländischen Lehnswesen. Die Timare waren Pfründe und keine Lehen. Dem jeweiligen Sipahi stand zwar eine geregelte Abgabe der Bauern zu, er selbst besaß aber keine Verfügungsbefugnis über die Bauern, die das Land bestellten. Die Timare konnten ferner ihren Inhabern entzogen werden und waren nicht vererbbar. Nach dem Tod eines Sipahi fiel der Timar daher wieder an den osmanischen Staat zurück, der es neu vergeben konnte. Das timar-System fand vor allem in den eroberten Gebieten des Balkans Anwendung, da hier die christlichen Großgrundbesitzer beim Einzug der Türken ihr Land verließen, wodurch dieses an den osmanischen Staat fiel. In Anatolien hingegen, auch bei der Inbesitznahme von Territorien anderer islamischer Fürstentümer, blieb der Privatbesitz (mülk) von Land bestehen.

Murad I. führte auch eine Reform des Heeres durch, deren wesentlichster Punkt die Einführung der stehenden Elitetruppe der Janitscharen[43] war. Die Janitscharentruppe rekrutierte sich in der Regel aus jugendlichen Kriegsgefangenen der eroberten Länder. Diese Jungen wurden in Kleinasien bei Bauernfamilien einquartiert, zum Islam bekehrt und aufgezogen, bis sie ausreichend türkisch sprachen. In der Folge kamen sie zu einer eigens dafür gebildeten Rekrutentruppe (acemi ocaği), die sie in militärischen Belangen ausbildete. Danach wurden sie in Kasernen stationiert, durften nicht heiraten und keinen sexuellen Umgang haben. Sie waren dem Sultan direkt unterstellt und bildeten eine Art Leibgarde. Das Sufitum, das bei den Janitscharen eine weite Verbreitung fand, entwickelte sich unter ihnen zur bestimmenden Ideologie. Beseelt von dieser verachteten die Janitscharen in der Schlacht den Tod und kämpften mit Besessenheit und Grausamkeit. Diese Truppe, die als Gegner bei den westlichen Heeren gefürchtet war, stellte eine Neuerung im gesamten Heerwesen dieser Zeit dar und war weitaus fortschrittlicher als alles, was die Gegner der Osmanen aufbieten konnten.

Die übrigen Waffengattungen der Osmanen, die Sipahis (Reiterei), die müsellem (Fußtruppen) und die yayalar (leichte Infanterie) wurden zusätzlich durch die akıncı erweitert. Dabei handelte es sich um eine leichte irreguläre Reiterei, die im Vorfeld der Schlacht den Feind zu beunruhigen und weit in dessen Gebiet vorzustoßen hatte. Unter den Gegnern der Türken im Westen wurden diese Truppen in der Zivilbevölkerung als »Renner und Brenner« gefürchtet.

43 Von *jeni ceri* (neue Truppen).

Das mongolische Intermezzo – Bayezid I. 1389–1402

Als Sultan Murad I. am Amselfeld den Tod fand, übernahm noch am selben Ort sein Sohn Bayezid I., der in der Schlacht erfolgreich den rechten Flügel der Osmanen befehligt hatte, die Macht. Zuvor ließ er noch auf dem Schlachtfeld seinen Bruder ermorden um sich die Erbfolge zu sichern. Die politische Situation in Anatolien zwang Bayezid zunächst, stabile Verhältnisse auf dem Balkan herzustellen. Um dieses Ziel zu erreichen, ehelichte er u. a. die Tochter des serbischen Despoten Stefan Lazarević.

Von den militärischen Konflikten im europäischen Reichsteil befreit, war es ihm nun möglich gegen eine oppositionelle Koalition von türkischen Emiraten vorzugehen, die sich inzwischen in Anatolien gegen seine Herrschaft gebildet hatte. Bayezid war kein Herrscher, der an irgendeiner Front eine Opposition duldete und führte beständig Krieg während seiner Regentschaft. Die Schnelligkeit, mit der er an den verschiedensten, weit auseinanderliegenden Kriegsschauplätzen erschien und mit der er seine Entscheidungen traf, brachte ihm den Beinamen yıldırım (Blitz) ein. Bayezid hatte große Pläne und sprach davon, den Petersdom zu Rom als Stall für seine Pferde verwenden zu wollen. Denn, so sagte er zu seinem Gefangenen Johann Ohnefurcht nach der Schlacht von Nikopolis: »*Dafür wurde ich geboren, Waffen zu tragen und alles Land zu erobern, das vor mir liegt*«[44].

Die Koalition der rebellierenden Emirate in Kleinasien wurde vom mächtigsten Nachbarn der Osmanen, den Karamaniden, angeführt. Auslöser für den Konflikt war die Eroberung der osmanischen Stadt Beyşehir durch die Karamaniden. Nachdem Bayezid seine Westgrenze gesichert hatte, erschien er 1391 im Osten seines Reichs, eroberte das Emirat Germiyan und annektierte bis 1392 Aydin, dessen Prinzessin er ebenfalls heirate-

---

44 Goodwin, Jason; Lords of the Horizons. A History of the Ottoman Empire. New York: H. Holt, 1999, S. 23.

te. Er verkleinerte die Emirate von Saruhan und Mentese, sodass sein Reich nun direkt an das der Karamaniden grenzte. Für seinen Feldzug gegen Karaman verpflichtete Bayezid u. a. den serbischen Prinzen Stefan Lazarević (1347–1427) und den byzantinischen Kaiser Manuel II. Palaiologos (1391–1425), die zu Vasallen des Sultans herabgesunken waren, zur Heeresfolge. Manuel II. Palaiologos wollte sich damit jedoch nicht abfinden. Er nutzte den Feldzug Bayezids im Osten des Reichs um verlorene Gebiete auf dem Balkan wieder unter byzantinische Hoheit zu bringen, darunter auch Thessaloniki. Der Sultan regierte auf die neue Bedrohung, indem er den Feldzug in Anatolien abbrach, auf den Balkan zurückkehrte, die verlorenen Gebiete erneut unterwarf und 1394 sogar begann Konstantinopel zu belagern. Zu diesem Zweck ließ er 1395 eine Burg, Anadolu Hisarı, an der engsten Stelle des Bosporus auf der anatolischen Seite erbauen, nicht einmal fünf Kilometer von der Stadt entfernt. Konstantinopel konnte sich aber noch immer auf seine uneinnehmbaren Mauern verlassen und widerstand zunächst der Belagerung. Allerdings gelang es Bayezid dennoch seinen Machtbereich in Europa auszuweiten, indem er Bulgarien annektierte und die Walachei in ein Vasallenverhältnis zwang.

Bayezid war auch der erste osmanische Herrscher, der eine eigene Seefahrtspolitik im Mittelmeer betrieb. Hier hatten besonders die Venezianer, Florentiner, Genuesen, Katalanen und Neapolitaner, aber auch der Ritterorden der Johanniter ihre Stützpunkte und Handelsniederlassungen errichtet. Besonders die Venezianer standen in einem engen politischen und wirtschaftlichen Verhältnis mit dem byzantinischen Konstantinopel.

Auf dem Balkan zählte insbesondere das Königreich Ungarn, einer der zu dieser Zeit flächenmäßig größten Staaten in Europa, zu den mächtigsten Gegnern der türkischen Expansion. Die Ungarn hatten rings um ihr Königreich mit abhängigen Fürsten wie Mircea von der Walachei und mit den Herrschern von Makedonien ein christliches Vorfeld errichtet, in das Bayezid nun einbrach und dabei Gebiet um Gebiet eroberte oder sich untertänig machte. 1396 war die Gefahr für die Ungarn so angewachsen, dass sie sich an Papst Bonifatius IX. (1389–1404) wandten, um einen Kreuzzug einzuberufen. Die Teilnehmer dieses Kreuzzugs, insbesondere aus Ungarn, Frankreich und Burgund, trafen im Herbst 1396 in Ungarn ein und stellten am 25. September die Türken bei Nikopolis[45] zur Schlacht[46]. Die abendländischen Ritter, die von ihrer Überlegenheit überzeugt waren, konnten zunächst in einem kühnen Vorstoß die Reihen der Türken durchbrechen, wurden dann aber umzingelt, aufgerieben oder gefangen genommen. Bayezid, der in der Schlacht knapp vor einer Niederlage gestanden hatte, nahm gnadenlos Rache. 4000 gefangene Ritter ließ er enthaupten, nur die 20 vornehmsten verschonte er, um aus deren Verwandten im Abendland immense Lösegelder herauszupressen. Ein Teil des christlichen Fußvolkes, das ebenfalls in Gefangenschaft geraten war, wurde als Sklaven verkauft oder in die osmanische Armee übernommen[47]. Die Schlacht von Nikopolis war eine der schwersten Niederlagen des Rittertums und sollte dessen Niedergang wie auch das Ende der Kreuzzugsidee in Europa zusätzlich beschleunigen.

Bayezids Erfolg gab ihm die Herrschaft über den gesamten Balkan südlich der Donau und brachte ihm in dieser Region Ruhe für mehrere Jahre. Diese nutzte er um wieder offensiv in Anatolien vorzugehen. Hier verweigerte ihm der Herrscher der Karamaniden, sein Schwager Alaeddin Ali Bey, die Anerkennung mit den Worten, »dass er selbst ein großer Herrscher sei«. Um ihren Machtanspruch zu unterstreichen, besetzten die Karamaniden 1396 Ankara. Bayezid nutzte den Elan seiner Armee nach dem Sieg von Nikopolis aus, führte sie vor Konya, die Hauptstadt der Karamaniden, eroberte noch 1396 die Stadt, ließ Alaeddin Ali Bey hinrichten und machte so dem Reich der Karamaniden ein Ende. Ihm blieb nun nur noch ein Staat in Anatolien als Feind, die Eretna-Dynastie mit ihrer Residenz in Sivas,

45 Heute Nikopol an der unteren Donau in Bulgarien.

46 Tuchman, Barbara; Der ferne Spiegel. Das dramatische 14. Jahrhundert. Hamburg: Spiegel-Verlag, 2007, Kapitel 26.

47 Darunter auch Johannes Schiltberger (1380–1427) aus Freising bei München, der einen Bericht über seine Gefangenschaft bei den Osmanen hinterlassen hat, siehe: Ulrich Schlemmer (Hrsg.); Johannes Schiltberger. Als Sklave im Osmanischen Reich und bei den Tataren 1394–1427. Stuttgart: Thienemann, 1983.

geführt von Kadi Burhan al-Din (1345–1398), einem gebildeten Herrscher und Poeten von Rang. Als dieser aber in einem unbedeutenden Gefecht mit den Turkmenen der Ak Koyunlu (Weißer Hammel) fiel oder ermordet wurde, übergaben seine Erben den Staat an die Osmanen, die nun ein Gebiet beherrschten, das bis an die Ostgrenze Anatoliens reichte. Hier allerdings trafen sie auf einen Feind der mächtiger war als die türkischen beyliks, das Reich der Timuriden unter ihrem Herrscher Timur Leng oder Tamerlan[48].

Tamerlan (1336–1405) hatte 30 Jahre zuvor, ausgehend von Transoxanien, in einem Siegeszug ohnegleichen die Staaten Zentralasiens (Chorasan) ebenso wie die Gebiete des heutigen Iran und Irak unterworfen und war bis nach Syrien und in den nördlichen Kaukasus vorgedrungen. Ferner hatte er die goldene Horde geschlagen, ihre Hauptstadt Sarai geplündert und 1398 Delhi erobert. Er selbst sah sich als legitimer Nachfahre Dschingis Khans, der das Weltreich der Mongolen im Namen des Islam erneuern wollte.

Das Verhältnis zwischen beiden Reichen verschlechterte sich zunehmend, nachdem Bayezid Besitztümer der Mamelukenherrscher westlich des Euphrat unter seine Kontrolle gebracht hatte. Tamerlan nutzte die Abwesenheit Bayezids aus, der 1400 Konstantinopel belagerte, um in Ostanatolien und Syrien einzufallen, Sivas einzunehmen und bis nach Damaskus vorzustoßen, eher er sich nach Aserbeidschan zurückzog. Bayezid wurde dadurch bewusst, dass eine Auseinandersetzung mit den Timuriden bevorstand und er bereitete sich gründlich darauf vor. Der letztliche Auslöser für die direkte militärische Konfrontation zwischen beiden Herrschern, bestand in der Forderung Tamerlans gegenüber Bayezid, die von diesem besiegten türkischen Emire wieder in ihren alten Herrschaftsgebieten einzusetzen. Am 28. Juli 1402 stießen die Heere der Osmanen und der Timuriden bei Ankara zusammen. Moderne Angaben über die jeweilige Truppenstärke gehen weit auseinander. Die maximalen Schätzungen reichen dabei von 70 000 bis 84 000 Mann die

---

48 Nagel, Tilman; Timur der Eroberer und die islamische Welt im späten Mittelalter. München: C. H. Beck, 1993.

Bayezid unter seinem Kommando versammeln konnte. Dazu zählten neben osmanischen Kontingenten auch Truppen der serbischen und walachischen Vasallen, zahlreiche Soldaten aus den von ihm eroberten Emiraten sowie ein großes Kontingent weißer Tartaren, die vor Tamerlan aus dem Osten geflohen waren. Diesem osmanischen Aufgebot standen, nach den Annahmen einiger Historiker, zwischen 140 000 bis 160 000 timuridische Soldaten gegenüber. Ein weiteres schwerwiegendes Problem bestand für Bayezid darin, dass er sich der Loyalität der Truppen aus den eroberten Emiraten nicht sicher sein konnte.

Es gibt zahlreiche Kommentare zu dieser Schlacht, die oft von europäischen Soldaten in den Reihen Bayezids stammen. Rekonstruiert man die Schlacht, so brachte zunächst Tamerlan Bayezid in die Defensive, indem er den einzigen Fluss in der Nähe besetzte und so Bayezids Armee vom Wasser abschnitt. Bayezid attackierte daraufhin energisch und war nahe daran, die Reihen des Timuriden zurückzuwerfen. Dann aber desertierten zahlreiche seiner Truppen wie die weißen Tartaren und die Soldaten der eroberten anatolischen Emirate, und ließen Bayezid allein mit seinen osmanischen Einheiten auf dem Schlachtfeld zurück. Johannes Schiltberger, der in der Armee des Sultans als Sklave kämpfen musste, war am Ende der Schlacht ein Gefangener Tamerlans und schrieb später davon, dass der Timuride 32 Elefanten zum Einsatz gebracht haben soll, von deren Rücken aus griechisches Feuer auf die Reihen Bayezids versprüht wurde[49]. Bayezids Truppen wurden umzingelt und niedergemacht, sodass sich der Sultan am Ende des Tages ergeben musste. Mit ihm gerieten seine Söhne Musa und Mustafa und seine serbische Frau Olivera Despina in Gefangenschaft. Drei weitere Söhne, Süleyman, Isa und Mehmed, konnten hingegen fliehen. An einem einzigen Tag hatte Bayezid alles verloren, was sein Vater und er erobert hatten. Die Balkanstaaten sagten sich von ihm los, die Belagerung Konstantinopels wurde abgebrochen, die eroberten Emirate in Anatolien wurden wieder hergestellt und die ehemaligen Herrscher bzw. deren Nachkommen wieder in

49 Nach der Schlacht geriet Johannes Schiltberger in Gefangenschaft bei den Timuriden, denen er bis 1426 als Soldat in Asien dienen musste.

ihre Besitzungen eingesetzt. Das Osmanische Reich war damit auf jene Fläche reduziert, mit der Murad I. es übernommen hatte. Damit nicht genug wurden die verbliebenen osmanischen Besitzungen in den Folgejahren immer wieder von marodierenden Banden timuridischer Soldaten verwüstet.

Der Legende nach behandelte Tamerlan Bayezid zunächst wie es einem Sultan gebührt und bot ihm einen Platz in seinem Gefolge an. Dieser benahm sich aber so anmaßend, dass ihn Tamerlan in einen eisernen Käfig sperren ließ, der auf einem Wagen montiert war. Darin wurde Bayezid, der in diesem Käfig nicht einmal stehen konnte, im Tross Tamerlans mitgeführt. Angeblich musste er zusehen, wie seine serbische Frau Despina Tamerlan nackt bei Tisch bedienen musste und er soll sich noch 1402 aus lauter Gram und Wut darüber selbst den Schädel an den Eisenstangen seines Käfigs eingeschlagen haben. Nach anderen Quellen[50] starb er eines natürlichen Todes im März 1403 in Eskişehir in Westanatolien. Sein Sohn Musa holte die Erlaubnis Tamerlans ein, seinem Vater ein ehrenvolles Begräbnis in Bursa zu ermöglichen.

50 Jorga, Nicolae; Geschichte des Osmanischen Reiches. 1. Bd., Paderborn: Salzwasser Verlag, 2011, S. 321.

Der Kampf um Bayezids I. Nachfolge 1402–1421

Die katastrophale Niederlage des osmanischen Heeres gegen das Heer Tamerlans hatte tiefgreifende Auswirkungen auf den osmanischen Staat. Was wenige Monate zuvor noch mächtig und unter einem Herrscher geeint erschien, zerfiel nun in kleine Gebiete, die von den Söhnen Bayezids beansprucht wurden. Die von den Osmanen eroberten Emirate in Anatolien waren von Tamerlan wiedererrichtet worden und auch auf dem Balkan schwand die Macht der Osmanen von Tag zu Tag. Der Kaiser in Konstantinopel sah sich nach vielen Jahren erstmals wieder von der unmittelbaren Gefahr durch die Osmanen befreit und auch die Venezianer und die anderen Handelsstädte Italiens und Spaniens erhielten im östlichen Mittelmeer eine Atempause. Tamerlan ging zudem taktisch äußerst geschickt vor. Um die Macht der Osmanen nachhaltig zu schwächen ernannte er keinen tributpflichtigen osmanischen Herrscher, sondern teilte das Osmanische Reich in Kleinstaaten auf und wies jedem der freien Söhne Bayezids eines dieser Gebiet zu: Süleyman erhielt Rumelien, Isa das osmanische Stammland um Bursa und Mehmed das anatolische Zentralland. Musa und Mustafa blieben in Gefangenschaft. Um seine Stärke zu demonstrieren, unternahm Tamerlan einen Feldzug gegen das christliche Smyrna (Izmir), das sich in der Hand von 200 Rittern der Johanniter befand, eroberte die Stadt innerhalb von 15 Tagen und ließ die abgeschlagenen Schädel der getöteten Verteidiger nach mongolischem Vorbild zu Pyramiden aufschichten[51]. 1403 verließ Tamerlan jedoch aus unbekannten Gründen Kleinasien. Zu Beginn eines geplanten Feldzugs gegen die Ming-Dynastie in China starb er 1405. Er hinterließ ein Anatolien in Trümmern, das dazu auch noch von der Pest heimgesucht wurde. Es war aber allen Söh-

51 Wackerbarth, August Joseph Ludwig; Die früheste Geschichte der Türken bis zur Vernichtung des byzantinischen Kaiserthums oder bis zur Eroberung von Constantinopel im Jahr 1453, dann fortgeführt bis zum Tode Kaiser Muhammed's 2. im Jahr 1481. Hamburg: Friedrich Hermann Nestler, 1821, S. 598 (Google E-Books).

nen Bayezids bewusst, dass nach seinem Abzug sofort der Kampf um das Erbe des Vaters beginnen würde.

Den ersten Schritt setzte Prinz Süleyman 1403 mit dem Vertrag von Gelibolu, der den osmanischen Vasallenstaaten in Rumelien weitgehende Freiheiten gegen die Zusicherung militärischer Unterstützung gewährte. Auch das Byzantinische Reich wurde aus dem Vasallenstatus entlassen. Dabei kam es zu Übergriffen gegen die muslimischen Kaufleute in Konstantinopel und auch die ihnen zugestandene Moschee wurde dabei zerstört. Venedig und Genua konnten neue und bessere Bedingungen für ihren Handel mit den Osmanen herausschlagen. Trotz dieser Zugeständnisse hatte Süleyman damit erreicht, dass er sich den Rücken für die Auseinandersetzung mit seinen Brüdern freimachen konnte, die im Wesentlichen in Anatolien geführt werden würde.

Hier hatte sich Prinz Mehmed nach dem Rückzug Tamerlans 1403 zunächst gegen Prinz Isa durchgesetzt, ihn in einer Schlacht am Marmarameer geschlagen und Bursa dessen Händen entrissen. Seine Truppen begannen dann eine Kampagne gegen alle jene Emire, die sich nach der Schlacht von Ankara der Kontrolle der Osmanen entzogen hatten. Isa selbst zog nach Osten ab, lieferte den Timuriden bei Kayseri nochmals eine Schlacht und wurde später von Süleyman getötet. Dieser war 1404 nach Anatolien gekommen, hatte Mehmed Bursa und Ankara entrissen und regierte in Rumelien und Anatolien bereits als Sultan Süleyman I.

1409 erschien ein neuer Mitbewerber um die Macht. Prinz Musa war bis 1403 in der Gefangenschaft Tamerlans gewesen und später dem Herrscher von Germiyan übergeben worden, der ihn an Mehmed auslieferte. Musa konnte sich aus der Aufsicht seines Bruders befreien und griff nun Süleyman an einer von diesem nicht erwarteten Seite an. Er sandte Truppen in die Walachei, schloss einen Bund mit dem Woiwoden Mircea, der seine Abneigung gegen Bayezid auf Süleyman übertragen hatte und heiratete dessen Tochter. Von der Walachei aus stieß er nach Süden vor und konnte Edirne, die Hauptstadt Süleymans erobern. Dieser eilte aus Anatolien herbei, wurde mit Hilfe des byzantinischen Kaisers Manuel II. Palaiologos (1391–1425) über die Dardanellen gesetzt und verlor 1410 eine Schlacht gegen Musa. Seinen Bruder, der angeblich betrunken in Gefangenschaft geriet, ließ Musa kurz darauf hinrichten.

Musa hatte damit die Länder Süleymans in Rumelien und Anatolien gewonnen, dennoch gab sein Bruder Mehmed den Kampf um die Macht nicht auf. Mit Hilfe Kaiser Manuels II., der geschickt die Rivalitäten der Osmanen zu seinen Gunsten ausnutzte, setzte er über den Bosporus, wurde allerdings wie sein Bruder Süleyman von Musa geschlagen und musste sich zurückziehen. Musa belagerte daraufhin kurzzeitig und ergebnislos Konstantinopel, weil hier Süleymans Sohn Orhan Zuflucht gefunden hatte.

Die Nachbar- und Vasallenstaaten der Osmanen begannen nun in Musa eine größere Gefahr zu sehen als in Mehmed und unterstützten diesen, als es 1413 zu einer Schlacht zwischen den Brüdern in der Nähe von Sofia kam. Auf Mehmeds Seite standen die serbischen, bosnischen und ungarischen Kräfte unter Stefan Lazarević sowie byzantinische und osmanische Truppen aus Rumelien. Musa attackierte zuerst, wurde aber zurückgeschlagen und starb auf der Flucht, als er vom Pferd fiel und von einem Kommandanten Mehmeds getötet wurde.

Mit dem Tod Musas 1413 fand der Bürgerkrieg unter den Söhnen Bayezids schließlich ein Ende. Allerdings waren die kleinen Emirate in Anatolien nicht bereit, ihre unter Tamerlan gewonnene Freiheit wieder aufzugeben und widersetzten sich Mehmed, der sich ab 1413 als Sultan Mehmed I. bezeichnete. Zug um Zug eroberte er die Gebiete seines Vaters zurück, wobei er sich bei der Eroberung von Smyrna auch der Unterstützung der Venezianer, Genuesen und Johanniter bediente. 1415 musste er nochmals einen Rückschlag in Rumelien hinnehmen, als ein Prinz Mustafa, ein angeblicher Bruder des Sultans, der in der Schlacht von Ankara in die Hände Tamerlans gefallen sein sollte, sich mit Mircea von der Walachei verbündete. Dieser »falsche Mustafa«, wie ihn die osmanische Geschichtsschreibung bezeichnet hat, konnte einen Teil der Fürsten von Rumelien für sich gewinnen und begann auch Verhandlungen mit Kaiser Manuel II. und den Venezianern zu führen. Mehmed gelang es zwar Mustafa zu besiegen, jedoch verschonte er zunächst sein Leben. Möglicherweise war auch er sich nicht sicher, ob dieser Mustafa wirklich sein Bruder war. Daher übergab er ihn an Kaiser Manuel II., der ihn bis zu Mehmeds Tod in Konstantinopel verwahren sollte.

In den nächsten Jahren bis zu seinem Tod 1421 hatte sich Mehmed mit einer Reihe von Aufständen auseinanderzusetzen. Auch seinen Versuch, das Reich der Karamaniden wieder in Besitz zu nehmen, musste er aufgeben, da sich diese als Vasallen den Mameluken[52] unterwarfen und er sich mit diesen auf keinen Krieg einlassen wollte. Immerhin gelang es ihm den walachischen Woiwoden Mircea, seinen Erzfeind auf dem Balkan, wieder in ein Tributverhältnis zu zwingen. Zusätzlich musste dieser Mehmed drei seiner Söhne als Geiseln stellen. Auch tat Mehmed in den letzten Jahren seiner Herrschaft alles, um seine Nachfolge sicherzustellen. Er versuchte, mit der vorzeitigen Ernennung seines fast 20-jährigen Sohnes Murad zum Nachfolger einen weiteren Kampf um die Thronfolge zu vermeiden. Tatsächlich konnte dieser ungehindert als Murad II. Kodja 1421 den Thron besteigen.

Um den neuen Sultan zu schwächen, entließ Kaiser Manuel II. den »falschen Mustafa« aus seiner Aufsicht. Dieser marschierte nach Rumelien, sammelte dort Anhänger um sich und besiegte den Wesir Mehmeds, Bayezid Pascha, in einer Schlacht. Danach besetzte er Edirne und begann hier in seinem Namen Münzen zu prägen um seinen Anspruch auf die Herrschaft über die Osmanen zu bekräftigen. Die Fürsten des Balkan, die in ihm eine geringere Gefahr sahen als in Mehmed, unterstützten ihn mit Truppen und Geld. Dadurch glaubte Mustafa, es mit Murad in Anatolien aufnehmen zu können. Er überquerte mit Kaiser Manuels Hilfe die Dardanellen und marschierte mit einem Heer nach Bursa. Durch eine Kriegslist wurde er allerdings von Murad besiegt. Mustafa floh nach Edirne, wurde gefangen genommen und wie ein Verbrecher gehängt.

---

52 Das Reich der Mameluken war in der ersten Hälfte des 13. Jahrhunderts entstanden. Es beerbte das Ayyubidenreich, das seine Macht auf gekaufte Militärsklaven stützte, die man Mameluken nannte, was »im Besitz befindlich« heißt. Diese hatten sich zu einem Soldatenstand entwickelt und nach dem Ende der Ayyubiden 1250 die Macht ergriffen. Im Mamelukenreich herrschte ein Wahlfürstentum, wobei der jeweilige Herrscher von den Mamelukenemiren auf den Thron gehoben wurde.

Mit Mustafas Hinrichtung 1421 hatte sich Murad fast im gesamten Osmanischen Reich durchgesetzt. Alle internen Gegner waren besiegt und bis auf das Emirat von Karaman hatte er das Reich seiner Vorfahren zurückerobert. Der Bürgerkrieg, der nach der Schlacht von Ankara 1402 ausgebrochen war, diente in Zukunft den osmanischen Thronanwärtern zur Warnung und der Fratricid, der Brudermord, wurde zur anerkannten Maßnahme, um Thronstreitigkeiten im Osmanischen Reich gar nicht erst aufkommen zu lassen.

Die Zeitspanne der Unruhe im Osmanischen Reich von 1402 bis 1421 sollte sich aber als entscheidend für das weitere Gedeihen des Reichs herausstellen. In seiner Phase der größten Schwäche, zerrissen von internen Machtkämpfen, hatte es keine der den Osmanen benachbarten Mächte auf dem Balkan, in Kleinasien, oder dem Mittelmeer verstanden, entscheidende Impulse gegen die Erneuerung der Osmanen zu setzen. Statt geeint gegen den gemeinsamen Feind vorzugehen, hatten die christlichen Mächte stets nur denjenigen Thronanwärter unterstützt, der ihnen am wenigsten gefährlich erschien und dabei oft auf die falsche Person gesetzt. Es war mit der Thronbesteigung Murads II. klar, dass sich dieser nach einer Phase der weiteren Konsolidierung verstärkt den außenpolitischen Konflikten zuwenden würde und dass ihm die christlichen Mächte wenig entgegenzusetzen hatten. Noch war die Kraft der Dynastie der Osmanen ungebrochen.

Betrachtet man die Lage Murads um 1421 so wird deutlich, dass er sich nun in einer ausgezeichneten Situation befand. Seine Stärke lag nicht nur in seiner Armee oder in der effektiven Verwaltung der Osmanen, sondern besonders in der Uneinigkeit seiner Feinde. In Anatolien war der osmanische Staat im Moment nur einer unter mehreren, seine Gegner verband aber nichts als ihre Feindschaft gegen die Osmanen. In Europa hatte sich Ungarn als einer der flächenmäßig größten Staaten etabliert, der mit den Serben, Bosniern, Makedoniern und Walachen ein starkes Vorfeld gegen die Osmanen besaß. Allerdings war Murads mächtigster christlicher Rivale, der römisch-deutsche König und König von Ungarn und Böhmen, Sigismund von Luxemburg (1368–1437), zu jenem Zeitpunkt mit der Bekämpfung der aufständischen Hussiten[53] im Königreich Böhmen befasst. In dieser Situation war an ein koordiniertes und konzertiertes Vorgehen gegen die Osmanen auf dem Balkan nicht zu denken. Um an dieser Front nicht gefährdet zu sein, schlossen die Osmanen 1421 einen Waffenstillstand mit Ungarn und Serben.

Auch die auf dem Mittelmeer durch das türkische Interregnum vorangetriebene Expansion der Seemächte Venedig und Genua kam zum Stillstand. Diese europäischen Handelsmächte, die in Griechenland und in der Ägäis zahlreiche Handelsniederlassungen und Flottenstützpunkte errichtet hatten, wurden mit einer neuen osmanischen Flotte konfrontiert, die ein ebenbürtiger Gegner war. Konstantinopel sah sich hingegen 1422 erneut einer osmanischen Belagerung ausgesetzt, was eine Gegenreaktion auf den Versuch Kaiser Manuels II. darstellte, in die osmanische Thronfolge einzugreifen. Kaiser Manuel II., der zu diesem Zeitpunkt bereits schwer erkrankt war, überließ seinem Sohn Johannes VIII. Palaiologos, der 1425 seine Nachfolge als Kaiser antrat, die Staatsgeschäfte. Unter seiner Führung gelang es den Byzantinern einer erneuten osmanischen Offensive Stand zu halten, auch wenn Byzanz den endgültigen Verlust von Thessaloniki hinnehmen musste.

Murad sah, dass die bisherige Heeresorganisation für eine weitere Expansion der Osmanen nicht ausreichen würde und begann mit einer Heeresreform. Die Provinzialarmee wurde durch das Fußvolk der azep (Unverheirateten) ausgebaut, deren Rekrutierungsmodus eine Vorform der Wehrpflicht darstellte: Je 30 anatolische Haushalte hatten im Kriegsfall einen Infanteristen zu stellen.

Ab 1438 wurde eine weitere Art der Rekrutierung eingeführt, die Knabenlese (devşirme), bei der aus den christlich-bäuerlichen Familien der eroberten Länder die geeignetsten Knaben ausgesucht, muslimisch erzogen, militärisch ausgebildet und dann in das Janitscharenkorps eingereiht wurden. Auf den ersten Blick mag dieses Vorgehen grausam und hart erscheinen. Es

53 Als Hussiten, auch Bethlehemiten genannt, werden verschiedene reformatorische und revolutionäre Bewegungen im Böhmen des 15. Jahrhunderts zusammengefasst, die sich ab 1415 nach der Verbrennung des Theologen und Reformators Jan Hus herausbildeten.

bedeutete aber auch, dass die ausgewählten Knaben in der militärischen und zivilen Hierarchie der Türken aufsteigen und so in Zukunft ihre Familien versorgen konnten. Ein Teil der Rekrutierten wurde der Palastschule des Topkapi-Palastes zugeteilt, wo sie mit Verwaltungsaufgaben beschäftigt wurden und bis in höchste Ämter aufsteigen konnten. Sie waren damit Teil des kul-Systems und nominell Sklaven des Sultans. Als kul-Sklaven waren sie zwar unfrei, sie konnten aber nicht gehandelt werden und selbst Vermögen erwerben. Dieses fiel allerdings nach ihrem Tod wieder an den Sultan zurück[54]. Man hat das kul-System mit dem Begriff der Meritokratie verbunden. Nicht die Herkunft hatte Bedeutung für den Aufstieg des Einzelnen, sondern allein seine Verdienste um den Staat.

Die Janitscharen schlossen sich in dieser Zeit immer mehr an den Orden der Bektaşi-Derwische an, die dem Sufitum nahestanden, das stets einen großen Einfluss auf die Janitscharen ausgeübt hatte[55]. Dieser Vorgang wurde vom Sultan als positive Entwicklung betrachtet, da er so das stets religiös unruhige Derwischtum unter Kontrolle halten konnte. Gleichzeitig schufen sich die elitären Janitscharen damit einen ideologischen Überbau, der vom Sultan kontrolliert werden konnte.

Nach dieser anfänglichen Phase der Konsolidierung und Reformen ging Murad II. nun offensiv daran, sein Reich auszuweiten. Er begann mit Kleinasien, wo er die Emirate Mentese, Aydin und Tekke unterwarf und als Sandschaks dem Osmanischen Reich anschloss. Die Emirate Karaman und Çandar blieben vorläufig noch autonom. Die Herrscherfamilien der unterworfenen Gebiete wurden in das Osmanische Reich umgesiedelt und mit großzügigen Landschenkungen für ihren Lebensunterhalt versorgt.

Der nächste Vorstoß Murads richtete sich gegen die Venezianer, die 1423 die osmanische Seeblockade um Thessaloniki entsetzt hatten und danach zu den Herrschern der Stadt aufgestiegen waren. Mit seiner neuen Flotte schloss Murad 1430 erneut

---

54 Somel, Selcuk Aksin; Historical Dictionary of the Ottoman Empire. Lanham: Scarecrow Press, 2003, S. 159.

55 Haas, Abdülkadir; Die Bektaşi. Riten und Mysterien eines islamischen Ordens. Berlin: EXpress Edition, 1987.

Thessaloniki ein und konnte sie im Sturm einnehmen. Er jedoch blieb dabei maßvoll, erlaubte der geflohenen Bevölkerung die Rückkehr in die Stadt, achtete die Kirchen und ließ Thessaloniki als Handelszentrum intakt. In den Folgejahren drangen die Osmanen bis nach Epirus und Albanien vor, sodass sich die Venezianer genötigt sahen, 1432 einen Frieden zu schließen, der den Osmanen den Zugang zur Adria eröffnete.

Der 1424 mit Ungarn geschlossene Friedensvertrag lief 1428 aus. Dies nahmen die Ungarn zum Anlass gegen Serbien vorzugehen, um sich ihr Vorfeld zu sichern und eroberten dabei Belgrad. Diesen Vorstoß beantwortete Murad seinerseits mit der Eroberung des Großteils von Serbien. 1439 konnte er auch die serbische Hauptstadt Smederevo[56] einnehmen und schuf hier eine Festung und eine Militärbasis, von der aus die Osmanen ihre Expansion bis vor die Tore Wiens vortragen sollten. Um diese neu eroberten Provinzen enger an das Osmanische Reich zu binden, wurden die alten Feudalherrschaften aufgelöst, die christlichen Grundbesitzer vertrieben und das timar-System eingeführt.

Offenbar hatte aber Murad II. zu diesem Zeitpunkt die Ressourcen der Osmanen erschöpft und es kam zu einer Reihe von Rückschlägen. 1440 scheiterte eine Belagerung von Belgrad, Heereszüge nach Siebenbürgen wurden von Johannes Hunyadi (1387 oder 1407–1456)[57] zurückgeschlagen, der nach dem Tode Kaiser Sigismunds das ungarische Oberkommando übernommen und das Heereswesen der Ungarn reformiert hatte. Als wichtigster Woiwode an der ungarischen Grenze gegen die Osmanen kam ihm eine besondere Rolle in den folgenden Auseinandersetzungen mit den Türken zu. 1441 siegte er über die Türken bei Smederevo. 1442 vernichtete er ein türkisches Heer bei Hermannstadt (Sibiu), wohin er sich hatte zurückziehen müssen. Im Juli 1442 bezwang er bei der Donauklamm eine dritte türkische Armee. Diese Siege machten Hunyadis Namen gefürchtet bei den Türken und bekannt in der Christenheit. Diese

56 dt: Semrendria, etwa 50 Kilometer von Belgrad an der Mündung der Jezava in die Donau gelegen.

57 Mureşanu, Camil; John Hunyadi: Defender of Christendom. Oxford/Portland: The Center for Romanian Studies, 2001.

Erfolge spornten ihn 1443 dazu an, zusammen mit dem polnischen und ungarischen König Wladyslaw III. den berühmten »langen Feldzug« zu unternehmen. Als Teil der Vorhut durchquerte er den Balkan, eroberte Niš, besiegte drei türkische Paschas und vereinigte seine Truppen, nachdem er Sofia eingenommen hatte, mit der Armee König Wladyslaws III. Zusammen besiegten sie Murad II. bei Snaim. Die Ungeduld des Königs und die Strenge des Winters zwangen ihn aber im Februar 1444 zum Rückzug. Zu diesem Zeitpunkt war die Macht des Sultans über Bosnien, die Herzegowina, Serbien und Albanien weitgehend zusammengebrochen.

In Albanien kam es zu einem Aufstand gegen die Osmanen unter Gjergj Kastrioti, genannt Skanderbeg (1405–1468). Gleichzeitig versuchten in Anatolien die Karamaniden sich wieder der osmanischen Hegemonie zu entledigen. Murad musste daher 1444 in Szegedin einen Friedensvertrag für 10 Jahre mit den Ungarn schließen. Völlig überraschend dankte er daraufhin zugunsten seines erst zwölfjährigen Sohnes Mehmed ab[58]. Die schwierige militärische Lage brachte es aber mit sich, dass Murad zweimal, 1444 gegen die Ungarn und ab 1445 wegen eines Aufstandes der Janitscharen, an die Macht zurückkehren musste, um das Reich wieder zu befrieden. 1444 und 1448 versuchte Johann Hunyadi die Türken vom Balkan zu vertreiben. Zwei schwere Niederlagen seines Heeres auf dem Amselfeld und am Slatitsa-Pass bei Sofia festigten hier allerdings die Hegemonie der Türken für weitere Jahrhunderte.

Murad starb 1451 und hinterließ seinem Sohn Mehmed (1432–1483), der später den Beinamen »der Eroberer« bekam, einen Staat, der wieder auf jene Größe angewachsen war, wie er sie bereits unter Bayezid I. besessen hatte. Die Türken waren wieder der bedeutendste politische Machtfaktor im östlichen Mittelmeer, auf dem Balkan und in Anatolien, um den die anderen Mitspieler kreisten ohne aber selbst aktiv werden zu können. Man konnte auf die aggressive Politik der Türken stets nur reagieren, aber nicht selbst die Initiative ergreifen.

58 Es wird vermutet, dass der plötzliche Tod seines Sohnes und Erstgeborenen Ala-ud-Din ihn zu diesem Schritt bewogen hat.

Die Eroberung von Konstantinopel 1453 – Mehmed der Eroberer

Mehmed war der erste osmanische Herrscher nach Bayezid, der unmittelbar nach seiner Thronbesteigung den Brudermord praktizierte und seinen noch in den Windeln liegenden jüngeren Bruder Ahmed beseitigen ließ. Nach dem Tod seines Vaters hatte er sich zunächst mit der unruhigen Ostgrenze seines Reichs zu beschäftigen, an der die Karamaniden erneut versuchten vorzudringen. Eine Reihe von Feldzügen genügte aber um diese zurückzuschlagen und die bisherigen Verhältnisse wiederherzustellen.

Damit rückte ein Vorhaben an die Spitze der Aufmerksamkeit des jungen Sultans, das schon sämtliche seiner Vorgänger versucht hatten zu verwirklichen, die Eroberung von Konstantinopel. Was Mehmed brauchte war ein Kriegsgrund um gegen Byzanz vorzugehen und der an Intrigen reiche Palast von Konstantinopel sollte diesen bald liefern. In der Stadt lebte ein Osmanenprinz namens Orhan[59], für den Mehmed Alimente bezahlte, damit er in Gewahrsam blieb und sich nicht in die Politik des osmanischen Hofes einmischte. Jenen Orhan versuchte der byzantinische Kaiser Konstantin XI. Palaiologos (1449–1453) nach dem Vorbild seiner Vorgänger zu einem Thronprätendenten der Osmanen aufzubauen um Mehmed zu schwächen. Dieser hatte aber nun genug von den Ränken der Byzantiner und beschloss, das Problem ein für alle Mal zu lösen. Es wurde damit in Konstantinopel immer deutlich sichtbarer, dass eine erneute Auseinandersetzung mit den Osmanen bevorstand.

Mehmed begann den Krieg damit, dass er auf der europäischen Seite des Bosporus direkt vor der Stadt in nur vier Monaten die mächtige Burg Rumeli Hisar erbauen ließ, um den Bosporus blockieren zu können. Ende März 1453 rückte er mit seiner Armee vor die Stadt, schloss sie ein und begann mit der Belagerung.

59 Vermutlich ein Enkel Bayezids I., er soll später bei der Eroberung der Stadt durch die Osmanen umgekommen sein.

Statt sich gemeinsam auf die Verteidigung der Stadt zu konzentrieren, musste sich Kaiser Konstantin XI. mit verschiedenen Fraktionen seines Hofes und der Bürger auseinandersetzen, die für oder gegen die Beschlüsse des Konzils von Ferrara-Florenz[60] waren. Der Kaiser selbst wollte diese anerkennen, da er noch immer auf militärische Unterstützung durch den Papst hoffte. Die orthodoxe Kirche stand diesem Vorhaben allerdings ablehnend gegenüber. Die Diskussion wuchs derart an, dass Gregor III., der orthodoxe Patriarch von Konstantinopel, die Stadt verließ und nach Rom ins Exil ging.

Konstantin war bewusst, dass der Sultan die endgültige Eroberung der Stadt beabsichtigte und er suchte militärische Hilfe im Westen. Alles was man ihm zur Unterstützung schickte, waren 200 Bogenschützen aus Neapel und einen päpstlichen Legaten, der die Beschlüsse von Ferrara-Florenz umsetzen sollte. Was auf Befehl des Kaisers, aber gegen die allgemeine Stimmung unter der verbliebenen Bevölkerung auch geschah. Insgesamt stand es um die Kampfmoral der Verteidiger der Stadt nicht zum Besten. Weite Teile der Bevölkerung waren der ewigen Auseinandersetzung zwischen Papst und orthodoxer Kirche überdrüssig geworden. Einige waren sogar der Ansicht, dass *»der Turban des Sultans der Tiara des Papstes«* vorzuziehen sei[61].

Im Frühjahr 1453 hatte Mehmed nach Schätzungen von Historikern etwa 50 000 bis 80 000 Mann vor der Stadt zusammengezogen. Diesem Aufgebot standen lediglich etwa 6000 waffenfähige Byzantiner und etwa 3000 reichsfremde Soldaten gegenüber. Am 6. April begannen die Türken mit ihren Angriffen auf die Landmauer Konstantinopels, unterstützt von den größten bis dahin gebauten Kanonen, die der christliche Kanonengießer Urban für den Sultan angefertigt hatte. Am 20. April konnten noch drei genuesische Schiffe beladen mit Weizen die Stadt er-

60 Im Konzil von Ferrara wurde das 375 Jahre andauernde Schisma zwischen der katholischen und der orthodoxen Kirche beseitigt. Für seine Unterwerfung unter den Papst sollte der Kaiser in Byzanz militärische Hilfe gegen die Osmanen erhalten.

61 Angeblich geäußert vom byzantinischen Megadux Loukas Notaras, siehe: Doukas 37.10; übersetzt von Marguoulias, Harry J.; Decline and Fall of Byzantium to the Ottoman Turks. Detroit: Wayne State Univ. Press, 1975, S. 210.

reichen. Am 22. April ließ der Sultan einen Teil seiner Flotte über das Land ins Goldene Horn ziehen und blockierte damit die Häfen der Stadt.

In dieser Situation machte Mehmed den Vorschlag einer friedlichen Übergabe Konstantinopels, da im Osten seines Reichs eine Revolte ausgebrochen war und er die Belagerung nicht auf Dauer aufrechterhalten konnte. Kaiser Konstantin XI. aber beschloss auszuharren und zu kämpfen. Am 29. Mai kam es zum entscheidenden osmanischen Angriff, der allerdings zunächst von den Verteidigern zurückgeschlagen werden konnte. Ein Trupp von Janitscharen entdeckte aber eine kleine, nicht verschlossene Türe in der Mauer, die Kerkoporta, und konnte so in die Stadt eindringen[62].

In der Stadt versuchte der Kaiser noch ein letztes Mal den Widerstand zu organisieren. Als er aber sah, dass dies vergeblich sein würde, entkleidete er sich aller seiner Insignien, stürzte sich wie ein gewöhnlicher Soldat in die Schlacht und wurde nie wieder gesehen. Die Italiener und Genuesen flohen auf ihre Schiffe und verließen die Stadt, währen diese von den Türken geplündert wurde. 4000 Menschen wurden dabei getötet, 50 000 kamen in die Sklaverei. In der Chronik des Aschikpazazadeh heißt es dazu: *»Da gab es gute Beute. Gold und Silber und Juwelen und kostbare Stoffe wurden auf den Markt im Heerlager gebracht und in Haufen aufgestapelt; all dieses wurde nun feilgeboten. Die Giauren von İstanbul wurden zu Sklaven gemacht, und die schönen Mädchen wurden von den Gazi in die Arme genommen«*[63].

Am Nachmittag ritt Mehmed in die Stadt, kam zu Pferd in die Hagia Sophia und ordnete an, diese in eine Moschee umzuwandeln. Die hohen Beamten der Stadt wurden geköpft. Nach dem Leichnam des letzten byzantinischen Kaisers ließ er jedoch vergeblich suchen. Bei seinem Einzug in die Stadt soll Mehmed ein

---

62 Aus europäischer Perspektive beschrieben bei: Stefan Zweig, Sternstunden der Menschheit. Leipzig: Insel Verlag Leipzig 1927.

63 Kreutel, Richard F.; ʻĀşıḳ-Paşa-zāde: Vom Hirtenzelt zur Hohen Pforte. Frühzeit und Aufstieg des Osmanenreichs nach der Chronik »Denkwürdigkeiten und Zeitläufte des Hauses Osman« vom Derwisch Ahmed, genannt ʻAşik-Paşa-Sohn. Graz: Styria, 1959 (Osmanische Geschichtsschreiber. Band 3), S. 199.

Gedicht des persischen Poeten Firdausi aus dem Shahnameh rezitiert haben: »*Die Spinne webt ihre Vorhänge im Palast des Kaisers. Die Eule heult in den Türmen von Afrasiab*«[64].

Hatten die Bewohner von Konstantinopel mit einem totalen Massaker nach der Eroberung gerechnet, so war Mehmed klug genug den Wert der Stadt und ihrer Bewohner zu schätzen und ging nach den ersten Grausamkeiten äußerst maßvoll vor. Die überlebende christliche Bevölkerung durfte bleiben. Die leeren Flächen in der Stadt wurden aber bald mit Türken, Juden, Balkanslawen und besonders Griechen neu besiedelt. Die Hagia Sophia, die Hauptkirche der Stadt, wurde wie angeordnet in eine Moschee umgewandelt. Zahlreiche andere Kirchen der Stadt konnten aber weiter bestehen, solange ihre Gläubigen die fällige Kopfsteuer entrichteten. Auch den Genuesen wurde der Bestand ihres Handelsquartiers Pera[65] zugestanden. Die Venezianer schlossen ein Zollabkommen mit dem Sultan, das ihnen Zollfreiheit für alle Waren, ausgenommen Getreide, garantierte. In der Stadt wurde nach türkischem Brauch ein neuer Markt, der Basar Kapalı Çarşı errichtet. Die Stadt selbst wurde in Zukunft auf Münzen und in Dokumenten als Kostantiniyye, in der Umgangssprache aber zumeist als Stambul oder Istambul[66] bezeichnet.

Die noch unabhängigen Gebiete der Byzantiner konnte Mehmed II. in den folgenden Jahren unterwerfen. Das Despotat von Morea (Peloponnes) überlebte den Fall von Konstantinopel allein deshalb eine Zeitlang, da es weit abseits von Kleinasien lag und der Sultan kein unmittelbares Interesse an diesem kleinen Gebiet hatte. Die Brüder Thomas und Demetrios Palaiologos, die in verschiedenen Teilen des Peloponnes regierten, waren aber stets uneins über die weitere Vorgehensweise und ihr Verhältnis zu den Osmanen. Thomas hoffte weiterhin auf die Hilfe

64 Davis, Dick; Shahnameh. New York: Penguin Books, 2006.

65 Heute der Stadtteil Beyoğlu in Istanbul.

66 Der Name Istanbul leitet sich aus dem griechischen *εἰς τὴν πόλι(ν)* und wurde zu *is tim boli(n)* verschliffen, ab, was *in die Stadt* bedeutet und sich der Legende nach als Aufschrift auf Wegweisern in der Umgegend der Stadt Konstantinopel fand. Von den Türken wurde es als Name der Stadt verstanden.

des Westens, während Demetrios die Türken im Kampf gegen seinen Bruder zu Hilfe holte. 1460 beschloss Sultan Mehmed II. die Angelegenheit selbst in die Hand zu nehmen und führte einen Feldzug gegen Morea. Demetrios kapitulierte sofort, Thomas konnte sich ein wenig länger halten, floh aber aus Morea noch vor Ende des Jahres. Damit hatte auch ein byzantinisches und unabhängiges Morea aufgehört zu existieren. Das zweite und letzte Gebiet in dem noch Byzantiner herrschten, war das Reich von Trapezunt an der Südküste des Schwarzen Meeres, das bereits vor 1204 gegründet worden war und sowohl die Herrschaft der Lateiner, wie auch die Expansion der Türken überstanden hatte. Das Territorium des Staates war allerdings nur ein schmaler Küstenstreifen, der im Süden von den Pontischen Bergen begrenzt wurde und so bis in die Mitte des 15. Jahrhundert seine Unabhängigkeit bewahren konnte.

Nach dem Fall von Konstantinopel versuchte der Kaiser von Trapezunt, Johannes IV. Komnenos (1429–1460), mit Hilfe von Allianzen mit den umliegenden türkischen Stämmen, besonders mit den Ak Koyunlu, seine Unabhängigkeit zu bewahren. Sein Bruder und Nachfolger im kaiserlichen Amt David Komnenos versuchte über diplomatische Kontakte einen neuen Kreuzzug der westlichen Mächte gegen die Türken zu initiieren. Zugleich ersuchte er bei Mehmed II. um eine Aufhebung des bestehenden Tributsverhältnisses. Dies brachte Mehmed II. dazu, im Frühjahr 1461 mit einem großen Heer und unterstützt von seiner Flotte gegen das Reich von Trapezunt vorzugehen, das angesichts der Übermacht am 15. August 1461 kapitulierte. David und seine Familie wurden nach Edirne gebracht und zunächst gut behandelt. Zwei Jahre später ließ der Sultan David Komnenos jedoch verhaften und mit fast allen männlichen Mitgliedern seiner Familie hinrichten. Die Gründe für dieses Vorgehen lassen sich nicht mit letzter Sicherheit bestimmen. In Kleinasien hatte der Fall von Trapezunt den Osmanen allerdings auch einen neuen Feind eingebracht, den Turkmenenstaat des »Weißen Hammels« (Ak Koyunlu) unter seinem Emir Uzun Hasan (1423–1478).

Nach der Eroberung Konstantinopels griff Mehmed auch innenpolitisch durch. Die Großgrundbesitzer, die gegen seinen Angriff auf Konstantinopel opponiert hatten, entmachtete er, indem er den daraus stammenden Großwesir Çandarlı Halil Pascha, der vermutlich Bestechungsgelder der Byzantiner erhalten hatte um die Belagerung zu verhindern, hinrichten ließ. In Zukunft würden die Großwesire aus der Knabenlese stammen. Somit sollte es ihnen unmöglich sein, sich auf eine Hausmacht zu stützen.

Unmittelbar nach der Eroberung von Konstantinopel begann der Sultan mit einem großangelegten Bauprogramm in der Stadt. Zu diesem gehörten die Errichtung der Festung Yediküle (Sieben Türme) und der Bau eines neuen Palastes auf dem Gelände des antiken Forum Tauri. Nachdem Kostantiniyye dazu bestimmt wurde, Edirne als Hauptstadt des Reichs zu ersetzen, begann Mehmed mit dem Bau eines grandiosen Palastes auf der eingeebneten ehemaligen byzantinischen Akropolis, der ihn als legitimen Nachfolger des römischen Kaisers ausweisen sollte[67]. Dieser »Topkapi-Palast« folgte in der Form einem türkischen Militärlager mit drei großen Innenhöfen. Die beiden äußeren Teile waren zur Repräsentation gedacht. Der innerste hingegen diente dem Sultan und seinem Haushalt als Unterkunft. Gleichzeitig drückt sich in diesem Bau die nun beginnende und stetig weitergehende Trennung des Sultans von seinen Untertanen aus, die er mit einer Aura von Mysterium und Macht zu verbinden dachte. Die neuen Hofregeln ließen den Sultan nur mehr wenig in der Öffentlichkeit erscheinen und wenn er auftrat, so blieb er hinter Vorhängen verborgen. In den nächsten Jahrhunderten sollte der Sultan nur mehr zweimal im Jahr an hohen religiösen Feiertagen vor seinen Untertanen und dem allgemeinen Hofstaat erscheinen. Als Abschluss und Höhepunkt seiner Bautätigkeit ließ Mehmed einen Moscheenkomplex errichten, der mit Medresen, Karawanserails und einem Spital ausgestattet war. Gebaut wurde diese Moschee[68] nach dem Vorbild der Hagia Sophia, ohne diese aber übertreffen zu können.

67 Der türkische Historiker des 16. Jahrhunderts Mustafa Ali schrieb dazu: *Der welterobernde Sultan muss seinen Palast an einer Stelle erbauen, die so weit und leer ist wie die Wüste, um seine Größe und Bedeutung zu zeigen.*

68 Die Fatih-Moschee, in der Mehmed auch begraben wurde. Der Legende nach wurde der Baumeister der Moschee für sein ungenügendes Werk hingerichtet.

Mehmed II. versuchte seine Macht im Staate weiter zu festigen. Ein dazu geeignetes Mittel erschien ihm eine Bodenreform, bei der er Timare an bisher besitzlose Würdenträger verteilte, um sich so deren uneingeschränkte Loyalität zu sichern. Da es ihm bewusst war, dass sich die Menge des dazu geeigneten Bodens erschöpft hatte, musste es sein Plan sein, neue Gebiete für das Osmanische Reich zu erobern oder Grund und Boden durch eine Landreform dem Staat zugänglich zu machen.

Ursprünglich gab es im Osmanischen Reich drei Formen von Grundbesitz: Privateigentum, Staatsbesitz in Form von timar-Pfründen sowie Staatsdomänen und Boden im Besitz frommer Stiftungen (vakif). Da es für den Staat keine Möglichkeiten gab zusätzlichen Grundbesitz zu erwerben, ließ der Sultan den verfügbaren Boden von Staates wegen konfiszieren. Nur Land, das als Gärten, Weingärten oder auch für Mühlen, Läden oder Karawansereien genutzt wurde, durfte in Privatbesitz verbleiben oder an fromme Stiftungen vergeben werden. Der Großteil des Bodens, der besonders der Lebensmittelproduktion diente, wurde in das Eigentum des Staates übergeführt und als Pfründe an die Soldaten vergeben. Den auf den Timaren siedelnden und arbeitenden Bauern war das durchaus recht, da ihre Rechte und Abgaben von nun ab genau festgelegt wurden und zugleich geringer ausfielen als unter der Herrschaft der Grundeigentümer. Dieses System sollte für die nächsten Jahrhunderte die wirtschaftliche und gesellschaftliche Grundlage des osmanischen Staates bilden und zeigt zugleich, dass sich hier ein deutlicher Wandel von der nomadischen zur sesshaften Lebensweise vollzogen hatte. Die Einführung des timar-Systems in weiten Teilen des Reichs machte den Aufbau einer neuen und umfangreichen Verwaltung notwendig um festzustellen, wie hoch die Steuerleistung der jeweiligen Gebiete sein sollte. Daher wurden auch die Bestimmungen zur Steuereinhebung neu geregelt. Das Recht zur Steuereinhebung wurde verpachtet, der Pächter hatte jährlich einen bestimmten Betrag an den Staat abzugeben, der daraus die Verwaltung und das Heer finanzierte.

Die Ausdehnung des osmanischen Staates machte es ferner notwendig, ein gemeinsames Recht für alle Territorien und Bewohner zu schaffen. Daher wurden in einem kanun (Kodex) zahlreiche Gesetze zusammengefasst und neu kodifiziert, die von den lokalen Behörden in gleicher Weise verwendet werden sollten.

All dies musste mit dem Ausbau der Verwaltung und des Berichtswesens an den Sultan einhergehen. Dafür wurde am Hof in Kostantiniyye eine eigene Kanzlei geschaffen, welche die Vorgänge zu überwachen und an den Sultan zu berichten hatte.

In religionspolitischer Hinsicht setzte Mehmed den toleranten Kurs seiner Vorgänger fort. Nicht-muslimische Kirchen und Religionsgemeinschaften sowie deren Würdenträger erhielten weitreichende Privilegien und hatten die eigene Gerichtsbarkeit über ihre Glaubensgenossen.

Außenpolitisch wollte Mehmed den neuen Geist, den er mit der Eroberung von Konstantinopel entfacht hatte, nutzen und begann unmittelbar darauf mit einer Offensive auf dem Balkan, die aber von Johannes Hunyadi 1456 zurückgeschlagen wurde. Nur Nordserbien, das bisher den Status eines Vasallenstaates besessen hatte, wurde nun dem osmanischen Reichsgebiet einverleibt und der so gewonnene Grund und Boden als Timare an die Sipahis vergeben. Die verbliebenen Einwohner Nordserbiens nahmen bereitwillig den Islam als Religion an. Möglich wurde dies auch dadurch, dass sich viele Bewohner zuvor zur aus christlicher Sicht häretischen Sekte der Bogomilen[69] bekannten, die in der Vergangenheit von den Katholiken Ungarns verfolgt worden waren. Ihnen erschien es besser sich dem Islam zu unterwerfen als den katholischen Glauben anzunehmen.

In der Walachei war den Türken in der Person des Woiwoden Vlad III. Draculea[70] (1431–1476/77) ein neuer Feind entstanden, der sich gegen die Herrschaft der Türken auflehnte und mehrere ihrer Heere schlug. Um seine osmanischen Widersacher psy-

69 Bei den Bogomilen handelte es sich um die Anhänger einer häretischen dualistischen Bewegung, die Ende des 10. Jahrhunderts in Bulgarien entstand und sich rasch in Kleinasien und auf dem Balkan ausbreitete. Mit der osmanischen Eroberung der Balkanländer ist der Bogomilismus im 15. Jahrhundert ausgestorben.

70 Haumann, Heiko; Dracula. Leben und Legende, Beck'sche Reihe. München: C. H. Beck, 2011.

chologisch einzuschüchtern, ließ er angeblich 20 000 gefangene Türken entlang des türkischen Heerzugs pfählen. Dies brachte ihm postum den Beinamen »der Pfähler« ein. Obwohl es dem walachischen Woiwoden gelang sich militärisch erfolgreich gegen Sultan Mehmed zu behaupten, wurde er 1476 im Zuge eines internen Machtkampfs gestürzt, fiel Ende 1476 oder Anfang 1477 in einem Gefecht oder wurde auf der Flucht ermordet. Sein Kopf wurde in Honig eingelegt dem Sultan als Geschenk nach Kostantiniyye gebracht und dort auf einer Stange aufgespießt zur Schau gestellt. Sein Nachfolger Wladislav II. unterwarf sich wieder der Oberhoheit der Türken.

Trotz dieser zwischenzeitlichen Rückschläge blieb Mehmed auf dem Balkan weiterhin erfolgreich. Er nahm den Venezianern die Hafenstadt Nauplion und die Insel Negroponte (Euböa) ab. Eine geplante Koalition des Westens mit dem Krimkhanat und den Turkmenen des »Weißen Hammels« gegen die Türken scheiterte. Zehn Jahre nach dem Tod des albanischen Fürsten Skanderbeg gelang es den Osmanen 1478 auch Albanien zu erobern und in ihr Reich einzugliedern.

Zwischenzeitlich hatte Mehmed aber einen Zweifrontenkrieg zu führen, als die Karamaniden glaubten, die längere Abwesenheit des Sultans in Kleinasien erneut für ihre Zwecke verwenden zu können. Mehmed nutzte aber die Lage nach einem Thronwechsel im Emirat aus und brachte 1466 Karaman unter seine Kontrolle. Nur einem der Prinzen gelang es zu Uzun Hasan, dem Sultan der Ak Koyunlu, zu fliehen und dort um Unterstützung zu bitten. Karaman selbst wurde als Wilajet, als Großprovinz, dem osmanischen Staat einverleibt.

Im Osten hatte der Zerfall des Timuriden-Reichs die Bildung von zwei turkmenischen Stammesföderationen ermöglich, die Ak Koyunlu (Weißer Hammel) und die Kara Koyunlu (Schwarzer Hammel). 1467 konnte Uzun Hasan als Führer der Ak Koyunlu den »Schwarzen Hammel« entscheidend besiegen, seine Hauptstadt in Täbriz im heutigen Iran errichten und sich zum Herrscher Persiens erklären. Sein Reich umfasste am Höhepunkt seiner Macht den Ostteil Anatoliens um Diyarbakir, den Westteil Persiens mit Täbriz und reichte im Süden bis nach Syrien und dem Irak mit Bagdad als Hauptstadt.

Mehmed konnte und wollte der Aufstieg eines solchen mächtigen Staates an seiner Ostgrenze nicht hinnehmen. Ein osmanischer Feldzug endete 1473 in der Schlacht von Otlukbeli mit einem Sieg der Osmanen. Nach Uzun Hasans Tod 1478 zerfiel sein Reich endgültig. Der kleinasiatische Teil seines Reichs ging an Mehmed, in den übrigen Teilen bildeten sich Kleinstaaten, die am Anfang des 16. Jahrhunderts von Schah Ismail I. (1487–1524), dem Begründer der iranischen Safawiden, unterworfen wurden. Die Dynastie der Safawiden sollte zum neuen Hauptgegner der Osmanen im 15. und 16. Jahrhundert an der Ostgrenze ihres Reichs werden.

In Südrussland hatten sich nach dem Zusammenbruch des Mongolenreichs der Goldenen Horde[71] drei Khanate gebildet: das Khanat der Krim, das Khanat Kasan und das Khanat Astrachan. 1473 konnte Mehmed Thronstreitigkeiten im Khanat der Krim zu seinem Vorteil nutzen, dieses als Vasallenstaat unterwerfen und damit ein Abhängigkeitsverhältnis begründen, das drei Jahrhunderte andauern, aber auch zu permanenten Kriegen gegen die Russen führen sollte. Damit hatte er nicht nur die Genuesen aus dem lukrativen Handel mit der Krim und Südrussland ausgeschaltet, sondern sich auch die Dienste der Krimtartaren in der osmanischen Armee gesichert, deren Reitertruppe wegen ihrer Kampfkraft und Grausamkeit gefürchtet war[72].

Venedig, das alle seine potentiellen Bündnispartner verloren hatte, sah sich 1479 genötigt, den Krieg gegen die Osmanen einzustellen und einen Friedensvertrag zu schließen, indem es Gebiete in Albanien und am Peloponnes an den Sultan abtrat und Tributzahlungen vereinbarte. Dafür gewannen die Venezianer das Recht, im gesamten Osmanischen Reich Handel zu treiben und wurden damit ihren Kontrahenten Ragusa (Dubrovnik) und Florenz gleichgestellt, die solche Privilegien bereits besaßen.

---

71 Dawydow, German A.; Die Goldene Horde und ihre Vorgänger. Leipzig: Koehler & Amelang, 1972.

72 Nach der Eroberung der genuesischen Handelsstadt Kaffa auf der Krim wurden 1500 Genueser Knaben als Sklaven in die Reihen der Janitscharen aufgenommen.

Die letzten Jahre Mehmeds waren wenig erfolgreich. Ein Angriff gegen die Insel Rhodos wurde von den Johannitern 1480 abgewehrt und auch die Ungarn konnten sich unter dem Kommando des Generals Pál Kinizsi (1431–1494) mehrmals erfolgreich gegen türkische Vorstöße verteidigen. In der Schlacht von Brodfeld wurde ein osmanisches Heer unter dem Kommando von Ali Kodscha fast vollständig aufgerieben. Mehmed scheint danach die Ungarn respektiert zu haben. Zumindest sah er zu diesem Zeitpunkt offenbar keine Möglichkeit gegen das Königreich erfolgreich vorzugehen, sodass der ungarische König Matthias Corvinus (1443–1490), der Sohn von Johannes Hunyadi, sich wieder mehr der Politik in Mitteleuropa zuwenden und von 1480–1490 auch Wien unter seine Herrschaft bringen konnte.

1480 begann Sultan Mehmed eine Flottenoperation gegen Süditalien und konnte Otranto einnehmen[73], ein Vorstoß der als Auftakt einer Eroberung Italiens gedacht war und das Ziel hatte Rom einzunehmen. Mehmeds plötzlicher Tod 1481 in Gebze am Marmarameer verhinderte aber einen weiteren Vormarsch und auch Otranto musste von den Türken wieder aufgegeben werden.

Mehmed hatte zu seinen Lebzeiten den Gebietsverlust der Osmanen durch die Timuriden nicht nur wettgemacht, sondern das Reich wesentlich vergrößert, und es von einer Regionalmacht zu einer Großmacht ausgebaut. Obwohl Mehmed II. in seinen letzten Lebensjahren an der Gicht, einer großen Körperfülle und Ödemen in den Beinen litt, rankten sich um seinen Tod Gerüchte. Danach sollen ihn Halveti – Derwische, die mit der Bodenreform unzufrieden waren – oder sein ältester Sohn Bayezid vergiftet haben.

73 Bei der Eroberung tötete man angeblich alle alten Männer und schlitzte ihnen die Bäuche auf der Suche nach Gallensteinen auf, um daraus Amulette anzufertigen.

Das Osmanische Reich am Weg zur Grossmacht: Von Bayezid II. bis Selim I. 1481–1512

Als Mehmed starb, gab es im Osmanischen Reich zwei Söhne des Sultans, die um die Nachfolge stritten. Prinz Çem war Gouverneur der Provinz Karaman und amtierte in Konya. Sein älterer Bruder Prinz Bayezid herrschte in Amasya, dem Hauptort der Provinz von Anadolu. Sein Hof war in den Jahren vor Mehmeds Tod ein Zufluchtsort für alle jene geworden, die sich mit dem Sultan überworfen oder gegen seine Reformen opponiert hatten. Hatte sich Mehmed noch selbst gebildet und seine Vorbilder in der klassischen und byzantinischen Geschichte und Philosophie gesehen, so umgab sich Bayezid mit islamischen Gelehrten, Philosophen, Poeten und Mystikern. Çem hingegen war mehr ein Mensch der Tat, der dem Herrscherstil, wie ihn Mehmed vorgelebt hatte, näherstand.

Großwesir Karamani Mehmed Pascha (gest. 1481) hielt zunächst den Tod Mehmeds für drei Tage geheim und sandte Boten an Çem und Bayezid in der Hoffnung, dass Çem aus Konya schneller in Istanbul eintreffen und den Thron übernehmen würde als sein Bruder. Allerdings ließ Bayezid die Botschaft an Çem abfangen, eilte nach Istanbul, versicherte sich mit Gold der Treue der Janitscharen und konnte mit ihrer Hilfe den Thron der Osmanen besteigen.

Prinz Çem gab sich aber noch nicht geschlagen. Er marschierte mit einem Heer nach Bursa und proklamierte sich selbst zum Sultan. Dennoch war er in der militärisch schwächeren Position und verlangte daher von seinem Bruder die Teilung des Reichs. Bayezid II. ging nicht darauf ein. Er schlug seinen Bruder in der Schlacht bei Yenişehir in der Nähe von Bursa, woraufhin Çem mit seiner Familie zu den Mameluken floh[74].

74 Von dort ging Çem nach einem erfolglosen Feldzug gegen seinen Bruder zu den Johannitern nach Rhodos, dann nach Frankreich und gelangte schließlich nach Rom, wo ihn Papst Innozenz VII. aufnahm, wohl auch, weil Bayezid Alimente für seinen Bruder bezahlte. Çem starb 1494

Nachdem Bayezid seine Herrschaft gesichert hatte, ging er daran, einen Teil der Reformen Mehmeds II. rückgängig zu machen. Besonders den Derwischorden, denen er seit Langem verbunden war, gab er ihr Land zurück. Dafür wurde ihm der Beinamen Veli, d. h. »der Heilige«, verliehen. Auch retournierte er einen Teil des konfiszierten Privateigentums an Grund und Boden an die ehemaligen Besitzer. Allerdings erkannte er bald, dass der größte Teil des Bodens im Staatsbesitz verbleiben musste, wenn dieser seinen finanziellen Verpflichtungen nachkommen sollte.

Waren bisher die osmanischen Herrscher kühn vorangeschritten und hatten Gebiet um Gebiet erobert, so erscheint Bayezids Vorgehen langsam und zögerlich. Zwar konnte er kleinere Gebietsgewinne verzeichnen und einen Krieg gegen Polen um das 1354 gegründete Fürstentum Moldau[75] siegreich beenden, aber die großen militärischen Vorstöße, die noch die Politik seines Vaters gekennzeichnet hatten, gab es unter ihm nicht.

Hinzukam, das Bayezid auch Niederlagen zu verzeichnen hatte, wie in der von 1485 bis 1491 andauernden Auseinandersetzung mit den Mameluken in Ostanatolien. Dort hatte er erfolglos versucht Gebiete des mamelukischen Sultanats zu annektieren. Nur wenig besser lief ein Seekrieg mit den Venezianern, wobei sich Bayezid noch auf die mächtige Flotte stützen konnte, die sein Vater aufgebaut hatte. Dennoch gelang es ihm die Landschaft Morea (Peloponnes) und die Stadt Lepanto (Naupaktos) am Eingang zum Golf von Korinth zu erobern. In einem kühnen Unternehmen stieß seine Flotte 1499 in die Adria vor und näherte sich bis auf 30 Seemeilen Venedig, ehe sie sich wieder zurückziehen musste. Allerdings lässt sich zugunsten Bayezids sagen, dass seine geringe Lust Krieg zu führen, dem Osmanischen Reich lange Friedensperioden bescherte, in denen

---

in Italien. Man sagt, er sei von Papst Alexander VI. Borgia auf Veranlassung Bayezids vergiftet worden.

75 Das Fürstentum Moldau war ein Staatswesen in Südosteuropa, dessen Territorium sich heute in Rumänien, Moldawien und der Ukraine befindet. Sowohl Rumänien als auch Moldawien sehen sich als Nachfolgestaat dieses Fürstentums.

Kunst, Handwerk, Gewerbe und Bautätigkeit blühten. Zudem ließ er das Straßennetz im Osmanischen Reich ausbauen.

In seiner Regierungszeit wurden ferner zwei Volksgruppen in das Osmanische Reich aufgenommen, die aus dem Westen vertrieben worden waren. 1492 hatte in Spanien, mit der Kapitulation des Nasriden-Emirats von Granada die Reconquista gesiegt. Zahlreiche Muslime Spaniens wurden von König Ferdinand von Aragon und Isabella von Kastilien aus dem Land vertrieben[76]. Sie fanden Zuflucht bei Bayezid und siedelten sich in Thessaloniki an, dessen Kirchen in Moscheen umgewandelt wurden.

Eine zweite Volksgruppe die im Osmanischen Reich Zuflucht fand, waren die sephardischen Juden Spaniens, die 1492 durch das Alhambra-Edikt des spanischen Königs[77] vertrieben wurden. Bayezid nahm die Juden wegen ihrer wirtschaftlichen Kenntnisse gerne im Reich auf und wunderte sich über König Ferdinand II., dass dieser »sein Reich schwächte und das osmanische reicher machte.«[78]

In Bayezids Regierungszeit begannen zwei Entwicklungen, die in den nächsten Jahrhunderten für das Osmanische Reich weitreichende Konsequenzen haben sollten. 1492 gelangte Kolumbus nach Amerika und nahm es für die spanische Krone in Besitz. In den folgenden Jahren sollten besonders die Spanier mit dem Gold- und Silberreichtum der Neuen Welt eine führende Rolle im westlichen Mittelmeer und in den Kriegen gegen die Osmanen spielen. Die zweite Entwicklung begann im Jahr 1498, als der portugiesische Kapitän Vasco da Gama durch die Umsegelung Afrikas nach Indien gelangte. Ab diesem Zeitpunkt konnten die orientalischen Gewürze, die bisher sackweise ihren Weg durch das Osmanische Reich nehmen mussten, auch als ganze Schiffsladungen über den Seeweg nach Europa gelangen.

---

76 Bossong, Georg; Das maurische Spanien. Geschichte und Kultur. München: Beck, 2007.

77 Das Edikt ordnete die Vertreibung der Juden aus allen Territorien der Krone von Kastilien und der Krone von Aragón zum 31. Juli 1492 an, sofern sie bis dahin nicht zum Christentum übergetreten waren.

78 Zitat aus: The Jewish Encyclopedia, Bd. 2 by Isidor Singer, Cyrus Adler. New York & London: Funk & Wagnalls, 1912, S. 460.

Dadurch schied das Osmanische Reich mit der Zeit als Zwischenhändler fernöstlicher Gewürze weitgehend aus.

Der steigenden Inflation im Osmanischen Reich versuchte der Sultan mit der Ausgabe besserer Münzen zu begegnen, was zwar für die Wirtschaft im Reich günstig war, die Staatskasse aber schnell leerte. Daher ließ er 1501 eine Steuer einführen, die von allen seinen Untertanen bezahlt werden musste. Das führte bei den ostanatolischen Turkmenen, die bisher von Steuern befreit waren, zu Aufständen. Die Aufständischen sammelten sich um den Safawiyya-Sufi-Orden, der in Persien mit seinem Oberhaupt Schah Ismail I. (1487–1525) auch die weltliche Macht erobert und die Dynastie der Safawiden begründet hatte. Diese standen als Schiiten auch in einem religiösen Gegensatz zu den sunnitischen Osmanen. Da jene aufständischen Anhänger des Safawiyya-Ordens, die Kizilbaş (Rotköpfe) genannt wurden, auch planten, die ostanatolischen Gebiete vom Osmanischen Reich abzuspalten und sich dem Reich der Safawiden anzuschließen, sah sich Bayezid, eigentlich ein Freund und Gönner der Derwischorden gezwungen, mit einer unbarmherzigen Verfolgung der Kizilbaş zu beginnen. Zusätzlich wurde ihnen verboten nach Persien auszuwandern. Viele Kizilbaş wurden gefangengenommen und auf den Peloponnes umgesiedelt. Dies führte 1511 zu einem Aufstand in Ostanatolien und in der Gegend von Antalya, der nur mühsam unterdrückt werden konnte. Der Anführer der Rebellion, ein als heilig angesehener Mann namens Shakulu, der bis nach Sivas vorstoßen und das Land für Ismail I. in Besitz nehmen konnte, zeichnete sich durch besondere Grausamkeit aus. So ließ er den Gouverneur der Anadolu-Provinz, der in seine Hände gefallen war, enthaupten, pfählen und auf einem Rost braten.

Die Eroberung von Ägypten und Syrien – Selim I. 1512–1520

All diese politischen und militärischen Unruhen hatten den Sultan, der lieber in seinem Palast in Istanbul die Philosophie und seinen Harem pflegte, erschöpft. Dazu kam, dass sich seine drei Söhne Ahmed, Korkud und Selim schon zu seinen Lebzeiten einen erbitterten Kampf um die Nachfolge lieferten. Obwohl Bayezid II. versuchte seinem Lieblingssohn Ahmed die notwendige Unterstützung der Janitscharen zu sichern, sprachen sich diese für Selim aus. Selbst nachdem dieser eine erste Schlacht gegen seinen Vater verloren hatte, blieben die Janitscharen bei ihrer Entscheidung. Bayezid sah sich daraufhin 1512 gezwungen abzudanken. Auch diesmal spielten also die Janitscharen den Königsmacher und verhalfen Selim auf den Sultansthron, der seinen Vater nur wenig später vergiften ließ. Seine Brüder Ahmed und Korkud, die jeweils nach verlorenen Schlachten in seine Hände fielen, ließ er erwürgen und auch deren Kinder und seine jüngeren Brüder ließ er kurze Zeit später exekutieren.

Selim (1470–1520) regierte zwar nur acht Jahre, in dieser Zeit zeigte er aber, dass er sich mehr der expansionistischen Tradition seines Großvaters als dem friedlichen Leben seines Vaters verpflichtet fühlte. Die erste Opposition mit der er es aufnehmen musste, waren die Kizilbaş, die in Ostanatolien, massiv unterstützt von den Safawiden, ihre Unabhängigkeit von den Osmanen anstrebten. Hinzukam, dass ein Neffe Selims, sich an die Spitze der Bewegung gestellt hatte. Die Safawiden sahen ihrerseits Selim als ihren größten Kontrahenten im Ringen um die Macht in Ostanatolien an.

Selim schloss zunächst Friedensverträge mit den westlichen Mächten Venedig und Polen, um sich auf diese Art den Rücken freizuhalten, ehe er sich mit seiner Armee nach Osten wandte. Zwar war nach islamischem Gesetz ein Krieg unter Muslimen nicht erlaubt, aber Selim ließ sich von seinen Islamgelehrten bestätigen, dass er die »rechte Religion« vertrat und gegen die schiitischen Häretiker im Iran zu Felde ziehen durfte. Der Krieg gegen die Kizilbaş wurde zum Dschihad, zum »Heiligen Krieg« erklärt und die Kizilbaş damit als Nicht-Muslime gebrandmarkt, die man bekämpfen durfte.

Selim ging gegen die Kizilbaş mit ausgesprochener Härte vor. Zunächst ließ er sie alle registrieren. Insgesamt sollen es etwa 40 000 Personen gewesen sein. Dann wurden Tausende von ihnen massakriert oder ins Gefängnis geworfen. Damit hatte er an seiner inneren Front Ruhe für die Dauer des Krieges mit den Persern geschaffen und musste nicht fürchten, dass in seinem Rücken Aufstände der Kizilbaş ausbrechen könnten. Als nächsten Schritt begann Selim einen Handelskrieg gegen Persien. Er ließ die Grenzen für alle Waren und Güter in beide Richtungen schließen und unterbrach so den für Persien wichtigen Seiden- und Gewürzhandel. Was ihm dabei half, war das neu entstandene Reich der turkmenischen Usbeken[79] im Nordosten des Safawiden-Reichs, das seit einiger Zeit in Konflikt mit Schah Ismail I. lag und diesen in einen Zweifrontenkrieg verwickelte.

Der Vorstoß von Selims Armee durch Ostanatolien war mühsam. Der Proviant war knapp und es kam zu Unruhen im Heer Selims, wobei aufgebrachte Soldaten sogar auf sein Zelt feuerten.

Ismail wagte die Konfrontation mit dem Heer Selims nicht und zog sich immer weiter nach Osten zurück, wobei seine Truppen das Land, das sie hinter sich ließen, verwüsteten. Erst am 23. August 1514 konnte Selim das Heer Ismails bei Tschaldiran am Van-See zur Schlacht stellen. Gegen die technisch und organisatorisch überlegenen Türken konnte das Heer Ismails nicht bestehen, auch seine angeblich 80 000 berittenen Bogenschützen konnten gegen die 500 Kanonen und 12 000 Musketen der Osmanen nichts ausrichten. Dennoch erlitten beide Seiten schwere Verluste, bis die Schlacht schließlich mit dem Rückzug des Shahs endete. In der Folge konnte Selim bis nach Täbriz, der Hauptstadt der Safawiden, vorstoßen und diese erobern.

Danach ließ er die besten Handwerker der Stadt nach Istanbul umsiedeln. Seine Truppen aber wollten den Winter nicht im Iran verbringen und zwangen den Sultan, sich wieder nach Wes-

79 Chiari, Bernhard; Pahl, Magnus (Hrsg.); Wegweiser zur Geschichte: Usbekistan. Paderborn [u. a.]: Ferdinand Schöningh, 2009.

ten zurückzuziehen. Auch eine Verfolgung Ismails fand deshalb nicht statt. Dieser Umstand sicherte der Dynastie der Safawiden ihren Fortbestand bis zum Beginn des 18. Jahrhunderts.

1515 musste sich Selim im Osten mit einem Aufstand des Alaüddevles von Dulkadir befassen, der sich geweigert hatte, am Feldzug Selims gegen Schah Ismail teilzunehmen und in seinem Rücken einen Kleinkrieg gegen seine Truppen geführt hatte, um seine Nachschublinien zu unterbrechen. Selim eroberte Dulkadir, da die mit Alaüddevle verbündeten Mameluken es versäumt hatten, diesem zu helfen. Damit hatte sich Selim das Tor nach Mesopotamien und Syrien geöffnet und sich das Grenzland zu den Mameluken südlich der Linie Ercinzan – Diyarbarkir gesichert.

In diesen Kriegsjahren setzte Selim konsequent auf eine neue Siedlungspolitik, indem er zahlreiche seiner Soldaten mit Timar-Gütern im Osten Anatoliens versorgte, um die lokalen Herrscher-Dynastien zu schwächen. Da die Timare direkt aus der Hand des Sultans vergeben wurden, konnte Selim damit rechnen, dass die Nutzer der Timare sich stets mehr ihm verpflichtet fühlen würden als den lokalen Machthabern, deren Macht und politischen Einfluss er damit zurückdrängen konnte.

Ismail hatte nach seiner Niederlage gegen Selim versucht, mit den Mächten des Westens Kontakt aufzunehmen, um eine Allianz gegen die Osmanen zustande zu bringen. Diesem Vorhaben war allerdings kein Erfolg beschieden, da die Venezianer über einen günstigen Handelsvertrag mit den Osmanen verfügten, den sie nicht gefährden wollten. Ismail verlangte von den Johannitern auf Rhodos, dass sie ihm Prinz Çem ausliefern sollten, um ihn als Gegen-Sultan gegen Selim aufzubauen, was diese aber – Çem war inzwischen zum Christentum konvertiert – verweigerten. Er suchte auch Kontakt zu den Portugiesen im Arabischen Golf und an der indischen Küste. Mehr als eine freundliche Anerkennung und die Zusendung von zwei Kanonen und sechs Musketen konnte er aber von den Portugiesen nicht erreichen.

1516 setzte sich Selims Armee wieder in Bewegung. Auch wenn es zunächst so ausgesehen hatte, dass der osmanische Sultan erneut beabsichtigte gegen Ismail zu ziehen, schwenkte das Heer bald nach Süden und fiel in Syrien ein. Diesmal war es Selim noch schwerer gefallen, den Krieg gegen die sunnitischen Mameluken als rechtmäßiges Vorgehen gegenüber den Janitscharen zu begründen, waren die Mameluken doch die Hüter der heiligen Stätten von Mekka und Medina. Selim behalf sich damit, dass nach der Meinung seiner Korangelehrten die Mameluken in früheren Zeiten Verbündete der Safawiden gewesen waren. Er nahm den Standpunkt ein, dass die Helfer der Häretiker genauso zu behandeln seien wie die Häretiker selber. Am 24. August 1516 trafen die Armeen von Selim und des Mamelukenherrschers Qansaw al-Ghawri (regierte 1501–1516) bei Marj Dabiq nördlich von Aleppo aufeinander. Die Schlacht dauerte nur wenige Stunden, dann standen die militärisch weit überlegenen Osmanen, zu denen auch mamelukische Truppen übergelaufen waren, als Sieger auf dem Schlachtfeld. Dies markierte das Ende von 250 Jahren Herrschaft der Mameluken in Syrien, die es aber trotz der Niederlage weiterhin ablehnten, in Zukunft Vasallen der Osmanen zu sein. Selim ließ daher seine Truppen weiter nach Süden vorrücken, nahm Damaskus ein und dachte darüber nach, ob er trotz der späten Jahreszeit bis nach Kairo marschieren sollte. Ihm muss jedoch klar geworden sein, dass seine Eroberungen in Syrien nicht gesichert sein würden, solange es einen Mamelukensultan in Kairo gab. Daher ließ Selim seine Truppen rasch über Palästina vorrücken, schlug eine mamelukische Armee in der Schlacht von Yaunis Khan bei Gaza am 28. Oktober 1516, betete in der heiligen Stadt Jerusalem, stieß weiter nach Süden vor und erreichte am 20. Januar 1517 Kairo. Am 22. Januar 1517 schlug er ein Aufgebot der Mameluken unter der Führung des letzten Mamelukensultans Tuman-Bey II. (regierte 1516–1517) bei Ridanieh vor den Toren Kairos und nahm die Stadt ein. Tuman-Bey stellte sich nochmals bei den Pyramiden von Gizeh zum Kampf, wurde aber überwältigt und hingerichtet. Seinen Leichnam ließ man zu Abschreckung öffentlich zur Schau stellen. Damit war dem Reich der Mameluken ein jähes Ende bereitet worden[80].

80 Der offizielle Grund für die Hinrichtung war die Ermordung all jener Botschafter gewesen, die Selim an den Hof der Mameluken nach Kairo gesandt hatte.

Selims Erfolg hatte weitreichende Konsequenzen für die Dynastie der Osmanen. Durch den Umstand, dass sie nun die Hüter der heiligen Stätten Mekka und Medina waren, wurde die Legitimität der Dynastie entscheidend gefestigt. Dennoch sah Selim es nicht als notwendig an, den Titel eines Kalifen zu beanspruchen, obwohl mit der Eroberung Kairos auch der abbasidische Schattenkalif Muhammad ibn Yakub al-Mutawakkil III. (gest. 1543) in seine Hände gefallen war. Er sandte den letzten abbasidischen Kalifen nach Kostantiniyye, wo dieser kurze Zeit danach die Kalifenwürde auf Selim übertragen haben soll. Eine offizielle Übernahme des Titels durch den Sultan fand jedoch nicht statt. Erst im 18. Jahrhundert sollten sich osmanische Historiker an eine solche »Übernahme« erinnern, als es darum ging, den Anspruch der Russischen Kirche über die Christen im Osmanischen Reich mit dem Anspruch der Osmanen auf die Muslime im Russischen Reich zu begegnen.

Die Eroberung des mamelukischen Reichs eröffnete Selim auch neue politische Möglichkeiten. Der Handelskrieg gegen die Perser konnte ausgeweitet werden, da diesen nun die Alternativroute über Syrien und Ägypten verschlossen blieb und die Osmanen konnten direkt in den kolonialen Wettlauf der europäischen Mächte am Arabischen Golf, in Indien und Fernost eingreifen. Allerdings hatte das Osmanische Reich ebenfalls unter dem Handelsembargo gelitten und es mag Selim schwer gefallen sein, es aufrecht zu halten. Er sah es aber als entscheidend für künftige Auseinandersetzungen mit Schah Ismail an. Dieser versuchte hingegen mit dem Sultan Frieden zu schließen und sandte einen Botschafter mit reichen Geschenken nach Damaskus. Selim nahm die Geschenke an sich und ließ den Botschafter hinrichten, ehe er zurück nach Istanbul marschierte.

Die nächsten zwei Jahre scheinen mit Kriegsvorbereitungen vergangen zu sein. Vermutlich plante Selim einen Angriff mit Hilfe des muslimischen Piraten Khair ad Din Barbarossa[81] (1478–1546) auf die Johanniter von Rhodos, um seine Seeverbindung von Kostantiniyye nach Kairo zu sichern. Aber auch Ismail blieb nicht untätig. Um einem Vorstoß Selims auf Persien

81 Im Westen unter dem Namen Hayreddin Barbarossa bekannt.

vorzubeugen, unterstützte er 1519 einen neuerlichen Aufstand der Kizilbaş unter Schah Veli in Ostanatolien, der in zwei blutigen Schlachten niedergeschlagen werden musste, Schah Veli wurde danach öffentlich gevierteilt.

Das Leben der höchsten Beamten, der Wesire und Großwesire unter Selims Herrschaft war offenbar kein leichtes. Sein Vater hatte in 29 Jahren der Herrschaft sieben Großwesire beschäftigt, Selim in nur acht Jahren sechs. Drei davon ließ er hinrichten, sodass es ein beliebter Fluch war zu sagen: »Mögest du ein Wesir Selims sein.« Mit Botschaftern und Gesandten sprang er hart um und verurteilte sie bei Gelegenheit zum Tod. Er selbst sah sich als Herr über Leben und Tod seiner Untertanen. Unter dem Namen »Mahlas Selimi« verfasste er Gedichte, die seinem Herrschaftswillen Ausdruck verliehen. So schrieb er etwa: »Auf einen Teppich passen zwei Gelehrte, aber in die Welt nicht zwei Herrscher.« Selim kam mit dem Mittel der Brutalität zur Macht und diese prägte auch seine Herrschaft. Dieser Umstand brachte ihm den Beinamen Yavuz, »der Gestrenge« ein. Sein Leben endete in der Nacht vom 21. zum 22. September 1520, als er auf einer Reise von Edirne nach Kostantiniyye, vielleicht an der Pest, starb. Bevor er verschied gab er seinen Begleitern noch den Auftrag, nicht von den Handelssanktionen gegen Ismail abzulassen.

Unter Selim und seinen Nachfolgern wurde seinem Stil getreu und das gemischte Erbe der Osmanen widerspiegelnd, nach und nach ein einzigartiges osmanisches künstlerisches Vokabular geschaffen. Die weitere geografische Expansion brachte Ergänzungen und neue Elemente in den Ausdruck dieses Stils. Der Sieg gegen die Safawiden in der Schlacht von Tschaldiran in Ostanatolien (1514) und der Gewinn des mamelukischen Syriens, Ägyptens und der heiligen Städte Mekka und Medina für das Osmanische Reich, führte zu einer verstärkten Anwesenheit iranischer und arabischer Künstlern und Intellektueller am osmanischen Hof.

Selims einziger Sohn Süleyman kam 1520 ohne Probleme an die Macht und sollte sich schon als Bewahrer nicht allein der weltlichen, sondern auch der geistlichen Macht der Osmanen über den Islam und die Feinde des Staates, ob im Inneren oder Äußeren, verstehen.

Die frühe Wirtschaft der Osmanen

Das Osmanische Reich war während seiner gesamten Existenz ein wichtiger Handelspartner für seine östlichen und westlichen Nachbarn, da es geographisch zwischen Europa und Asien lag Dennoch war der Großteil seines Handels nicht auf den internationalen Markt ausgerichtet, sondern blieb auf den nationalen Markt beschränkt. Das Reich konnte autonom alleine durch seine stabile Landwirtschaft überleben. Die Erträge aus dem Handel waren zwar willkommen, aber nicht lebensnotwendig. Die Herrschaft der Sultane war um eine Pfründewirtschaft aufgebaut (timar-System), die das Militär und die Verwaltung finanzierte. Solange dieses System funktionierte, konnte auch der Staat gedeihen. Daher wird der Handel im Osmanischen Reich oft als geringerer Wirtschaftsfaktor als die Landwirtschaft angesehen.

Wie im islamischen »Kreis der Gerechtigkeit« beschrieben, hat der Herrscher die Aufgabe die Bauern zu beschützen, die das Land bearbeiten[82]. Im Gegenzug produzieren diese landwirtschaftliche Güter, die den Herrscher und den Staat finanzieren. Dieses einfache System sollte über drei Jahrhunderte unter den Sultanen bestand haben. Mit seinem Versagen begann auch der unaufhaltsame Niedergang des Osmanischen Reichs.

Schon die frühen osmanischen Herrscher hatten ein Landverteilungssystem geschaffen, dass es ihnen ermöglichte Steuern einzuheben, welche sie durch Zolleinnahmen aus dem Handel ergänzten. Besonders die geographische Lage des frühen Osmanischen Reichs im 14. und 15. Jahrhundert, an der Schnittstelle zwischen Europa und Asien sowie dem Mittelmeer und dem Schwarzen Meer, wirkte sich Günstig auf den Handel aus. Genua und Venedig zählten zu den ersten und wichtigsten Handelspartnern der Osmanen, denen es auch gelang, langfristige Handelsniederlassungen im Osmanischen Reich zu etablieren.

In der Mitte des 16. Jahrhunderts hatten die Osmanen Syrien, den Irak und Ägypten besetzt und kontrollierten von hier aus

82 Koran, Suren Ar-Rahman: 10., Al-Haschr: 7, Al-Bakarah: 188.

den Handel mit Edelmetallen, Edelsteinen, Gewürzen, Weizen und Baumwolle, wobei ihre Art des Handels dazu gedacht war, gemeinsam mit allen Bevölkerungsgruppen soziale Stabilität im Reich zu schaffen. Damit standen sie in scharfem Kontrast zum europäischen Handel und dem aufkommenden Merkantilismus, der auf Wettbewerb und Verdrängung anderer Händler ausgerichtet war, um für das eigene Volk Reichtum und Wohlstand zu gewinnen.

Im Spätmittelalter war es der Nord-Süd-Handel mit Pelzen, Sklaven und Zucker gewesen, der den internationalen Handel zwischen den arabischen Ländern und Zentralasien bestimmte. Dies setzte sich auch in osmanischer Zeit fort. Einen Höhepunkt erreichte der osmanische Handel, als im 14. und 15. Jahrhundert auch ein intensiver Ost-West-Handel mit Seide, Edelmetallen, Gewürzen und Textilien hinzukam. Die Handelsströme kreuzten sich dabei zumindest teilweise auf osmanischem Territorium. Zu den wichtigsten Handelsplätzen zählten Städte in Anatolien und Syrien wie Smyrna, Bursa, Aleppo und Damaskus. In allen osmanischen Großstädten wurde der Handel von lokalen Gilden betrieben, die die Regeln und Zulassungsbeschränkungen für den Handel festsetzten. Diese Gruppen konnten sich bis in moderne Zeiten halten und auch der osmanische Staat respektierte ihr System der Selbstregulation und Verwaltung. Wie auf vielen anderen gesellschaftlichen Ebenen ließ der osmanische Staat im Laufe der Zeit nur geringe Änderungen dieses Systems zu, was zwar die Kontinuität förderte, aber keine Verbesserungen, Reformen oder Modernisierungen zuließ. Handelsmessen ermöglichten zwar den Austausch von Waren und Technologien, das war aber zu wenig, um einen wirklichen Fortschritt herbeizuführen.

Ab dem 16. Jahrhundert bildeten sich Handelsvereinigungen unter den nicht-muslimischen Bevölkerungsgruppen wie Griechen, Juden und Armeniern, die die Muslime aus dem lukrativen Handel verdrängten. Die relative politische und soziale Autonomie dieser Gruppen wurde von osmanischer Seite her durch das millet-System[83] verstärkt, das den legalen Status von

83 Ursinus, Michael; Zur Diskussion um »*millet*« im Osmanischen Reich. In: Südost-Forschungen (48), 1989, S. 195–207.

Christen und Juden im Reich festlegte und es diesen Gruppen erlaubte, ihre Religion frei zu praktizieren, vorausgesetzt die gesamte Gemeinschaft lieferte eine spezielle Steuer dafür ab. Im millet-System konnten diese Bevölkerungsgruppen, sofern sie den Frieden im Reich nicht störten und ihre Steuern bezahlten, unter ihren eigenen Führern unbehelligt von den osmanischen Behörden leben. Juden und Christen wurden nicht gezwungen zu konvertieren, da es dem Reich wichtiger war viele Steuerzahler zu haben als viele Muslime. Da diese Gruppen durch ihre Familien zumeist über gute internationale Verbindungen im Nahen Osten, auf dem Balkan und im Mittelmeerraum verfügten, gelangte mit der Zeit der internationale Handel des Osmanischen Reichs in ihre Hände.

Diese familiären Verbindungen ermöglichten es jenen Gruppierungen, sich auch noch im 16. Jahrhundert für einige Zeit gegen die Rivalen Spanien und Portugal zu behaupten, die darum bemüht waren, den Gewürzhandel per Schiff von Indien aus direkt um Afrika herumzuleiten und somit die alten Handelsrouten zu umgehen. Ebenso blieben die Handelsverbindungen der Osmanen im Mittelmeerraum durch die familiären Bindungen der Händler noch lange Zeit stabil. Erst ab dem 17. Jahrhundert, als neue Schiffstypen mit größerer Tonnage im Asienhandel üblich wurden, gewann der Überseehandel der Portugiesen und Spanier an Gewicht, da man nun größere Mengen an Handelsgütern preisgünstig transportieren und damit den Preisen der osmanischen Zwischenhändler Konkurrenz machen konnte.

Viele der Handelsstädte am Mittelmeer wie etwa Ragusa (Dubrovnik) florierten sogar dann, wenn sich die westlichen Mächte mit dem Osmanischen Reich im Krieg befanden. Ragusa war eine Vasallen-Stadt der Osmanen, genoss aber Freiheiten, die es sich mit einem jährlichen Tribut von Gold an den Sultan erkaufte. Damit konnte Ragusa über mehrere Jahrhunderte unabhängig Handel treiben, was die Stadt zum Aufbau einer Kette von Kontoren für Kleidung und Stoffe nutzte, die Außenposten in Sofia, Belgrad, Sarajevo und Edirne hatten.

Im 16. Jahrhundert begannen die Osmanen spezielle Handelsverträge, sogenannte Kapitulationen, mit westlichen Mächten abzuschließen. Der älteste Vertrag dieser Art mit Frankreich datiert in das Jahr 1536. Die Kapitulationen wurden, ähnlich wie bereits in byzantinischer Zeit, als Vergabe von Privilegien des Sultans an die Westmächte abgefasst. Die westlichen Händler erhielten dadurch einen bevorrechtigten Zugang zu den Märkten des Osmanischen Reichs, insbesondere durch die Reduzierung der erhobenen Zölle. Ferner wurden die ausländischen Händler auf osmanischem Boden in vielen Belangen der lokalen Gerichtsbarkeit entzogen. Das Ziel der Osmanen war eine Belebung des Außenhandels und der günstige Import westeuropäischer Waren für den Binnenmarkt. Das Interesse der westlichen Mächte hingegen war es, die eigenen Exporte auszuweiten und sich eine dominante Stellung im Levantehandel zu sichern. Zu Beginn hatten die Kapitulationen für beide Seiten Vorteile mit sich gebracht, Langfristig fielen sie jedoch zu Ungunsten des Osmanischen Reichs aus, da die europäischen Händler immer mehr an hochwertigen und teuren Fertigprodukten, aber auch Mengen an billiger Massenware lieferten. Umgekehrt importierten sie billige Rohstoffe aus dem Osmanischen Reich nach Europa, so dass sich die Handelsbilanz immer mehr zu Gunsten der Europäer zu verschieben begann. Zusätzlich dazu sollte, über längere Zeit gesehen, der stetige Import von billiger Massenware das lokale Handwerk im Osmanischen Reich ruinieren und innovative Entwicklungen von vornherein unterbinden.

Der Höhepunkt des Osmanischen Reichs – Süleyman I., der Prächtige 1520–1566

Süleyman (1494–1566) war der einzige überlebende Sohn Selims. Möglicherweise hatten er oder sein Vater andere Söhne beseitigen lassen, um eine ungehinderte Thronübergabe sicherstellen zu können. Süleyman sollte der Sultan mit der längsten Regierungszeit auf dem osmanischen Thron werden und das Reich zu neuen, ungeahnten Höhen führen. Er war ein Zeitgenosse berühmter und mächtiger europäischer Herrscher wie dem Habsburger Kaiser Karl V. (1500–1558) und dessen Bruder Ferdinand I. (1503–1564) sowie von Philipp II. (1527–1598), dem Sohn und Nachfolger Karls V. auf dem spanischen Thron. In England regierten zur gleichen Zeit prägende Persönlichkeiten wie Heinrich VIII. (1491–1547), Königin Mary I. (1516–1558) und Königin Elisabeth I. (1533–1603), die die Fundamente für das spätere britische Empire schufen und in Russland legte Iwan IV. Grosny (der Schreckliche) (1530–1584) als erster russischer Zar den Grundstein für den Aufstieg Russlands zur Großmacht. Als Süleyman an die Macht kam, residierte in Persien noch immer Schah Ismail I. und am Ende seines Lebens der bedeutende Mogulkaiser Akbar I. (1542–1605) in Indien. Süleyman wurde von seinen Zeitgenossen in Europa ob seiner Macht und seines Reichtums bewundert und man gab ihm den Beinamen »der Prächtige« oder nannte ihn einfach den »großen Türken«.

Sofort nach seiner Thronbesteigung versuchte Süleyman einen der vorrangigsten osmanischen Kriegsschauplätze zu befrieden, indem er die aggressive Politik seines Vaters gegenüber Schah Ismail änderte. Er schickte Botschafter nach Täbriz die ihm berichteten, dass von Seiten des Safawiden keine unmittelbare Gefahr drohe, da der Schah in einen langwierigen Konflikt mit den Sunni-Usbeken im Osten seines Reichs verwickelt war. Diese Situation gestattete es dem jungen Sultan seine erste Kriegskampagne gegen den Westen zu richten. Hier war zu jener Zeit relativ geringer Widerstand bei einem osmanischen

Vorstoß zu erwarten. Kaiser Karl V. hatte sich mit der beginnenden Reformation und den deutschen Fürsten auseinanderzusetzen, die der neuen Konfession des Protestantismus anhingen. Gleichzeitig befand sich der Kaiser in einer Auseinandersetzung mit dem französischen König Franz I. (1494–1547), der seine Besitzungen in Italien gegen die Habsburger verteidigte. Die lange Friedenszeit im Kampf gegen die Osmanen auf dem Balkan hatte die europäischen Mächte in falscher Sicherheit gewiegt. Umso mehr wurden sie von einer neuen, aggressiven Politik unter Süleyman getroffen.

Der erste Angriff des Sultans richtete sich gegen Serbien. Dort gelang es ihm 1521 die Festung Belgrad zu erobern, die er zum Ausgangspunkt seiner Expansion gegen Ungarn und die Habsburger Lande auszubauen gedachte.

Der nächste Angriff richtete sich gegen die Johanniter auf Rhodos, die zahlreiche muslimische Pilger auf ihrem Weg nach Mekka gefangengenommen und diese unter harten Bedingungen bis zur Zahlung eines Lösegeldes eingekerkert hatten. Süleyman kommandierte seine Armee beim Angriff auf die Insel selbst und nach einer fünfmonatigen Belagerung ergab sich die Garnison von Rhodos am 20. Dezember 1522, nachdem sie schwere Verluste erlitten hatte. Die Johanniter konnten unbehelligt abziehen und siedelten sich ab 1530 auf Malta an, von wo aus sie die spanischen Besitzungen in Nordafrika verteidigen sollten[84]. Süleyman versäumte es aber diesen Erfolg auszunutzen und weiter über das Mittelmeer nach Westen vorzustoßen, sodass man ihm nachsagte »*[…] er habe zwar Rhodos erobert, aber keinen Nutzen daraus gezogen*[85]«. Von den großen Inseln im östlichen Mittelmeer blieben damit nur noch Zypern und Kreta in christlicher Hand.

Ein weiteres Problem mit dem sich Süleyman zu befassen hatte, war die Eingliederung und Neuorganisation der von seinem Vater eroberten Gebiete des ehemaligen Sultanats der Ma-

---

84 Bradford, Ernle; Johanniter und Malteser. Die Geschichte des Ritterordens. 2. Aufl., München: Universitas, 1991.

85 Ausspruch von Pietro Zeno, venezianischer Botschafter in Konstantinopel, siehe: Nicolas Vatin, La conquête de Rhodes, in G. Veinstein éd., Soliman le Magnifique et son temps, Paris, La Documentation Française, 1992, S. 435–454.

meluken. Hatten die Osmanen bisher nur muslimische Gebiete unterworfen, deren Bevölkerungen mehrheitlich turkmenischer bzw. türkischer Abstammung waren, so war nach Selims Eroberungen nun auch ein Großteil der Araber Untertanen des Sultans geworden. Diese waren zwar auch Muslime, dennoch unterschied sich ihre Kultur erheblich von der türkischen. Süleyman organisierte die neu eroberten Gebiete als osmanische Provinzen und leitete eine Osmanisierung ein. Um seine Herrschaft zu legitimieren, erklärten die osmanischen Rechtsgelehrten, dass die Mameluken bisher als Tyrannen über die Araber geherrscht hätten. Gott hatte ihnen aber durch die Osmanen die Macht aus den Händen gerissen, die eine Ära der Gerechtigkeit und Gottesfürchtigkeit einleiten würden.

Dennoch stand die Herrschaft über die ehemaligen Mamelukenländer noch auf tönernen Füßen. Aufstände in Syrien und in Ägypten zwangen den Sultan sogar militärisch einzugreifen. Die Niederwerfung der Aufstände dauerte bis 1524. Besonders die Sicherung von Ägypten lag dem Sultan am Herzen, da sich dieses Land, aufgrund der hohen Einkünfte aus dem Gewürzhandel und den Pilgerfahrten der Muslime, zur neuen Schatzkammer des Reichs entwickelte. Süleyman sah den Besitz von Ägypten als so wichtig an, dass er seinen Schwager Makbul Ibrahim Pascha (1493–1536) mit der Verwaltung Ägyptens betraute, um die Loyalität des Landes sicherzustellen. Dessen Nachfolger Hadim Süleyman Pascha (1467–1547) scheint ein äußerst energischer und wissenschaftlich beschlagener Gouverneur gewesen zu sein, der eine Flotte bauen ließ, um den Portugiesen im Roten Meer entgegenzutreten und um die Handels- und Pilgerwege zu sichern. Er begann auch mit dem Bau eines Kanals durch die Landenge von Suez, der allerdings nie fertiggestellt wurde. Ferner stellte er den türkischen Admiral Piri Reis (1470–1555) in seine Dienste, der einige der frühesten nautischen Karten der damals bekannten Welt zeichnen ließ, darunter eine Karte des Atlantischen Ozeans und der Neuen Welt, die heute noch Rätsel aufgibt[86]. Hadim Süleyman Pascha plante das

86 McIntosh, Gregory C.; The Piri Reis map of 1513. Athens: Univ. of Georgia Press, 2000.

Osmanische Reich entlang dem Roten Meer auszuweiten. Eine für 1531 geplante Kampagne kam aber nicht zustande, weil Matrosen und Kanonen im Mittelmeer gebraucht wurden.

Nachdem Makbul Ibrahim Pascha nach Istanbul zurückgekehrt war, gab ihm der Sultan 1523 den Oberbefehl über die Armee auf dem Balkan und beauftragte ihn mit einem Feldzug gegen Ungarn. Am 29. August 1526 schlug Süleyman in einer Schlacht, die nur zwei Stunden dauerte, den König von Ungarn und Böhmen, den Jagiellonen Ludwig II. (1506–1526), der dabei sein Leben verlor und nahm den Großteil von Ungarn in Besitz. Die Schlacht von Mohács sollte sich für die Expansion der Türken am Balkan als ähnlich wichtig erweisen wie die am Amselfeld 1389 und zu einem 150 Jahre andauernden Krieg zwischen den Osmanen und dem Haus Habsburg führen.

Der Tod des ungarischen Königs Ludwig II. hatte weitreichende dynastische, politische und militärische Konsequenzen in Europa. Die Geschichte beginnt unter dem römisch-deutschen Kaiser Maximilian I. (1459–1519), der Böhmen und Ungarn unter die Herrschaft der Habsburger bringen wollte. Nachdem der ungarische König Matthias Corvinus 1490 gestorben und die Ungarn wieder aus Österreich verdrängt worden waren, schloss Maximilian einen Vertrag mit dem Jagiellonen Wladislaw II. (1456–1516), dem neuen König von Böhmen und Ungarn. Dieser Vertrag hatte die habsburgische Übernahme der ungarischen Stephanskrone zum Ziel. Zur Bekräftigung des Bündnisses und zum gemeinsamen Auftreten gegen die aufbegehrenden ungarischen Stände schloss Maximilian einen doppelten Ehevertrag mit den Jagiellonen: Ludwig, der Sohn Wladislaws II., sollte von Maximilian adoptiert werden und Maria, die Enkelin Maximilians, heiraten. Ludwigs Schwester Anna sollte einen der beiden Enkel Maximilians, Ferdinand oder Karl, ehelichen.

1515 fand in Wien im Rahmen eines Fürstentages eine prunkvolle Doppelhochzeit im Stephansdom statt: Ludwig und Maria, beide erst neunjährige Kinder, tauschten die Ringe. Ferdinand weilte allerdings zu jenem Zeitpunkt in Spanien am Hof seines Großvaters Ferdinand II. von Aragón. Also erklärte Maximilian, dass er Anna in Stellvertretung seiner Enkel heiraten werde. Sollte ein Ehevertrag mit einem seiner Enkel binnen eines Jahres nicht zustande kommen, würde er Anna selbst zur Frau nehmen. Nach dieser Wiener Doppelhochzeit war freilich noch nicht gesichert, dass die Habsburger tatsächlich das Erbe Böhmens und Ungarns antreten würden. Dies machte erst elf Jahre später die ungarische Niederlage in der Schlacht von Mohács möglich, in der Ludwig II., nunmehr König von Böhmen und Ungarn, im Kampf gegen die Osmanen den Tod fand. Damit fielen die beiden Länder – zumindest nach dem Vertrag der Wiener Doppelhochzeit – an die Habsburger. Die ungarischen Stände waren mit dieser Lösung unzufrieden. Sie fürchteten um ihre verbrieften Rechte und wählten einen Gegenkönig. So wurden der Habsburger Ferdinand I. und der ungarische Adelige Johann Zapolya (1487–1540) beide Könige von Ungarn. Ferdinand erwies sich militärisch als der Stärkere und konnte Zapolya aus Ungarn verdrängen, der nach Siebenbürgen floh. Von dort aus wandte er sich an Sultan Süleyman, ging mit ihm eine Allianz ein und erkannte ihn als Oberherren an. Süleyman versprach ihm zwar zunächst die Krone, nicht aber das Land, das er nach der Schlacht von Mohács als türkischen Besitz ansah. Um seine Ansprüche durchzusetzen, führte er im Frühjahr 1529 einen Feldzug nach Ungarn mit dem Ziel, auch Wien zu erobern. Am 10. Mai erschien Johann Zapolya im Heerlager des Sultans und erkannte die Oberhoheit des Sultans über Siebenbürgen offiziell an. Bedingt durch das schlechte Wetter und eine mangelhafte Organisation verzögerte sich der anschließende Vormarsch der Osmanen auf Wien jedoch bis Herbst. Erst am 27. September 1529 erschien der Sultan mit seinem Heer vor den Mauern der Stadt, konnte aber diese nicht durchbrechen. Dies lag einerseits am fanatischen Widerstand der Verteidiger, andererseits am schlechten Wetter und nicht zuletzt an Seuchen, die im türkischen Heer grassierten. Ferner trug auch der Umstand dazu bei, dass es Süleyman nicht möglich gewesen war, seine schwere Belagerungsartillerie mitzuführen. Bereits am 14. Oktober gab er die Belagerung daher auf und kehrte nach Buda zurück. Dort ließ er Johann Zapolya zum König von Ungarn krönen.

1532 kehrte Süleyman nach Ungarn zurück und hatte abermals Wien als Ziel vor Augen, konnte aber diesmal die Stadt nicht erreichen, da ihm der Weg durch ein 100 000 Mann starkes Reichsheer Kaiser Karls V. versperrt wurde[87]. Der Kampf der Habsburger gegen die Türken wurden nun an allen Fronten geführt: Im Mittelmeer konnte eine habsburgische Flotte unter dem genuesischen Admiral Andrea Doria (1466–1560) die Häfen von Naupaktos und Koroni in Griechenland erobern. Erst mit der neuerliche Indienstnahme des Korsarenadmirals Khair ad-Din Barbarossa gelang es der osmanischen Seite diese zurückzuerobern.

1533 schloss Süleyman einen Friedensvertrag mit den Habsburgern, um offensiv gegen die Safawiden in Persien vorzugehen. Dort war Schah Tahmasp (1514–1576) als Nachfolger Ismails I. an die Macht gekommen, der sich aber beim Anmarsch der osmanischen Armee unter Makbul Ibrahim Pascha immer weiter zurückzog und den Osmanen schließlich kampflos Täbriz überließ. Süleyman, der inzwischen zur Armee gestoßen war, verfolgte den Schah, nahm dabei den Westen des Iran in Besitz und stieß bis Bagdad vor, das er 1534 einnahm und hier eine osmanische Herrschaft etablierte. Diesen Vorstoß beschrieb Süleyman selbst in einem Brief an Franz I. von Frankreich, der sein Verbündeter in Europa gegen die Macht der Habsburger war[88].

Mit Franz I. verband Süleyman ab 1536 ein gegenseitiger Freundschaftsvertrag, der sich gegen die Habsburger in Spanien und im Heiligen Römischen Reich richtete. Niedergeschrieben wurden eine Reihe von Punkten und Bestimmungen. Der wichtigste dabei war die Gewährung eines Handelsvertrages, der den beiden Partnern weitgehende Freiheiten im gegenseitigen Handel einräumte.

Gegen die Habsburger kämpften die Truppen Süleymans auch in Nordafrika. Dort hatten die spanischen Habsburger Au-

87 Es war diese Bedrohung durch Süleyman, die es für Karl V. notwendig machte, sich mit den protestantischen Fürsten im Reich zu verständigen, andernfalls wäre es zu einer wesentlich stärkeren Unterdrückung des Protestantismus und vielleicht zu dessen Ende gekommen.

88 Piccirillo, Anthony Carmen; »A Vile, Infamous, Diabolical Treaty« The Franco-Ottoman Alliance of Francis I and the Eclipse of the Christendom Ideal. Georgetown Univ., 2009.

ßenposten errichtet und das Land, da es einst christlich gewesen war, der Reconquista unterworfen. Der Kampf der Osmanen wurde hier mit Hilfe der nordafrikanischen Korsarenflotten geführt. 1534 gelang es Khair ad-Din Barbarossa Tunis zu erobern, was eine direkte osmanische Bedrohung für das spanisch-habsburgische Sizilien darstellte. Eine Gegenoffensive unter Kaiser Karl V. brachte die Stadt allerdings 1535 vorerst unter die Kontrolle der Habsburger.

In Kostantiniyye hatte Süleyman inzwischen seinen besten Feldherren und Ratgeber, Makbul Ibrahim Pascha, hinrichten lassen. Süleyman folgte damit einer Palastintrige seiner neuen Frau Hürrem, im Westen als Roxelane bekannt[89], die die Machtfülle Ibrahim Paschas fürchtete. Nach Ibrahim Paschas Tod sollte keiner der Großwesire Süleymans wieder die Macht erlangen, die dieser einst gehabt hatte. Die osmanische Expansion im Mittelmeer und in Nordafrika konnte dieser Vorfall allerdings ebenso wenig langfristig beeinträchtigen wie die Eroberung von Tunis durch Karl V.

1537 erfolgte ein osmanischer Überfall auf Süditalien, der jedoch weitgehend erfolglos blieb. 1538 gelang es allerdings Khair ad-Din Barbarossa eine Flotte der Venezianer vor Preveza an der griechischen Westküste entscheidend zu schlagen, die gegen die Handelsvorteile der Franzosen angekämpft hatte. Zwar mussten die Venezianer einige Besitztümer in der Ägäis und am Peloponnes aufgeben, konnten sich aber mit dem Sultan auf einen Handelsvertrag verständigen, der ihnen vergleichbare Privilegien garantierte wie den Franzosen.

Im selben Jahr wurde das unabhängige Fürstentum Moldau unter die Herrschaft der Türken gebracht und es fanden Flottenunternehmen im Jemen gegen die Hafenstadt Aden statt. 1547 konnte der Jemen schließlich unter osmanische Oberhoheit gestellt werden. Die Osmanen versuchte in der Folge von Aden

89 Roxelane stammte aus dem polnischen Teil Rutheniens, war von Krimtartaren versklavt und an den Sultan verkauft worden, der sie zu seiner Lieblingsfrau machte, siehe: Skilliter, Susan A.; Khurrem. In: The Encyclopedia of Islam. New Edition. Leiden: Brill, 1954–2009, Bd. 5, 1986, S. 324–327.

aus nach Indien überzugreifen, konnten sich aber hier gegen die Portugiesen nicht durchsetzen.

In Ungarn war 1540 der Gegenkönig Johannes Zapolya gestorben und Kaiser Ferdinand I. versuchte nun auch Siebenbürgen und damit das verbliebene ungarische Territorium unter seine Kontrolle zu bringen. Süleyman antwortete darauf mit einem Feldzug, der sich bis 1547 hinzog, aber keiner der beiden Seiten einen entscheidenden Vorteil brachte. Man einigte sich auf eine Teilung des Landes. Der Westteil blieb in habsburgischem Besitz und wurde fortan als »Königliches Ungarn« bezeichnet. Der Rest Ungarns, mit Ausnahme von Siebenbürgen, wurde von den Osmanen annektiert. In Siebenbürgen wurde der Sohn von Johann Zapolya, Johann Sigismund, als König und Vasall der Osmanen eingesetzt.

1548 fand ein erfolgloser Feldzug der Osmanen gegen den Iran statt, da die Perser aus ihren bisherigen Niederlagen gelernt hatten und das osmanische Heer ins Leere laufen ließen, bis sich dieses gezwungen sah den Rückzug anzutreten. 1551 gelang es den Habsburgern, den Ostteil Ungarns zurückzuerobern, was Süleyman mit einem Feldzug beantwortete, der den vorherigen Zustand wiederherstellte. 1553 marschierte der Sultan abermals gegen die Safawiden, ein Feldzug der erneut wenig erfolgreich verlief. Allerdings konnte im Frieden von Amasya 1555 die Hälfte von Armenien durch die Osmanen erworben werden. Aserbeidschan verblieb jedoch unter der Herrschaft der Safawiden. Nach Abschluss dieses Friedens war es den europäischen Mächten offenbar bewusst, dass sich der Sultan nun wieder gegen sie wenden würde.

Im Mittelmeer war es den türkischen Korsarenadmiralen gelungen die Barbareskenküste, die Küsten von Libyen bis Algerien, zu erobern. Lediglich Malta konnte 1565 einer osmanischen Belagerung widerstehen und Tunis fiel erst 1574 endgültig an die Osmanen. Damit hatte das Osmanische Reich seine größte Ausdehnung erreicht. Diese Größe sollte es bis zum Ende des 17. Jahrhunderts behalten.

Seinen letzten Feldzug unternahm Süleyman gegen den Habsburger Kaiser Maximilian II. (1527–1576), der versuchte Siebenbürgen wiederzugewinnen. Außer der Eroberung der Festung Szigetvar in Südwestungarn brachte dieser Feldzug den Türken aber keine weiteren Landgewinne ein. Noch während der Belagerung der Festung verstarb Süleyman nach 46-jähriger Herrschaft 1566. Sein Tod wurde für mehrere Tage geheim gehalten, um die türkischen Truppen nicht zu beunruhigen.

Die osmanische Kunst zur Zeit Süleymans des Prächtigen

Die Regierungszeit von Süleyman dem Prächtigen brachte den Höhepunkt osmanischer Kunst, Kultur und Architektur[90]. Unter den hervorragenden Künstlern der Zeit ragt der Baumeister Sinan (1489–1588) besonders hervor.

Mimar Sinan (Architekt Sinan) oder Koca Mimar Sinan Ağa, wurde 1489 oder 1490 im Dorf Ağırnas in der Provinz Kayseri geboren. Zu seiner Rekrutierung kam es im Rahmen einer Knabenlese zur Regierungszeit Sultan Selims. Unter Süleyman nahm er als Soldat der Janitscharen an den Feldzügen gegen Belgrad und Rhodos teil. Nach der Schlacht bei Mohács stieg er die Militärhierarchie weiter empor. Er hatte dabei die Gelegenheit, Bauwerke aus allen Teile des Reichs zu studieren und sollte diese Erfahrungen bei zukünftigen eigenen Bauten anwenden.

Seine architektonischen Kenntnisse konnte er auch in den Feldzügen, an denen er teilnahm, nutzen. So ließ er während eines Feldzuges gegen das Fürstentum Moldau in 13 Tagen eine Brücke über den Fluss Pruth erbauen und konnte dadurch das Interesse des Sultans gewinnen. Daraufhin wurde er 1538 im Alter von 49 oder 50 Jahren vom Janitscharen zum reis-i mimarân-ı dergâh-ı âli, zum Architektenführer im Topkapi-Palast ernannt und hatte diesen Posten bis zu seinem Tod inne.

Sinan schuf an die hundert Bauten in den verschiedensten Regionen des Osmanischen Reichs. Besonders im Moscheenbau setzte er dabei neue Maßstäbe. Die muslimische Kuppelarchitektur, die mit den Groß-Seldschuken in Persien begann, erlebte unter Sinan ihren Höhepunkt.

Die ersten drei Moscheen, die er nach seiner Ernennung zum Hofarchitekten erbaute, nannte er sein »Lehrlingswerk« (Istanbul Sehzade Moschee, 1548), sein »Gesellenwerk« (Süleymaniye

90 Esin, Atil; The Age of Sultan Süleyman the Magnificent, Katalog der Ausstellung. Washington: National Gallery of Art [u. a.], 1987.

Moschee 1550–1557) und schließlich sein »Meisterwerk«, die Selimiye-Moschee in Edirne (1568–1575). Sinans Bauten waren dabei niemals Kopien ihrer Vorgänger, sondern beinhalteten stets neue Ideen und architektonische Elemente. Sinan starb 1588 und wurde in einem bescheidenen Grab in der Nähe der von ihm erbauten Süleymaniye-Moschee in Istanbul bestattet.

Sinan war aber nicht der einzige bekannte Baumeister seiner Zeit. Unter Süleyman wurden Hunderte von öffentlichen Bauwerken errichtet und selbst nach dem Tod des Sultans traten viele große Familien, Großwesire und hohe Beamte, als Stifter von Bibliotheken, Medresen, Bädern und Karawanserails auf.

Im späten 15. und im frühen 16. Jahrhundert gab es im Osmanischen Reich Entwicklungen in fast jeder Art künstlerischer und handwerklicher Fertigung. Hierbei sind die Architektur, Kalligraphie, Miniaturmalerei sowie Textilien- und Keramikfertigung besonders hervorzuheben. Nicht nur in der Hauptstadt stieg die Produktion hochwertiger Kunstgegenstände stark an. Verschiedenste Städte in den Provinzen konnten sich in bestimmten Handwerken als führend profilieren. Iznik war bekannt für seine blauen Keramiken, Bursa für Seidenstoffe und Textilien, Kairo für die Herstellung von Teppichen und Bagdad war das Zentrum der Buchproduktion. Die Produktion jener Kunstgegenstände war nicht nur typisch für das Herrschaftsgebiet mit mehrheitlich türkischstämmiger Bevölkerung. Die Art der Dekoration beeinflusste auch die Produktion in weiter entlegenen Gebieten, wie dem Balkan, dem Kaukasus, Algerien, der Krim oder dem Jemen. In all diesen Gebieten kam es zu einer Vermischung von einheimischer Produktion und den neuen künstlerischen Ausdrucksmöglichkeiten jener Epoche. Das osmanische Erbe und die Gemeinsamkeiten in der Architektur waren dabei die Halbkuppeln, schmale hochaufragende Minarette und geschlossene Höfe mit überkuppelten Eingängen.

Besonders der Bautyp der Külliye, ein Komplex von Bauwerken, der sich rund um eine Moschee erstreckte und öffentliche Gebäude wie Schulen, Bäder, Spitäler, Suppenküchen oder Bibliotheken enthielt, die von einer Stelle aus verwaltet wurden, waren im Mittelpunkt der Aufmerksamkeit der Herrschenden.

Obwohl es viele lokale Variationen in der Baukunst und der Architektur gab, blieb die osmanische Architektur ein prägendes und stilbildendes Element im Reich und bildete auf diese Weise einen sichtbaren Ausdruck der Herrschaft der Sultane in Kostantiniyye. Ihre Beispiele finden sich in allen Provinzen, sei es in der Türkei selbst, aber auch auf dem Balkan, in Ungarn, Ägypten, Tunesien und Algerien, überall wo Moscheen, Brücken, Brunnen und Schulen im Auftrag des Sultans gebaut wurden.

Die osmanische Miniaturmalerei, die vor allem dazu verwendet wurde um Manuskripte und Bücher zu illustrieren, war stark von persischen Vorbildern beeinflusst. Es lassen sich aber auch byzantinische und sogar chinesische Illustrationen darin erkennen. Im 15. Jahrhundert wurde eine griechische Malerakademie, die Nakkashane-i-Rum, im Topkapi-Palast eingerichtet. Ihr folgte eine persische Akademie, die Nakkashane-i-Irani. Die griechischen Künstler waren auf die Dekoration von bebilderten Büchern aller Art spezialisiert. Dazu malten sie Porträts und Szenen aus dem Palastleben und historische Gegebenheiten. Die persischen Künstler hingegen richteten ihr Hauptaugenmerk auf die Illustration von Büchern mit traditioneller persischer Dichtkunst. Wissenschaftliche Bücher über Biologie, Botanik, Zoologie, Kosmographie oder medizinische Bücher wurden von Künstlern aus beiden Schulen gemeinsam hergestellt. Dabei war es ein Meister der Malerei, der die graphischen Inhalte vorgab, die dann von Mitarbeitern und Lehrlingen ausgeführt wurden. Die Farben wurden aus Pflanzen und Mineralien hergestellt und oft mit Eiweiß und Gummi arabicum[91] vermischt, was brillante Farben ergab. Die am häufigsten verwendeten Farben waren ein leuchtendes Rot, Grün und verschiedenste Schattierungen von Blau. Das Streben der osmanischen Illustratoren lag nicht in der realistischen Darstellung menschlicher Figuren. Vielmehr waren sie bestrebt, ihnen eine transzendente Wahrnehmung zu geben. Das Resultat waren stilisierte und teilweise abstrakte Figurinen, die am Beginn des

91 Wird aus dem Pflanzensaft von Verek-Akazien *(Acacia senegal)* und Seyal-Akazien *(Acacia seyal)*, der aus Afrika importiert wurde, gewonnen.

18. Jahrhunderts immer realistischer wurden, als man begann, Einflüsse aus dem europäischen Barock aufzunehmen.

Einen besonders hohen Stellenwert nahm die Kunst des Teppichknüpfens ein, da Teppiche nicht nur als Bodenbelag verwendet wurden, sondern auch an Wänden und vor Türen hingen und eine zusätzliche Isolierschicht der Häuser im kalten Klima Anatoliens bildeten. Die wertvollsten Teppiche wurden aus Seide hergestellt. Führend in der Produktion von Seidenteppichen war die Stadt Hereke, die Teppiche produzierte, die reich an religiösen oder weltlichen Motiven waren. Teppiche aus Hereke wurden meist dazu verwendet, um die Paläste der Sultane zu schmücken.

Das Osmanische Reich war bekannt für die Geschicklichkeit seiner Gold- und Silberschmiede, die ihre Erzeugnisse mit zahlreichen Edelsteinen schmückten und dabei oft auf byzantinische und persische Motive zurückgriffen. Bekannt waren auch die Keramiken aus Iznik mit ihren kobaltblauen Dekorationen, die mit einer durchsichtigen Bleiglasur überzogen waren. Hier findet sich eine Vermengung osmanischer, persischer und chinesischer Dekorationen, die zu einem neuen Kanon an Motiven zusammengeführt wurden.

Das Heerwesen der Osmanen

Ausgehend von den Reitertruppen der türkischen Nomaden entwickelte sich unter Osman und Orhan eine effektiv gerüstete und gut trainierte Armee[92], die kaum einen Gegner zu fürchten hatte.

Die osmanische Armee bestand in ihren Anfangszeiten aus unterschiedlichen Truppenteilen. Den Hauptteil der Soldaten bildeten die regulär bezahlten *kapıkulu* (Hofheer des Sultans). Daneben kämpften die irregulären *topraklı* (Landmiliz), die aus den jeweiligen Regionen rekrutiert wurden. Die *miri-askeris* wiederum waren Truppen, die man auf kurze Zeit verpflichtet oder angeworben hatte. Im Falle eines Konfliktes innerhalb der Grenzen des Reichs berief man die *yerli-neferats* ein, bestehend aus der gesamten männlichen Bevölkerung eines Ortes, die man für die lokale Verteidigung benötigte. Ferner gab es noch die *gönüllüyan*, die Masse der irregulären Stammesreiterei.

Wesentlich für die Kriegsführung im frühen osmanischen Heer waren die Ghazis, Reitersoldaten die für den Islam und Beute und nicht für Sold kämpften. Obwohl sie mit Pfeil und Bogen ausgerüstet waren, verwendeten sie nicht die Taktik des schnellen Vorstoßes mit Pfeilhagel der Nomaden, sondern kämpften im traditionellen islamischen Stil im Verbund von Kavallerie und Infanterie. Die Reiter wurden als *müsellem*, die »Steuerbefreiten«, bezeichnet und standen unter dem Oberkommando der Sandschakbeğs. Sie waren in von *subaşıs* geführten Hundertschaften und von *binbaşıs* geführten Tausendschaften organisiert. Die *yaya*, die Infanterie, war in Zehnerschaften, Hundertschaften und Tausendschaften aufgeteilt. Die *müsellems* und die *yayas* bekamen zunächst noch einen Sold ausbezahlt. Unter Sultan Murad I. wies man ihnen aber schließlich Landpfründe *(Timare)*, für ihre Versorgung zu.

Im frühen 14. Jahrhundert, auf dem Höhepunkt der Kämpfe zwischen den Osmanen und dem Byzantinischen Reich, entstand eine erste reguläre osmanische Armee, die zahlreiche Ele-

92 Am besten dazu: Die Karlsruher Türkenbeute, in: http://www.tuerkenbeute.de/kun/kun_kri/HeerwesenOsmanen_de.php.

mente aus der byzantinischen und islamischen Kriegskunst übernahm. Besonders der byzantinische Einfluss auf Taktik, Ausrüstung und Bewaffnung stieg dabei stark an, da immer mehr christliche Gebiete als Vasallen unter osmanische Herrschaft kamen, die ihre eigenen Soldaten ins Feld schicken mussten. Besonders die Technik der Belagerung von festen Plätzen, die bei den frühen Nomadenstämmen fast unbekannt war, erhielt durch den byzantinischen Einfluss einen hohen Stellenwert.

Unter Süleyman dem Prächtigen erhielt die osmanische Armee im 16. Jahrhundert ihre endgültige Form. Plante man eine Schlacht, so wurde das Heer am gewählten Schlachtfeld nach bestimmten Vorgaben aufgestellt. Zunächst wurden Feldbefestigungen errichtet. Davor standen Wagen, die mit Artillerie bestückt und daher beweglich waren. Dahinter befand sich auf der Sultansschanze das Hauptzelt des Sultans, der von den *solaks*, seiner persönlichen Leibgarde umgeben war. Vor ihm stand das Korps der Janitscharen, die zum Großteil mit Arkebusen, schweren Feuerwaffen, ausgerüstet waren.

Die Flanken wurden von der schwer gerüsteten Kavallerie *(altı bölük)* besetzt. Die *azap*-Infanterie (irreguläre leichte Infanterie) stand vor und hinter den Kanonen und schützte gemeinsam mit den *muteferika* den Wagentross, den die osmanische Armee für Proviant und Ausrüstung mit sich führte. Ihnen zur Seite stand die *Sipahi*-Kavallerie, leicht gerüstete Reiter, die den Feind anlocken und in die Reichweite der *azap*-Infanterie locken sollten. Die Sipahis mit dem Kampfruf: Vorwärts, meine Wölfe, sollten den ersten Stoß des Feindes abfangen, dann auf die Flanken ausweichen und die Vernichtung des Feindes den im Zentrum massierten Kanonen und den Janitscharen überlassen. In der Endphase der Schlacht sollten dann die Sipahis wieder nach innen schwenken, den Feind umfassen, einkesseln und vernichten. Auch die Janitscharen waren als Angriffstruppen vorgesehen. Durch ihre Taktik des Massenangriffs in dicht gepackten Kadern blieb aber dabei ihr sonst tödliches Gewehrfeuer eher unbedeutend.

In der Armee dienten auch die *akincis* (irreguläre Reiterei), die aus den Nomadenstämmen rekrutiert und immer nur für einen Feldzug angeworben wurden. Ihnen wurde das Recht auf Plünderung zuerkannt, da sie ansonsten nicht bezahlt wurden.

Kamen die *akinci* aus nur einem Stamm, so wurden sie als *yürüksi* bezeichnet. Als Rüstung verfügten sie oft nur über einen Lederpanzer und sie kämpften mit Pfeil und Bogen vom Rücken ihrer Pferde aus.

Zur Kavallerie zählten neben den berittenen Gardisten *(sipahis)* auch das Regiment der Waffenträger *(silahdar)*, die den Sultan im Kampf schützten. Daneben gab es im Heer noch die Artillerie *(top arabacılar)* deren Mannschaften sich aus den Kanonieren *(topçu)*, Mineuren und Bombardieren *(kumbaracı)*, Pionieren *(lağımcı)* sowie Versorgungs- und Reparatureinheiten zusammensetzten.

Die Stärke der osmanischen Armee im ausgehenden 15. und 16. Jahrhundert variierte je nach Situation sehr stark. Im Schnitt standen an regulären und bezahlten Soldaten etwa 20 000 bis 30 000 Mann zur Verfügung. Die Provinztruppen umfassen 150 000 bis 200 000 Mann. In welcher Stärke die osmanische Armee ins Feld zog, wird oft unterschiedlich angegeben. Die Schätzungen reichen hier von 140 000 bis 200 000 Mann.

Davon zählten etwa zwei Drittel zur kämpfenden Truppe, der Rest war für den Nachschub zuständig. Die Versorgungstruppen unterstützten die Kämpfenden mit Nahrungsmitteln, Zelten, Waffen und Rüstzeug, Personal, Lager-, Reparatur- und Instandhaltungsarbeiten sowie mit der Zubereitung der Nahrung. Die umfangreichen Lebensmittelvorräte wurden zu Lande oder zu Wasser mitgeführt und auf dem Durchmarsch von der ortsansässigen Bevölkerung angekauft oder eingezogen. Ein exotisch wirkender Tross begleitete das osmanische Heer: Lastkamele trugen Proviant, Gepäck und Zelte, Ochsen zogen Kanonen und Lastkarren mit der Ausrüstung der Soldaten. Nicht selten wurde die Versorgung auch auf dem Wasserweg durch die Flotte sichergestellt. Daher erfolgten die Heerzüge häufig parallel zu Flussläufen.

In der Regel fanden Kriegszüge im Sommerhalbjahr statt. Vor Einbruch des Winters wurden sie beendet, da eine Überwinterung der Armee einen erheblichen logistischen und finanziellen Aufwand bedeutet hätte.

Für die herausragenden Erfolge der osmanischen Kriegsführung in ihrer Glanzzeit waren mehrere Faktoren entscheidend.

Die wichtigsten waren die gute Ausbildung, die die Soldaten in den staatlichen Militärschulen erhielten. Hinzu kam ihre außergewöhnliche Kampfmoral und ihre hervorragende körperliche Konstitution und Disziplin[93].

In der Regel war die Kampfmoral im osmanischen Heer gut, was auch mit der Verpflegungsmenge in einem Zusammenhang gestanden haben dürfte, welche pro Kopf deutlich höher ausfiel, als bei den christlichen Heeren jener Zeit. An die Soldaten wurden Brot und Zwieback, Rinds- oder Schaffleisch und Butterschmalz ausgegeben, an Freitagen auch noch Reis. Alkohol war aus religiösen Gründen verboten.

Die mit dem Reinheitsgebot des Islam zusammenhängende Hygiene, wie die Waschungen vor dem täglichen Gebet, verringerte die Entstehung und Ausbreitung von Epidemien und mag den Gesundheitszustand und somit die Kampfkraft der Soldaten positiv beeinflusst haben.

Ein weiterer Faktor war die Hingabe der türkischen Soldaten an das Reich. Sultan Mehmed II. sagte einmal über seine Soldaten: *»Sie behandeln ihren Körper wenn es um Gefahr und Schmerzen geht, als würde er nicht ihnen, sondern jemandem anderen gehören«*[94].

Ein unschätzbarer Vorteil war ferner die hohe Disziplin des Heeres. Im Lager waren Ruhe und Ordnung Pflicht, Besäufnisse, Raufereien und Glücksspiel wie bei den Armeen der Europäer waren verboten. In der Schlacht hielten sich die Krieger mit Gehorsam an die Befehle der Vorgesetzten. Versagten oder meuterten sie, drohte nicht nur die Degradierung, sondern auch der Verlust von Vermögen und Leben. Die Bestrafungen fielen dabei je nach Truppenteil unterschiedlich aus: Die Reiter der Sipahis erhielten die Bastonade auf die Fußsohlen, damit sie weiter auf dem Pferd sitzen konnten, die Janitscharen auf das Gesäß, um weiter marschieren zu können.

---

93 Nicht nur die Soldaten, auch die Sultane waren im Kampf geübt. So besiegte Sultan Murad IV. 1638 bei der Eroberung von Bagdad einen persischen Krieger im Zweikampf, indem er ihm den Schädel mit seinem Scimitar spaltete.

94 Goodwin, Jason; Lords of the Horizons. A History of the Ottoman Empire. New York: H. Holt, 1999, S. 10.

Ging man von der Aufstellung der Armee zur offenen Feldschlacht über, so war der Angriff der osmanischen Armee gefürchtet. Die Truppen zogen in fünf Abteilungen in die Schlacht: Das Hauptheer im Zentrum mit linkem und rechtem Flügel, die Vor- und die Nachhut. Wenn es geländebedingt möglich war, ging man in der Regel in drei Treffen vor. Das erste bildeten die in langer Front aufgestellten Sipahis, die von den beiden Beğlerbeğs angeführt wurden. Die Führung des linken Flügels galt dabei als Ehrenplatz, da in diesem die ranghöchsten Militärs kämpften. Die Linien der Kavallerie wurden an beiden Seiten durch Kanonen verstärkt. Diese eröffneten die Schlacht mit einem Bombardement der feindlichen Truppen. Zugleich stürmte die leicht gepanzerte Reiterei vor. Die berittenen Bogenschützen schossen in schneller Folge Pfeilsalven ab. Während dieses Pfeilregens *(tir-ı baran)* näherten sie sich dem Feind, um sich dann schnell wieder zurückzuziehen und dabei den nachsetzenden Gegner rückwärts gewandt mit Pfeilen zu beschießen. Schließlich wichen sie nach rechts und links aus, um den Feind an den Flanken zu umfassen und erneut anzugreifen.

Im zweiten Treffen standen in der Mitte der Schlachtordnung die Janitscharen[95], die meist den Kampf entschieden. Sie attackierten ihre Gegner zunächst mit Pfeil und Bogen oder mit Gewehren. Dann stürzten sie sich mit dem kurzen osmanischen Säbel *(yagatan)* in den Nahkampf. Gelang der erste Vorstoß nicht, erfolgten weitere Angriffe, die nach europäischen Berichten aufgrund der unbändigen Wildheit der Janitscharen besonders furchterregend waren. Im dritten Treffen kämpfte, wenn ihr Einsatz notwendig wurde, die Reserve aus Söldnern und Leibgarden.

Die Osmanen führten auch Festungs- und Belagerungskriege. Dabei trieben die Mineure unterirdische Stollengänge mit Kammern (Minen) unter die Mauern der Festungen des Gegners. Zum rechten Zeitpunkt ließen sie dann Pulverfässer explodieren, um die darüber befindlichen Verteidigungsanlagen zum Einsturz zu bringen.

---

95 Diese ließen sich im Felde die Bärte wachsen, um möglichst furchterregend auszusehen.

Die osmanische Flotte

Die Stütze der osmanischen Flotte *(Osmanlı Donanması* oder *Donanma-yı Humâyûn)*[96] und das meistverwendete Kriegsschiff war für lange Zeit die Galeere. Dieser Schiffstyp, der bereits in der Antike Verwendung fand, wurde mit Segeln oder durch Ruderer angetrieben. Die Ruderer waren dabei zumeist in mehreren Decks übereinander angeordnet. Galeeren wurden die meiste Zeit gesegelt und erreichten dabei ihre Höchstgeschwindigkeit, bei der Ausfahrt aus dem Hafen, im Seegefecht oder bei Flaute kamen die Ruderer zum Einsatz. Die Verwendung von Ruderern hatte dabei einen wesentlichen Nachteil, denn um ein Schiff zu bewegen, brauchte man eine große Anzahl von Ruderern. Hier kamen oft Kriegsgefangene zum Einsatz. Allerdings dienten auf den Galeeren der Osmanen auch viele Freiwillige, die im Landesinneren von Anatolien oder Rumelien angeworben wurden, während die eigentlichen Seeleute, die das Schiff führten, von den Küsten des Mittelmeeres stammten.

Im 15. und 16. Jahrhundert kam in der christlichen Seefahrt die hochbordige Galeone auf. Dennoch blieb die Galeere bei den Türken zu jener Zeit der wichtigste Kriegsschiffstyp, da sie etwa die gleiche Anzahl an Kanonen tragen konnte wie eine Galeone, aber in den meist ruhigen Gewässern des Mittelmeers zugleich eine wesentlich höhere Wendigkeit besaß.

Bereits die Seldschuken nutzten die nautischen Kenntnisse der Küstenbewohner Anatoliens und bauten zwischen 1081 und 1272 kleine Marinestützpunkte in Efes, Izmir und Alanya. Ein weiterführender Ausbau einer Flotte, um die Vorherrschaft im Mittelmeer zu erringen, fand jedoch nicht statt. Hierfür können verschiedene mögliche Ursachen benannt werden: Ein wichtiger Faktor mag die bis zum Ende des 11. Jahrhunderts bestehende Vorherrschaft der byzantinischen Flotte und später der westlichen Handelsstädte Venedig, Genua und Pisa im östlichen Mittelmeer gewesen sein. Auch das mangelnde seefahrerische

96 Siehe Uwe Becker: http://www.osmanischesreich.de/geschichte/armee/marine/

Können der Seldschuken in jener Epoche könnte einen koordinierten Flottenbau unterbunden haben. Zuletzt spielte womöglich auch die geografische Lage des Rumsultanats eine wichtige Rolle, da es Zeit seines Bestehens von den Küstenregionen Kleinasiens weitestgehend abgeschnitten war. Erst im frühen 14. Jahrhundert gingen die an den Küsten gelegenen türkischen beyliks zum Bau kleiner Kaperflotten über. Nachdem die Osmanen bis an das Marmarameer gelangt waren, erkannten sie schon früh, dass eine Flotte von Schiffen zum Truppentransport bei der Expansion auf dem Balkan, schon durch die geographischen Gegebenheiten, eine Notwendigkeit darstellte. Mit der Hafenstadt Gelibolu (Gallipoli) fand man einen ausgezeichneten Platz als Marinestützpunkt, der noch unter der Regierung Bayezids I. ab 1390 als Flottenbasis ausgebaut wurde. Dennoch lag die Hauptlast der osmanischen Truppentransporte (über die Dardanellen und im Mittelmeer) im 14. und bis in die Mitte des 15. Jahrhunderts bei byzantinischen und italienischen Schiffseignern. Die mit der Zeit eroberten Inseln und Küstengebiete wurden in Militärpfründe umgewandelt und dienten der Finanzierung der Flotte. Gelibolu, das zunächst den Rang einer Großpfründe hatte, wurde wegen seiner Bedeutung für die Verschiffung von Truppen schon bald zur Provinz erhoben und deren Statthalter zum Oberbefehlshaber *(Kaputan Pascha)* der Seestreitkräfte ernannt. Sultan Mehmed II. erkannte die Notwendigkeit einer eigenen osmanischen Seestreitmacht und begann mit dem Aufbau einer Flotte als Vorbereitung seiner Eroberung von Konstantinopel 1453. Dabei ließ Sultan Mehmed II. einen Teil seiner Flotte über den Landweg in das Goldene Horn[97], einen Seitenarm des Bosporus, ziehen und brachte damit den Verteidigern der Stadt eine psychologische Niederlage bei. Zugleich schuf er damit aber auch eine neue Front beim Angriff auf die Stadt.

Nach der Einnahme von Konstantinopel wurden von den Osmanen die byzantinischen Seekriegs-Arsenale erneuert und nach der Eingliederung des genuesischen Stadtteiles Pera ein

97 Das Goldene Horn ist eine Seitenbucht des Bosporus und konnte von den byzantinischen Verteidigern mit einer langen Kette abgesperrt werden.

neues Arsenal am Goldenen Horn gebaut. Die neue Flotte ermöglichte Mehmed II. 1470 die Eroberung der Insel Euböa und zeigte somit zum ersten Mal die Fähigkeiten des Osmanischen Reichs im Seekrieg. Dazu kam die Eroberung der Inseln Imbros, Thasos, Samothrake, Lemnos und Lesbos. Eine Belagerung von Rhodos scheiterte 1480. Sultan Selim I. trieb den Bau des Flottenarsenals in der Hauptstadt weiter voran und fand in Piali Pascha (1515–1578) einen fähigen Kapudan Pascha. Piali Pascha war ein levantinischer Renegat, der die osmanische Flotte von einer bis dahin eher passiven und vor allem zum Truppentransport vorgesehenen Flotte zu einer operativen Streitmacht umgestaltete.

Ende des 15. Jahrhunderts wurde das Schwarze Meer (Kara Deniz) endgültig Herrschaftsgebiet der osmanischen Flotte. Bis zur Mitte des 16. Jahrhunderts folgte das östliche Mittelmeer (Ak Deniz). Diese Leistung erbrachte der herausragende Korsarenadmiral Khair ad-Din Barbarossa (1478–1546) für die osmanische Marine. Er wurde 1478 auf Lesbos geboren und begann seine seemännische Laufbahn zusammen mit seinem älteren Bruder Oruç als Seehändler und bald auch als Seeräuber. Dabei stieg er zum Anführer einer aus nordafrikanischen Seeräubern bestehenden Kaperflotte auf. Durch die Eroberung von Algier 1515 verschaffte sich Khair ad-Din Barbarossa eine gesicherte Basis an Land, die es ihm erlaubte, Seekriege auch gegen stärkere Gegner ausfechten zu können. Seine Gegner, allen voran Spanien und der Kirchenstaat, aber auch die Johanniter, vereinigten ihre Flotten jedoch 1538 zur Heiligen Liga und veranlassten Khair ad-Din sich mit einem Hilfegesuch an Sultan Selim I. zu wenden. Nach offizieller Anerkennung der osmanischen Oberhoheit über Algier 1516 schickte Selim I. Truppen, Waffen und Geld an die Korsaren. Sultan Süleyman I. nutzte 1522 die osmanische Flotte zur Eroberung von Rhodos. Bald darauf erkannte er die Fähigkeiten des erfolgreich operierenden Khair ad-Din und ernannte ihn 1533 zum Oberkommandierenden der osmanischen Flotte. Auf diese Weise vereinigte er die osmanische Flotte mit der nordafrikanischen Kaper-Flotte der Barbareskenstaaten. Neben Tunis, das 1535 das erste Mal erobert wurde, gelangte 1555 Libyen unter osmanische Herrschaft. Khair ad-Din baute die Flotte stetig weiter aus und nach drei Jahren Zusammenarbeit mit dem Sultan verfügte die gemeinsame Streitmacht über 280 Kampfschiffe im Mittelmeer. Mit dieser Streitmacht eroberten die Osmanen die Inseln Nio, Zea, Naxos, Skiatos, Skiros, Tinos, Andros, Karpathos und Kandeleusa. Ferner wurden die italienischen Küsten und die Balearen überfallen und verheert. Lediglich die Belagerung Korfus misslang. Am 28. September 1538 stießen die osmanische und die Flotte der Heiligen Liga vor Preveza aufeinander. Dabei unterlag der genuesische Admiral Andrea Doria den Korsarenadmiralen Khair ad-Din und Turgut Reis. Es war der größte Seesieg in der Geschichte der Osmanen und der Beginn einer mehr als 30 Jahre andauernden, unangefochtenen Herrschaft der türkischen Flotte im Mittelmeer. Diese Dominanz wurde noch durch ein Bündnis zwischen Süleyman I. und König Franz I. von Frankreich dahingehend gefestigt, dass 1543/44 die osmanische Flotte in Toulon überwinterte, nachdem sie erfolglos Nizza, das im Besitz des Habsburgers Karls V. war, belagert hatte. Nach weiteren Raubzügen an der spanischen und italienischen Küste kehrte die osmanische Flotte 1544 nach Kostantiniyye zurück.

Bis zum Ende des 16. Jahrhunderts setzte eine Reihe von fähigen Flottenkommandanten die Vorherrschaft der Osmanen auf See fort. Darunter befanden sich herausragende Persönlichkeiten wie Piri Reis, der 1548 Aden eroberte, Piali Pascha, der Eroberer von Chios und Dragut Pascha, der 1565 Malta erfolglos belagerte.

Mit der Invasion und der Eroberung von Zypern 1570/71 forderte Sultan Selim II. (1566–1574) erneut die Venezianer und ihre Verbündeten zu einer Seeschlacht heraus. Venedig gelang es 1571 mit dem Papst, Spanien, Malta und Genua erneut eine Heilige Liga zu bilden. Die darauffolgende letzte und größte Galeerenschlacht der Geschichte endete am 7. Oktober 1571 mit der vollständigen Vernichtung der osmanischen Flotte bei Lepanto[98]. Die Verbündeten der Heiligen Liga kämpften unter der einheitlichen Führung von Don Juan de Austria und konnten

98 Capponi, Niccolò; Victory of the West. The Story of the Battle of Lepanto. London: Palgrav MacMillan, 2006.

durch den Einsatz neuer Schiffstypen, den Galeassen[99], ihre Feuerkraft erheblich steigern. Damit waren sie den osmanischen Galeeren überlegen. Insgesamt wurden über 463 Schiffe in der Schlacht bei Lepanto aufgeboten. Die osmanische Flotte verlor dabei 187 ihrer 251 Schiffe umfassenden Flotte und etwa 20 000 bis 30 000 ihrer Matrosen und Soldaten. Die Verluste der Heiligen Liga lagen hingegen bei nur 17 Schiffen und 7500 Mann. Nach dem Sieg zerstreute sich die christliche Flotte und dem einzigen überlebenden osmanischen Kommandanten Ochiali Pascha gelang es bis zum Sommer 1572 eine neue osmanische Flotte unter seinem Oberbefehl aufzubauen. Trotzdem reichte die Qualität der neuen Schiffe und vor allem das seemännische Niveau der Besatzungen nicht mehr an die verlorengegangene Flotte heran. Zwar konnten die Osmanen nochmals kleinere Erfolge in den Seekriegen des 17. Jahrhunderts erringen, insbesondere durch die Invasion und Eroberung von Kreta 1645, dennoch nahm die Offensivkraft der Osmanen im östlichen Mittelmeer im 17. Jahrhundert weiter stetig ab. Auch die Umrüstung der Flotte 1681 auf den Schiffstyp der Galeone verzögerte lediglich den Niedergang einer einst siegreichen und modernen Flotte. Nach der Seeschlacht von Lepanto konnten die Osmanen keine größere Auseinandersetzung zur See mehr für sich entscheiden. Ab 1654 blockierten die Venezianer sogar erfolgreich die Dardanellen für drei Jahre. Die Niederlage in der Schlacht von Lepanto wurde in ihrer Bedeutung nur noch von der osmanischen Niederlage in der Schlacht von Çeşme übertroffen. 1770 erschien eine russische Armada überraschend in den Gewässern vor Kleinasien und zerstörte die osmanische Flotte. Das plötzliche Erscheinen der russischen Ostseeflotte im Mittelmeer führte bei den Türken zum Glauben, diese Flotte sei durch einen geheimen Kanal quer durch Italien in die Ägäis gekommen. Das Mittelmeer war aber nicht der einzige Ort, an dem die Osmanen eine Flotte zu unterhalten hatten. Mit der Eroberung von Buda 1541 wurde die Donau zum wichtigsten Transportweg für die Versorgung der osmanischen Armee auf

99 Die Galeasse war eine Kombination aus Segelschiff und Ruderschiff und entstand als eine Weiterentwicklung der neuzeitlichen Galeere. Sie war etwa 50 Meter lang und hatte zwischen 800 und 1200 Mann an Bord.

dem Balkan. Dabei stellten die Landkreise *(kazas)* an der Donau den wichtigsten Beitrag zur Donauflotte. Sie waren zuständig für den Ausbau, die Versorgung und den Transport der Donauflotte, sowie für die Bemannung der Schiffe. Oberbefehlshaber der Flotte war der *tuna kaudani,* der über Fahrzeuge auf Donau, Save, Drine, Drau und Morava verfügte. Dabei unterschied man drei Schiffstypen: Transportschiffe *(zahire gemileri),* Fähren *(gecid gemileri)* und bewaffnete Fahrzeuge *(sayka).* Die Rudermannschaften wurden zumeist durch tributpflichtige und angeworbene Walachen gebildet. Während den Feldzügen Sultan Süleymans I. umfasste die Donauflotte etwa 250 Transportschiffe und Fähren und bis zu 50 Kampfschiffe zum Schutz der Transportflotte. Zusätzlich wurden zur Sicherstellung des Nachschubs der Armee private Schiffseigner angeworben, die Korn, Gerste, Heu, Holz und Schafe transportierten. Die osmanische Donauflotte entstand im 15. Jahrhundert und wurde 1877/78 nach dem Russisch-Türkischen Krieg aufgegeben.

Die Verwaltung des Reichs[100]

Alle Macht im osmanischen Staat war in der Person des Sultans vereinigt, der alleine und als Einzelperson an der Spitze des Staates stand. Er herrschte uneingeschränkt und war mit weitreichenden Befugnissen ausgestattet. Er hatte die absolute Autorität über seine Untertanen und entschied über Fragen der Staatsführung und Politik. Sein Wort war dabei unantastbares Gesetz. Auf diese Weise gebot er über Krieg und Frieden im Reich und über Leben und Tod seiner Untertanen. Als Sultan unterlag er nur dem geltenden Recht, an das er, ebenso wie alle anderen Reichsbewohner, nominell gebunden war.

Alle Sultane bis zum Ende des Osmanischen Reichs entstammten einer einzigen Familie, der Dynastie der Osmanen, und waren Nachfolger des Reichsgründers Osman I. 36 Generationen regierten in nahezu ununterbrochener Folge über sechs Jahrhunderte, vom Ende des 13. Jahrhunderts bis 1922, als der letzte Sultan Mehmed VI. Vahideddin abdankte[101]. Bis zum 17. Jahrhundert galt in der Erbfolge, dass der Nachfolger des Sultans sein ältester Sohn war. Meist wurde ihm sein Erbe durch andere Anwärter wie zahlreiche Halbbrüder innerhalb der Familie streitig gemacht. Daher gingen die Sultane dazu über, beim Herrschaftsantritt ihre nächsten männlichen Verwandten, besonders ihre Brüder, ermorden zu lassen. Sultan Mehmed II. ließ den Brudermord aus Gründen der Staatsraison in einem entsprechenden Gesetz verankern, das bis ins 17. Jahrhundert seine Gültigkeit hatte. Erst mit der Einführung des Senioritätsprinzips unter Sultan Ahmed I. wurde es schließlich abgeschafft. Sultan wurde nun nicht mehr unbedingt der erste Sohn des amtierenden Herrschers, sondern der jeweils älteste lebende Osmanenprinz.

Regierungssitz der Sultane war seit Mitte des 15. Jahrhunderts der Topkapi-Palast in Istanbul. Daneben gab es weitere Re-

---

100 Siehe dazu grundlegend: http://www.tuerkenbeute.de/kun/kun_ges/StaatswesenVerwalt_de.php.

101 Allerdings wurden davon 17 Sultane vorzeitig abgesetzt, hingerichtet oder ermordet.

sidenzen in Bursa und Edirne, den ehemaligen Hauptstädten des Reichs.

Dem Sultan stand beim Regieren ein bevollmächtigter Vertrauter zur Seite, ein Wesir oder Großwesir *(sadr- ı a'zam)*, der nach den Anweisungen des Sultans die Staatsgeschäfte führte. Er war für innenpolitische Angelegenheiten ebenso wie für die auswärtige Politik verantwortlich. Da im Osmanischen Reich die Macht im Staate auf dem Militär basierte, besaßen die wichtigsten zivilen Regierungsposten gleichzeitig militärische Amtsgewalt. Konnte der Sultan nicht in eigener Person die Armee ins Feld führen, so war der Großwesir im Kriegsfall auch Oberkommandierender der Streitkräfte. Symbol seiner herausragenden Stellung im Staat war das großherrliche Reichssiegel *(mühr-ı hümayun)*, das ihm bei Beginn des Feldzuges übergeben wurde und das er im Namen des Sultans führte[102]. Seit 1654 verfügte der Großwesir über eine eigene, neben dem Topkapi-Palast gelegene Residenz, die *paşa kapısı oder bab-ı ali*. Dies bedeutete »Hohe Pforte« und wurde etwa ab dieser Zeit zum Synonym für das gesamte Staatswesen.

Im Laufe der Zeit wurden mehrere Wesirsämter in der Funktion von Ministern geschaffen. Diese waren dem Großwesir untergeordnet und wurden nach dem überkuppelten Saal *(kubbe altı)*, dem Tagungsort des Reichsrates im äußeren Serail des Topkapi-Palastes, als Kuppelwesire *(kubbe veziri)* bezeichnet.

Der Reichsrat, der Großherrliche Diwan *(divan-ı hümayun)*, war ein bedeutendes Gremium in der Politik und der staatlichen Verwaltung. Er war mit wichtigen Staatsangelegenheiten, wie Rechtsfragen und Beschwerden der Untertanen beschäftigt, hatte jedoch lediglich beratende Funktion und keine Entscheidungsbefugnis. Hinzu kamen repräsentative Aufgaben, beispielsweise der Empfang von ausländischen Gesandten. Ab dem 16. Jahrhundert setzte sich der Diwan aus den wichtigsten staatlichen Würdenträgern zusammen. Dazu gehörten neben den Wesiren auch die höchsten Beamten des Finanz- und Gerichtswesens *(defterdar* und *kadisker)*, der Leiter der Staatskanz-

---

102 Ein solches Siegel wurde in der Schlacht von Slankamen 1691 von den siegreichen Österreichern erbeutet, was als besondere Schande für den unterlegenen Großwesir Köprülü Fazil Mustafa galt.

lei *(nişancı)* und die Diwansekretäre *(katip)* sowie die Führer von Heer- und Provinzverwaltung, die Beğlerbeğs und Sandschakbeğs, der Flottenkommandant *(kapudan pascha)* und später der Janitscharenağa. Den Vorsitz über die Ratsversammlungen hatte der Großwesir inne. Mehmed II. war der erste Sultan der nicht mehr persönlich an den Ratsversammlungen teilnahm. Er verfolgte die Beratungen von einem Nebenraum aus, der sogenannten Sultansloge, durch ein kleines vergittertes Fenster. War er mit einer Entscheidung des Rates nicht einverstanden, klopfte er an das Fenster, ein Zeichen, dass er seinen Großwesir sprechen wollte.

Unterstützt wurde die zentrale Staatsverwaltung durch einen effektiven Beamtenapparat von gewaltiger Größe. Die wichtigsten Behörden waren die Finanzverwaltung und die Staatskanzlei. Für die Finanzen waren der Defterdar von Anatolien für die Belange der asiatischen Teile des Reichs, und der Defterdar von Rumelien für die europäischen Reichsgebiete zuständig. In späterer Zeit war ein dritter Beamter, der Defterdar von Aleppo, für die arabischen Gebiete verantwortlich. Zum Aufgabenbereich der Finanzbehörde gehörte die Erhebung von Steuern, Tributen, Abgaben und Zöllen ebenso wie die Überwachung der getätigten Ausgaben, wie Sold- und Gehaltszahlungen oder die Aufwendungen für die Hofhaltung des Sultans. Außerdem kontrollierte sie die Verwaltung der Staatsdomänen *(has-ı hümayun)* und der staatlichen Ländereien, aus denen die Timare vergeben wurden. Es gab eine effiziente Buchführung, die in ihren Registern *(defter)* sämtliche mobilen und immobilen Besitztümer des Landes, den Ertragswert des Bodens und die zu erwartenden Einkünfte verzeichnete. Danach setzten die Finanzbeamten Höhe und Art der Steuern und Abgaben der Reichsbewohner fest. Um Missbrauch zu vermeiden, benutzten sie für ihre Akten und Urkunden eine Art Kunstsprache und notierten ihre Aufzeichnungen in einer Geheimschrift *(siyakat)*. Diese Dokumente wurden in einem zentralen Büro *(defterhane)* im Sultanspalast aufbewahrt. Im 16. Jahrhundert soll das Istanbuler *defterhane* 800 Angestellte und 25 Abteilungen umfasst haben.

Die schriftliche Verwaltung wurde durch die zentrale Staatskanzlei und deren Schreiber durchgeführt. Diese verfassten die offizielle Korrespondenz des Staates wie Briefe, Urkunden und Erlässe im Umfang von jährlich etwa 3000 Schriftstücken. Leiter der Behörde war der *nişancı*, der Schreiber des Großherrlichen Namenszuges, dessen Amt etwa dem eines heutigen Staatssekretärs entsprochen hat. In späterer Zeit wurde er zunehmend selbst mit der Ausarbeitung von Gesetzen betraut und hatte alle offiziellen Schriftstücke des Herrschers auf ihre Übereinstimmung mit den Gesetzen zu prüfen. Abschließend signierte und beglaubigte er diese mit dem »edlen Zeichen« *(nışan i-şerif)* der Tuğra, dem kalligraphischen Namenszug des regierenden Sultans[103].

Das Rechtssystem und die Gesetzgebung im Osmanischen Reich basierten, da es sich um ein islamisches Staatswesen handelte, auf dem Religionsgesetz *(şeriat-ı şerif)*. Ergänzt wurde dieses durch das überkommene Gewohnheitsrecht *(örf)*. Alle übrigen Rechtsfragen wurden durch weltliche Gesetze *(kanun)* geregelt, die den Behörden als Maßstab für ihre Entscheidungen dienten. Zahlreiche Sultane traten als Gesetzgeber auf und waren in der sozialen, kulturellen und militärischen Rechtsprechung tätig. Sultan Orhan kodifizierte als erster osmanischer Herrscher geltendes Recht und erließ weltliche Gesetze. Sultan Mehmed II. ließ Gesetzbücher *(kanun-nameh)* schreiben, die die Neuregelung des Grundbesitzes, der Verwaltung und Wirtschaft sowie des Straf- und Steuerrechts und anderer wichtiger Belange des täglichen Lebens bestimmten. Zuletzt wurden insbesondere auf die Initiative Sultan Süleymans I. umfangreiche Gesetzeswerke auf den Gebieten von Land- und Finanzrecht abgefasst. Daher erhielt dieser Herrscher von den osmanischen Geschichtsschreibern auch den Beinamen »der Gesetzgeber« *(kanuni)*.

Religiöse oder juristische Belange fielen in den Bereich der Heeresrichter *(kadıasker)*. Seit der Regierungszeit Mehmeds II. gab es zwei solche Heeresrichter. Der ranghöhere von beiden war für Rumelien, der andere für Anatolien verantwortlich. Ihre Amtsbezeichnung selbst war allerdings nur mehr ein Relikt

103 Da die ersten Sultane der Osmanen des Schreibens und Lesens unkundig waren, unterschrieben sie mit ihrem Daumenabdruck, dessen Form die Tuğra beibehalten hat.

aus vergangenen Zeiten, da sie nicht nur die Aufsicht über die Rechtsprechung im Heer, sondern auch über die zivile Rechtsprechung im gesamten Reich innehatten.

Neben der weltlichen gab es für Fragen der Rechtsprechung auch eine religiöse Beamtenschaft, die auf die Einhaltung der Religionsgesetze achtete. Die Angehörigen der Ulema, der islamischen Gelehrtenschaft, hatten eine theologisch-juristische Ausbildung an einer islamischen Hochschule *(medrese)* absolviert. Viele waren als vom *kadıasker* ernannter *kadi* tätig und damit als regionaler Richter und Vorstand eines der Gerichtsbezirke *(kaza)*, in die das gesamte Reich unterteilt war. Ein anderer Teil der religiösen Beamtenschaft, die Muftis, erstellte auf Basis der Religionsgesetze religiöse Gutachten *(fatwa)*, die als Grundlage für die Urteilsfindung vor Gericht dienten. Zwar wurden die Muftis vom Sultan ernannt, sie übten ihre Tätigkeit jedoch weitgehend unabhängig aus.

Ein großer Teil der Beamtenschaft wurde in der Verwaltung in den Provinzen des Reichs eingesetzt. Ihre Aufgabe war es, mit Hilfe einer systematischen und zentralistischen Provinzverwaltung die durch Eroberungen getätigten Gebietserweiterungen ins Reich zu integrieren. Das gesamte Osmanische Reich war in Großbezirke *(wilajets, ejalets)* aufgeteilt, die den Beğlerbeğs, den Oberkommandierenden des Heeres, unterstanden. Anfänglich gab es nur zwei wilajets (Rumelien und Anatolien). Im 16. Jahrhundert war ihre Zahl auf sechs angestiegen, nachdem Karaman, Rum (Sivas), Syrien (Arabien) und Diyarbakir zum Reich hinzugekommen waren. Die einzelnen wilajets waren in Provinzen, die Sandschaks (von *sancak*: Fahne) unterteilt.

Die Provinzialgouverneure, die Sandschakbeğs, amtierten unter Aufsicht der Beğlerbeğs als Hüter von Recht und Ordnung und als Oberhäupter der Zivilverwaltung. Sie waren zudem Militärbeamte, die das Oberkommando über die in ihrer Provinz stationierten Truppeneinheiten innehatten. Bis in die Regierungszeit Sultan Ahmed I. (1603–1617) übernahmen osmanische Prinzen im Rahmen ihrer Ausbildung oft den Posten eines Sandschakbeğs.

Die vom Reich abhängigen Klientel- und Vasallenstaaten waren meist tributpflichtig oder schuldeten dem Sultan Heeresfolge. Sie wurden jedoch weiterhin von einheimischen Dynastien regiert. Einige zahlten unregelmäßig Tribut, wie etwa die Krimtartaren. Andere Vasallenstaaten, wie etwa Siebenbürgen, mussten regelmäßige Zahlungen nach einem festen Turnus entrichten, konnten jedoch zum Teil einen halbautonomen Status bewahren.

Die Beamten der Zentralverwaltung erhielten kein regelmäßiges Gehalt. Stattdessen wurden sie mit Timaren entlohnt, aus der sie ihren Lebensunterhalt finanzierten. Aus den hohen Beamten, die in der Regel eine hervorragende Bildung besaßen, setzte sich auch die Oberschicht des Reichs zusammen. Ihnen standen ehrenvollen Anreden oder Titel zu. Einer der wichtigsten Titel war der des Paschas (Herr). Dies war der Titel der Prinzen und Reichswürdenträger, vor allem der Wesire, oder Beğs (von beğ: Herr, Fürst, Befehlshaber). Die Offiziere im Militär, die höfischen Garden, aber auch die Palasteunuchen, bezeichnete man als Ağa (von ağa: Herr). Der Geistlichkeit standen die Titel çelebi und den niederen Amtsinhabern efendi (Herr, Gebieter) zu. Das äußere Zeichen ihrer Beamtenwürde war eine bestimmte Art der Kleidung, sowie verschiedene Insignien. Dazu zählte insbesondere der Rossschweif (tuğ), eine mit Strängen aus Pferdehaar versehene Standarte.

Der Beginn des Niederganges – Selim II. bis Murad III.

Betrachtet man die Leistungen Süleymans, so fällt auf, dass er es wie kaum ein anderer Sultan vor ihm verstanden hat, den Umfang des Reichs zu erweitern. Unter seiner Herrschaft wurden Mesopotamien, das Karpatenbecken, Südarabien und fast ganz Nordwestafrika dem osmanischen Herrschaftsbereich hinzugefügt. Damit stieg das Reich der Sultane zum flächenmäßig größten Staatsgebilde in Europa und im Nahen Osten auf.

Ebenfalls zu seinen Leistungen ist die Kodifizierung des Rechts zu zählen, die ihm, wie bereits erwähnt, den Beinamen *kanuni*, »der Gesetzgeber«, einbrachte. Zu den umfangreichen juristischen Initiativen zählte nicht nur die Schaffung neuer Gesetzeswerke, sondern auch die Initialisierung des Katasterwesens im Osmanischen Reich.

Neu war ferner auch die Ausrichtung seiner Außenpolitik, insbesondere im Hinblick auf das Bündnis mit dem französischen König Franz I. Damit etablierte Süleyman das Osmanische Reich als wichtigen politischen Faktor in der europäischen Politik. Das Bündnis mit den Franzosen sollte sich in den kommenden zwei Jahrhunderten aus osmanischer Sicht, vor allem in der Auseinandersetzung mit den Habsburgern, als bedeutsam erweisen. Auf diese Art wurden die Habsburger, und damit der mächtigste Kontrahent der Osmanen auf dem Balkan, in einen beständigen Zweifrontenkrieg zwischen Franzosen und Türken gezwungen.

Hinsichtlich seiner Nachfolgeregelung war Süleyman, wie bereits viele seiner Vorgänger, kompromisslos und grausam. Seinen ältesten Sohn Mustafa, der noch aus der Verbindung mit seiner ersten Frau Gülbehar stammte, ließ er beseitigen, weil er dessen Popularität bei den Janitscharen fürchtete. Aber auch Prinz Bayezid, ein gemeinsamer Sohn mit Roxelane, musste sterben, weil seine Frau noch zu Lebzeiten Süleymans die Thronfolge zugunsten ihres Sohnes Selim, der 1566 den Thron als Selim II. besteigen sollte, sichern wollte. Bayezid gelang es zwar noch ein Heer gegen den Vater aufzubringen, musste aber nach einer Niederlage zu den Safawiden flüchten, die ihn ihrerseits an den Sultan auslieferten, um einen 1555 abgeschlossenen Friedenschluss nicht zu gefährden. Bayezid starb mit seiner gesamten Familie durch die Würgeschnur des Henkers.

Selims Herrschaft von 1566 bis 1574 wird gemeinhin als Beginn einer Periode des Verfalls angesehen. Dabei handelte es sich um einen langsamen und lang andauernden Prozess, der sich letztlich bis in das 20. Jahrhundert hinziehen sollte. Dieser Prozess konnte jedoch auch immer wieder von energischen Sultanen oder deren fähigen Großwesiren zeitweise aufgehalten bzw. verzögert werden.

Die Gründe für den Verfall sind mannigfaltig. Das Ende der Expansion des Reichs brachte eine Knappheit an neu erworbenem Boden, und beschnitt somit Möglichkeiten, neue Timare zu vergeben. Man behalf sich damit, die bestehenden Timare zu verkleinern, was zu wirtschaftlichen Problemen und zur beständigen Unzufriedenheit der Timarioten, der Nutzer der Timare, führte.

Ab der Mitte des 16. Jahrhunderts setzte eine um sich greifende Inflation ein, die im Niedergang des Fernhandels, besonders des Handels mit dem Orient, ihren Ausgang nahm. Dieser hatte sich durch die Entwicklung der Seefahrt und die neuen spanischen und portugiesischen Kolonien in Afrika, Amerika und Asien zusehends auf den Seeweg verlagert. Zusätzlich beschleunigt wurde diese Verlagerung durch das Seeräuberunwesen der osmanischen Korsarenadmirale im Mittelmeer und die andauernden Kriege in Asien, durch die der Handel mit China und Indien auf dem Landweg fast zum Erliegen gekommen war. Daraus entstand ein Mangel an Edelmetallen wie Gold und Silber im Osmanischen Reich, wodurch sich wiederum der Feingehalt der Münzen zunehmend verschlechterte. Viele Waren wie Weizen, Wolle oder Kupfer, deren Export verboten war, wurden am Zoll vorbei in die europäischen Länder geschmuggelt. Dadurch kam es zu einer zusätzlichen Verknappung dieser Waren im Osmanischen Reich und zu einem Ansteigen der Preise, was die Inflation weiter befeuerte.

All dies brachte starke Veränderungen im sozialen Leben mit sich. Die Verknappung der Timare führte dazu, dass viele Besitzer der Pfründe von ihren Bauern vermehrt Abgaben verlangten, die diese aber nicht aufbringen konnten und daraufhin ihre Äcker verließen. Diese ehemaligen Bauern schlossen sich entweder dem städtischen Proletariat an und verdingten sich als Tagelöhner oder avancierten zu Mitgliedern von Räuberbanden. Auch zahlreiche Medrese-Studenten, die nach ihrer Ausbildung keinen geeigneten Arbeitsplatz fanden und den gesellschaftlichen Aufstieg, den sie sich von ihrem Studium erhofft hatten, nicht vollziehen konnten, reihten sich in das Heer der Unzufriedenen ein. Daraus entstanden Aufstände wie der des »falschen Mustafa«, der sich als ein Sohn Süleymans ausgab und mit 40 000 Anhängern, die Bauern ausplündernd, in Rumelien umherzog. Auch das Heer Bayezids in seinem Kampf gegen den Vater Süleyman bestand aus solchen Unzufriedenen.

Der Beginn des Verfalls zeigt sich auch in dem zu jener Zeit aufkommenden Ämterkauf, der unter Süleymans Schwiegersohn, dem Großwesir Rüstem Pascha (1500–1561), immer weiter um sich griff, bis selbst niederste Ämter davon betroffen waren[104]. Auch der Einfluss Roxelanes auf Sultan Süleyman sollte beispielgebend für viele spätere Ehefrauen von Sultanen werden. Dies führte dazu, dass sich oft nicht der geeignetste Sohn in der Nachfolge eines Sultans oder eines Beamten oder Heerführers durchsetzte, sondern derjenige, der auf die größte Unterstützung in Palast und Harem zählen konnte.

Selim II. ging als notorischer Trinker und unfähiger Sultan in die osmanische Geschichte ein. Sein Glück war, dass er in Sokollu Mehmed Pascha (1505–1579)[105] einen ausgesprochen tüchtigen und fähigen Großwesir besaß, in dessen Händen die eigentliche Macht im Reich lag.

104 Rüstem Pascha hinterließ ein großes Vermögen, aus dem Posthum die Rüstem Pascha Moschee in Istanbul erbaut wurde siehe: Woodhead, Christine; Rüstem Pasha. In: The Encyclopedia of Islam, New Edition. Bd. 8, S. 640 f.

105 Artikel: Sokullu Mehmed Pasha, in: Selcuk Aksin Somel; Historical Dictionary of the Ottoman Empire. Lanham: Scarecrow Press, 2003.

Wie fast immer bei Thronwechseln im Osmanischen Reich kam es auch nach der Thronbesteigung von Selim II. an den Grenzen und in den neu eroberten Gebieten zu Unruhen. 1567 versuchten die schiitischen Zaiditen im Jemen sich von den Osmanen loszusagen, was ihnen jedoch nur teilweise gelang. Dies hatte zur Folge, dass es für etwa 60 Jahre einen geteilten Jemen gab. Der eine Teil des Jemen wurde als wilajet in das Reich integriert, der andere Teil verblieb als Vasallenstaat außerhalb des eigentlichen Reichverbands.

An der nördlichen Grenze konnte der neue Sultan hingegen zunächst einen Teilerfolg verzeichnen.1568 wurde in Edirne ein Frieden mit den Habsburgern geschlossen. Im Vertrag von Speyer 1570 gelang es Selim II. ferner seinem Vasallen, dem ungarischen König Johann Sigismund Zapolya (1540–1571), den Ostteil Ungarns zu sichern. Allerdings musste dieser dafür auf seine Königswürde in Ungarn verzichten und durfte sich nur mehr als Fürst von Siebenbürgen bezeichnen.

1569 antwortete die Hohe Pforte auf die Eroberung der Khanate von Kasan und Astrachan durch die Russen unter Iwan IV. mit einem Feldzug, der allerdings keinen nennenswerten Erfolg brachte. Hingegen gelang es den Krimtartaren, den Vasallen des Sultans, 1571 bis nach Moskau vordringen. Allerdings kam es auch zu Einfällen der Dnjeprkosaken in osmanisches Gebiet.

Erfolgreicher war die türkische Politik unter Selim II. im Mittelmeer. Hier konnte 1570 die venezianische Insel Zypern erobert werden, was aber die Bildung der sogenannten »Heiligen Liga«, bestehend aus dem Kirchenstaat, Venedig, Malta und Spanien zur Folge hatte. Dieser gelang es 1571, unter der Führung des Admirals Don Juan de Austria (1547–1578)[106], in der bereits erwähnten Schlacht von Lepanto die osmanische Flotte zum Großteil zu vernichten. Dennoch gelang es den Osmanen sehr schnell die materiellen Verluste wieder auszugleichen. Dazu stellte der Großwesir gegenüber den Venezianern fest: »*In-*

106 Don Juan de Austria war Befehlshaber der spanischen Flotte und Statthalter der habsburgischen Niederlande. Er war der außereheliche Sohn Kaiser Karls V. und der bürgerlichen Regensburger Gürtlerstochter Barbara Blomberg, siehe: Panzer, Marita A.; Don Juan de Austria. Karriere eines Bastards. Regensburg: Pustet, 2004.

dem wir euch das Königreich Zypern entrissen haben, haben wir euch einen Arm abgetrennt. Indem ihr unsere Flotte besiegt habt, habt ihr uns nur den Bart abrasiert. Der Arm wächst nicht wieder nach, der Bart aber umso dichter«[107] Da die Heilige Liga bald darauf zerfiel, konnten keine weiteren Erfolge der christlichen Mächte im Seekrieg erzielt werden. Zypern und das östliche Mittelmeer blieben in der Hand der Osmanen. Auch Venedig arrangierte sich letztlich mit den neuen Gegebenheiten und schloss 1573 einen Frieden mit den Osmanen, der der Lagunenstadt weitreichende Handelsprivilegien garantierte. Dieses Friedensabkommen führte dazu, dass die Serenissima für die nächsten 70 Jahre friedliche Handelbeziehungen mit den Osmanen pflegte. Spanien, das den Fokus seiner Politik längst auf die Niederlande, Amerika und das Verhältnis zu England verlagert hatte, versuchte 1574 erfolglos das 1570 von den Osmanen zurückeroberte Tunis einzunehmen.

Selim II. starb 1574 im Alter von 50 Jahren nach einem Sturz im Badehaus und wurde als erster Sultan der Osmanen in der Hagia Sophia begraben. Der Sultan hatte die ehemalige christliche Kirche mit reichen Spenden bedacht, eine grundlegende Renovierung durch den Architekten Sinan durchführen lassen und sie mit vier Minaretten versehen. Zwei dieser Minarette konnten allerdings erst nach seinem Tod fertiggestellt werden. Selims wahres architektonisches Vermächtnis ist allerdings die Selimiye, die Selimsmoschee in Edirne. Diese war nach der Aussage der Engländerin Lady Montagu, die sie 150 Jahre nach Selims Tod erblickte, das schönste Gebäude der Welt[108]. Selim zeigte auch eine spezielle Verbundenheit mit den heiligen Stätten in Mekka und ließ die umgebenden Kolonnaden der Kaaba[109] durch solche im osmanischen Stil ersetzen. Auch diese Ar-

107 Zitiert nach Andrew Wheatcroft; Infidels. A History of the conflict of Christendom and Islam. New York: Penguin Books, 2004, S. 34.

108 Grundy, Isobel; Lady Mary Wortley Montagu. Oxford: Oxford Univ. Press, 1999, S. 134 ff.

109 Die Kaaba (Kubus; Würfel) ist ein quaderförmiges Gebäude im Innenhof der Heiligen Moschee in Mekka und bildet als »Haus Gottes« das zentrale Heiligtum des Islam.

beiten konnten jedoch erst unter seinem Sohn und Nachfolger Murad III. zum Abschluss gebracht werden.

Murad III. (1546–1595) war der älteste überlebende Sohn Sultan Selims und von seinem Vater für die Nachfolge ausersehen. Er befolgte den osmanischen Hausbrauch und ließ am Tag seiner Thronbesteigung seine neun jüngeren Brüder erdrosseln. Murads jüdischer Arzt Domenico Hierosolimitano beschreibt die Szene: »*Sultan Murad war so weichherzig, dass er kein Blut sehen konnte. Er wartete 18 Stunden nach seiner Thronbesteigung in der er sich weigerte auf dem Thron zu sitzen [...] er überlegte sich wie er seine neun Brüder verschonen könnte [...] folgte dann aber dem Gesetz des Osmanischen Staates. [...] Weinend sandte er die Henker aus sie zu erwürgen und gab persönlich neun Schnüre an den Herren der Henker*«[110]. Pietätvoll ließ Murad seine ermordeten Brüder an der Seite seines Vaters begraben.

Murad III. sollte 21 Jahre regieren, kümmerte sich aber nicht viel um die Regierungsgeschäfte, die er seinen Großwesiren überließ. Er selbst verbrachte seine Tage im Harem. Zunächst war seine Favoritin die gebürtige Venezianerin Safiye Sultan. Später wechselten seine Favoritinnen im Harem im gleichen Maße, wie er seine Großwesire austauschte. Er war besessen von Münzen, die er in einer Truhe unter seinem Bett hortete. Er ließ sogar die goldenen Dekorationen im Palast einschmelzen und daraus Münzen prägen, um sie seinem Schatz hinzuzufügen.

Anfangs bestimmte der Großwesir Sokollu Mehmed die türkische Politik, der sich zunächst gegen Spanien wandte und dem es gelang, die gesamte Südküste des Mittelmeeres bis an die Grenze von Marokko unter die Herrschaft der Osmanen zu bringen. Darüber hinaus brachte er es fertig mehrere Versuche Portugals abzuwehren, in dieser Region Fuß zu fassen. Ein weiterer Kriegsschauplatz zwischen Osmanen und Portugiesen war der Indische Ozean an der Ostküste Afrikas. Dort versuchten die Osmanen ihrerseits erfolglos mit Flottenoperationen

110 Dominico; Austin, Michael; Lewis, Geoffrey; Domenicos Istanbul. Warminster: Aris & Phillips, 2001, S. 37.

1585 und 1589, die Portugiesen von der Küste von Mozambique zu vertreiben.

1580 kam es zum Frieden zwischen Murad III. und den spanischen Habsburgern, die weit größere Interessen an anderer Stelle verfolgten. Gleichzeitig mit den militärischen Operationen im Mittelmeer wandte sich Großwesir Sokollu gegen Persien. Die Safawiden waren zu jener Zeit darum bemüht, mit Russland und dem Kirchenstaat eine Allianz zu schließen, um auf diese Art das Osmanenreich einzukreisen. Sokollu gelang es, den Kaukasus zum Großteil zu erobern. Er stellte Georgien unter den »Schutz« der Türken und konnte Aserbeidschan den Persern entreißen. Diesen militärischen Erfolg erlebte der Großwesir jedoch selbst nicht mehr. Noch vor Ende des Krieges wurde er von einem erzürnten Bittsteller, einem bosnischen Timarioten, bei einer Audienz erdolcht.

Die Macht des Harems

Nach dem Tod Sokollu Mehmed Paschas wechselte das Amt des Großwesirs in der Regierungszeit Murads III. noch zehnmal den Inhaber. Keinem der Großwesire gelang es, wirkliche Entscheidungsgewalt zu erlangen. Diese lag hingegen zunehmend im innersten Kreis des Palasts bei den Hofeunuchen, den Favoritinnen und der Mutter des Sultans. Aus diesem Grund wird die Regierungszeit Murads III. auch als die Zeit der »Weiberherrschaft« bezeichnet.

Alle diese Frauen in der Umgebung des Sultans lebten im Harem[111]. Der Harem[112] selbst setzte sich aus der Gesamtheit der Frauen in einem muslimischen Haushalt zusammen. Das Wort wurde mit der Zeit synonym auch für die Wohnräume dieser Frauen verwendet. Der Sultansharem, der ursprünglich auch das Seraglio oder Serail genannt wurde, war das Wohnquartier der Frauen und ein Zusammenschluss der Haushalte der Sultansmutter *(valide sultan)*, der Favoritinnen des Sultans *(hasekis)* und den übrigen Konkubinen. Aufgabe der Favoritinnen und Konkubinen war es, den Sultan im Schlafgemach zu unterhalten.

Außerdem lebten im Harem alle Töchter des Sultans *(sultanas)*. Viele der Frauen die im Harem lebten, bekamen aber den Sultan nie zu Gesicht und wurden als Dienerschaft verwendet, die die täglich nötigen Arbeiten im Harem zu verrichten hatten.

Der Ursprung der Institution des Harems kann in der osmanischen Kultur gesehen werden. In der Tradition der Osmanen setzte sich der Harem immer aus zwei Arten von Frauen zusammen. Zum einen gab es Sklavinnen, die der Befriedigung der sexuellen Lust dienten und Frauen, die mit dem Sultan verheiratet waren und die legitime Nachkommenschaft gebären sollten. Die verheirateten Frauen sollten besonders die männliche Nachfolge sicherstellen, da der Sultanstitel nur an Söhne weitergege-

111 Peirce, Leslie P.; The Imperial Harem. Women and Sovereignty in the Ottoman Empire. Oxford: Oxford Univ. Press, 1993.
112 Von »haram«, d. h. »verboten«.

ben werden konnte. Konkubinen und deren Kinder hatte hingegen keine Rechte.

In der Umgebung des Sultans wurden Konkubinen im täglichen Umgang bevorzug. Dies geschah aus der Überlegung heraus, dass die »offiziellen« Frauen sich noch immer ihrer Familie verpflichtet fühlen und versuchen könnten, auf die Entscheidungen des Sultans zu deren Gunsten Einfluss zu nehmen. Dies führte im Laufe der Zeit zum Brauch, Sklavinnen als Konkubinen zu nehmen. Deren Kinder konnten zwar ebenfalls in höhere Ränge und Ämter in Armee und Verwaltung aufsteigen, jedoch bedrohten diese niemals den legalen Status der Ehefrauen und deren Kinder. Die jeweilige Macht der Frauen im Harem hing davon ab, welche Rollen sie in der Familie des Sultans einnahmen. Obwohl sie keinen legitimen Zugang zur Macht hatten, waren sie dennoch in der Lage, dem Sultan ihre Anliegen vorzubringen und sich für ihre Günstlinge zu verwenden.

Im 16. Jahrhundert konnten sowohl die männlichen als auch die weiblichen Mitglieder der Herrscherfamilie den Titel Sultan tragen. In späteren Jahrhunderten kamen auch die Titel *kadın* für die Ehefrauen und *haseki* für die Haremsfrauen niederen Rangs hinzu. Ab dem 17. Jahrhundert durfte nur mehr die Mutter des regierenden Sultans den Titel »Sultan« im Namen tragen und wurde als *valide sultan* angesprochen.

Die Konkubinen waren zunächst Odalisken *(odalik*, Jungfrauen), die dem Sultan präsentiert wurden und der sie bei Gefallen für eine Nacht mit in sein Schlafgemach nahm. Es war möglich, dass sie den Sultan danach niemals wiedersahen, außer wenn dieser Nacht ein männliches Kind entsprang. War dies der Fall konnte die Odaliske nach der Geburt eines Sohnes zur Favoritin *(ikbal)* des Sultans aufsteigen. In der weiblichen Rangordnung des Harems bildeten die Odalisken die unterste Stufe. Auf sie folgten die Konkubinen. An der Spitze der internen Hierarchie standen die Favoritinnen und die *kadıns*, die mit dem Sultan verheirateten Frauen.

Die Frauen bildeten aber nur die Hälfte der Bewohner des Harems. Die andere Hälfte bestand aus den Haremseunuchen. Sie wurden als Verschnittene geringer geschätzt als vollwertige Männer, galten als unempfänglich für die Reize der Frauen und sollten allein loyal zum Sultan stehen. Daher war es ihnen erlaubt sich im Harem frei zu bewegen.

Nach der muslimischen Tradition durfte kein fremder Mann die Frauen eines Harems betrachten, aber da die Eunuchen nicht als Männer galten, konnte man sie dazu einsetzen, über die Integrität der Haremsdamen zu wachen. Darüber hinaus unterrichteten sie die dort lebenden Frauen, sorgten für deren Körperpflege und kümmerten sich um die wirtschaftlichen Belange des Harems. Eunuchen waren zumeist Kriegsgefangene oder Sklaven, die man schon vor dem Einsetzen der Pubertät kastriert und zu einem Leben innerhalb der Mauern des Harems verpflichtet hatte.

Der politische Einfluss des Harems ist ab der Zeit Süleymans I. und besonders bis in die Mitte des 17. Jahrhunderts nicht zu unterschätzen. Dadurch, dass immer mehr Prinzen im Harem erzogen wurden, gewannen die Sultansmütter und später auch die Sultansgattinnen sowie die Favoritinnen der Herrscher an Macht, auch wenn sie sich oft untereinander nicht besonders zugeneigt waren. Stammte im 16. Jahrhundert die Mehrzahl der Haremsdamen noch aus Rumelien, so änderte sich dies mit der Zeit, da immer mehr Frauen aus dem Süden Russlands kamen. Besonders Tscherkessinnen galten als die schönsten Frauen des Reichs. Insgesamt sollen zeitweise bis zu 2000 Personen im Harem des Sultans gelebt haben. Dazu gehörten neben den Frauen in verschiedenen Rängen auch die Haremsschüler und die bediensteten Frauen. Hinzu kam ein Korps aus zumeist schwarzen Eunuchen, die aber einen wesentlichen Machtfaktor darstellten. Die Haremshaltung verschlang jedoch große Mengen an Gold, Edelsteinen und eine Vielzahl anderer Ressourcen. Zudem mischten sich einige seiner Mitglieder immer wieder in die Politik des Reichs ein oder sie versuchten, Günstlinge und Favoriten in hohen Staatsämtern zu positionieren. Durch ihre Abgeschlossenheit verfügten die Bewohner des Harems nur über wenig Wissen, was die Welt vor den Palastmauern betraf, sodass ihre Entscheidungen oft von Unwissen, Bestechung und Hörensagen bestimmt wurden.

Einige der höchsten Staatsämter, wie die des schwarzen und des weißen Obereunuchen, waren im Harem angesiedelt. Der schwarze Obereunuch *(kızlar ağası)* war der dritthöchste Würdenträger des Reichs und stand dem Rang nach nur unter dem Sultan und dem Großwesir. Er bewachte nicht nur den Harem, sondern war auch der Kommandant einer militärischen Einheit, der *baltacı* oder Hellebardiere der Palastgarde des Sultans. Er nahm den Rang eines Paschas ein. Er konnte sich jederzeit an den Sultan wenden, war oft der Vermittler zwischen dem Sultan und seinem Großwesir und stellte zugleich das wichtigste Bindeglied zwischen dem Sultan und seiner Mutter dar. Seine Aufgabe war es ferner, neue Odalisken dem Sultan zuzuführen. Zudem stand ihm als einziger »männlicher« Person das Recht zu, in der Nacht bei einem Notfall in den Harem einzutreten. Er setzte auch die Frauen in ihre Ränge ein, etwa wenn eine *kadın* verstorben war und eine Nachfolgerin ernannt werden musste. Gleichzeitig war er Zeuge für die Hochzeiten des Sultans, er leitete die Geburtszeremonien für die Nachkommen und arrangierte Beschneidungen, Hochzeiten und Hoffeste. Seine Aufgabe war es aber auch, unbotmäßige Frauen im Harem zu bestrafen. Er überbrachte ihnen das Urteil, demgemäß die zum Tod verurteilten Frauen in einen Sack gesteckt und vom Henker im Bosporus ertränkt wurden[113].

Der weiße Obereunuch *(kapı ağhası)* kontrollierte das Sekretariat des Palastes und die Palastschule, in der die weißen Eunuchen erzogen wurden. Er war oberster Torwächter, Oberhaupt der Krankenstube und Zeremonienmeister für die Feste im Serail. Seine Macht bestand darin, dass er alle Petitionen, Nachrichten und Staatsdokumente, die an den Sultan gerichtet waren, im Vorhinein kontrollierte. Auch ihm stand ein direkter Zugang zum Sultan zu. 1591 transferierte Sultan Murad III. indes alle Aufgaben des weißen an den schwarzen Obereunuchen, da es zwischen den beiden Ämtern immer wieder zu Reibereien gekommen war und man außerdem die weißen Eunuchen beschuldigte, zu intim mit den Haremsdamen gewesen zu sein.

---

113 Besonders Sultan Ibrahim Deli (»der Verrückte«) praktizierte die sogenannte »Scheidung durch Wasser«, indem er eines Tages alle Frauen seines Harems in Säcken im Bosporus ertränken ließ.

Der wirtschaftliche Niedergang unter Sultan Murad III.

1593 kam es erneut zum Krieg mit Österreich. Zwischen den beiden Mächten hatte sich eine Militärgrenze im Westen von Ungarn und im Osten der Steiermark gebildet. Von osmanischer Seite erfolgten jedoch immer wieder Vorstöße durch irreguläre Reiterei und die Sipahis bis hinein nach Tirol, die Steiermark und Niederösterreich. Auf der Seite der Österreicher versuchte man sich gegen diese Einfälle mit der Anlage von Burgen, Festungen, Wehrkirchen und Stadtbefestigungen zu schützen. Letztlicher Auslöser des sogenannten »Langen Türkenkrieges« war ein Vorstoß bosnischer Truppen im Auftrag der Osmanen an der unteren Save gegen die habsburgische Festung Sissek. Von dieser aus konnte man leicht nach Zagreb und dann nach Österreich selbst vorstoßen. Eine rasch aufgestellte Verteidigungstruppe der Habsburger besiegte jedoch am 22. Juni 1593 in der Schlacht von Sissek den Gouverneur von Bosnien Telli Hasan Pascha, der dabei sein Leben verlor. Dies nahm der amtierende Großwesir Koca Sinan Pascha (1512–1596) zum Anlass, einen umfassenden Krieg gegen die Habsburger und Österreich zu beginnen, der sich 13 Jahre hinziehen sollte und dessen Ende Murad III. nicht mehr erlebte. Dieser starb Anfang 1595. Nachfolger wurde sein Sohn Mehmed III.

Auch unter Murad III. hatte sich der Niedergang des timar-Systems fortgesetzt. Waren in der Vergangenheit die Timare stets vom Hof des Sultans verliehen worden, so maßten sich nun auch die Beğlerbeğs und Sandschakbeğs an, Timare zu vergeben. Dabei wurden oft Strohmänner verwendet. Die Timare blieben so in der Hand der Noblen und Großen des Reichs, die die Abgaben zu ihren eigenen Gunsten einbehielten. Da es den Sipahis immer weniger möglich wurde, ihre Ausrüstung für den Kriegsdienst aus ihren Timaren zu erwirtschaften, wurden viele von ihnen zu Bauern, die sich entweder von ihrer Kriegsdienstpflicht durch die Bezahlung eines Ersatzgeldes befreien ließen oder einfach dem Kriegsdienst unentschuldigt fernblieben. Da sie in solchen Fällen enteignet wurden, versuchten sie ihre Timare durch Bestechung der Beamten zu erhalten oder sie gaben ihr Land auf und schlossen sich marodierenden Banden an. Auch die Hilfstruppen, die bisher einen abgabefreien Bauernhof für ihren persönlichen Unterhalt bekommen hatten, wurden zusehends Kriegsmüde. Im Gegensatz zu den Inhabern der Timare wurden ihre Höfe aber bei fehlender Dienstleistung nicht eingezogen, sondern die Besitzer zu steuerpflichtigen Hintersassen degradiert.

Hinzu kam, dass die Besitzer der Timare ihre Abgaben von den Bauern nicht mehr in Naturalien verlangten, sondern auf Bargeldzahlungen bestanden, was aber von den Bauern oft nicht geleistet werden konnte. Dennoch wurden die Abgaben immer wieder willkürlich erhöht und sollten sich innerhalb einer Generation versechsfachen, was die Hintersassen in die Hände der Wucherer trieb, die bis zu 60 % an Zinsen im Jahr verlangten. Daher verließen viele Bauern das Land und gingen in die Städte, was wiederum die Timarioten traf, deren Einkünfte immer weiter sanken. Aufgrund der sich verschlechternden Situation nahmen für die Sipahis die Anreize immer weiter ab, Timare zu erhalten. An ihre Stelle traten in der Folge Zivilisten, denen es in erster Linie darum ging, auf Kosten der Hintersassen möglichst hohe Gewinne aus den Timaren zu ziehen. Da aber gleichzeitig die Inflation weiter fortschritt und der silberne Asper (akçe), das Hauptzahlungsmittel im Osmanischen Reich, zunehmend an Wert verlor, war der Besitz von Grund und Boden nun erstrebenswert. Viele vermögende Personen kauften die Timare der Sipahis auf, wodurch sich eine neue soziale Schicht an Großgrundbesitzern bildete, deren Landgüter das spätere Wirtschaftssystem des osmanischen Staates prägen sollten. Diese Landgüter wurden ihrerseits teilweise von Großwürdenträgern aufgekauft, die so in den Besitz immenser Ländereien kamen. Im Zuge dieser Entwicklung wurden die bisher freien Bauern im Osmanischen Reich zu Pächtern degradiert, was die Landflucht weiter förderte. Daraus resultierte eine zunehmende Verknappung an Arbeitskräften in der Landwirtschaft. Der Getreideanbau ging massiv zurück und wurde in Kleinasien durch die Schafzucht und in Ungarn durch die Viehzucht ersetzt. Dadurch kam es zu einer wesentlichen Strukturverschlechterung der Wirtschaft, die wiederum höhere Getreideimporte nötig machte.

Der faktische Zusammenbruch des timar-Systems brachte die Frage auf, wie man die Soldaten in Zukunft entlohnen konnte. Es erfolgte eine Umstellung auf besoldete Truppen, was zu einem erhöhten Geldbedarf führte, der abermals nur durch die Einführung neuer Steuern gedeckt werden konnte. Daher wurde die Steuerpacht ausgeweitet. Dabei scheute man sich nicht, auch bisher noch nicht erobertes Land der Nachbarstaaten in die Steuerpacht einzubeziehen. Mit der Zeit bildeten sich Steuerpachtgesellschaften, die zunehmend die Kontrolle über das Finanzwesen des Staates erlangten und faktisch keiner Aufsicht mehr unterworfen waren. Die Steuerpächter stiegen damit zu Großunternehmern auf, deren primäres Geschäftsziel darin bestand, den eigenen Gewinn zu maximieren und zugleich so wenig Steuern wie möglich an den Staat abzuführen. Hinzukam die weitverbreitete Korruption im Staatswesen. Neben der Statthalterschaft ganzer Provinzen wurden selbst die kleinsten Ämter an den Meistbietenden verkauft. Nicht selten kam es daher vor, dass die Statthalter zugleich auch die größten Steuerpächter waren. Erhielt jemand ein Amt zugesprochen, so war an die Vorgesetzten ein Antrittsgeld zu entrichten, dessen Höhe sich nach der Art des Amtes richtete. Im Laufe der Zeit führte dies zu regelrechten Versteigerungen von Ämtern, die dann dem Meistbietenden zugesprochen wurden. Handelte es sich bei den Antrittsgeldern ursprünglich um eine einmalig zu leistende Zahlung, so entwickelten sich diese bald zu einer jährlich zu entrichtenden Gebühr und damit zu einer Art Einkommenssteuer. Die daraus resultierenden Belastungen für die Amtsinhaber wurden ihrerseits auf die Untergebenen abgewälzt. Selbst im islamischen Rechtswesen und im Militär kam das System zur Anwendung. Selbst vor den Großwesiren machte die Korruption nicht halt. Beispielsweise ist von Sokollu Mehmed Pascha bekannt, dass er Personen, die ohne entsprechendes »Geschenk« zu seinen Audienzen kamen, erst gar nicht empfing. Selbst Sultan Murad III. soll nicht immun gegen Bestechung gewesen sein, wenn es darum ging Entscheidungen zu treffen oder jemandem eine Gunst zu erweisen. Hinzu kam, dass ihm alle Timarioten bei der Thronbesteigung eine Erneuerungsgebühr zu erstatten hatten. Auch diese bürdeten die Timarioten wiederum ihren jeweiligen Hintersassen auf. Diese Form des Ämterkaufs sollte sich langfristig als schädlich für den Bestand und die Handlungsfähigkeit des osmanischen Staats erweisen. Sie führte außerdem dazu, dass nicht mehr die Befähigung einer Person entscheidend war für die Amtsvergabe, sondern nur dessen Vermögen. Dies sollte sich zusätzlich negativ auf die personelle Qualität der Beamten und Offiziere des Reichs auswirken.

Das Osmanische Reich bildete im 16. Jahrhundert einen gewaltigen Binnenmarkt mit Millionen potenzieller Konsumenten, sodass sich der allmähliche Niedergang der Wirtschaft, der ab der Mitte des 16. Jahrhunderts einsetzte, nur langsam bemerkbar machte. Auch in anderen Wirtschaftszweigen, wie etwa dem Handwerk, kam es ab Mitte des 16. Jahrhunderts zu einer Reihe negativer Entwicklungen, die das Osmanische Reich insbesondere gegenüber der europäischen Konkurrenz zunehmend ins Hintertreffen geraten ließ. So unterband das bestehende Zunftsystem im Handwerk die Entwicklung von Manufakturen, die größere Mengen an Gütern billig herstellen konnten. Ferner waren die reichen Schichten der Bevölkerung nicht bereit, ihr Vermögen in die Produktion von Waren zu investieren. Eine Kapitalbildung im eigentlichen Sinne fand daher nicht statt. Hingegen wurden große Teile von Vermögen an eigens dafür gegründete religiöse Stiftungen gegeben, die steuerlich besser gestellt waren und man hortete Vermögen als Grundbesitz, Edelsteine oder Edelmetall.

Um der Inflation zu entgehen investierten viele Vermögende neben dem Erwerb von Grundbesitz auch in die Geldwirtschaft oder in den Außenhandel. Insbesondere der Import von Waren stellte einen lukrativen Zweig des Außenhandels dar, mit dem sich selbst unter den verschlechternden Bedingungen noch Geld verdienen ließ. Die ausländischen Mächte, deren Wirtschaft bereits auf merkantilen Wirtschaftssystemen beruhte, erreichten neue Handelsprivilegien im Osmanischen Reich. So erhielten die Engländer 1580 und die Niederländer 1623 Handelskapitulationen und konnten den türkischen Markt mit billigen Metall- und Textilwaren überschwemmen, die das lokale Handwerk zunehmend verdrängten.

Lediglich der Handel auf der Gewürz- und Seidenstraße war im 16. Jahrhundert zunächst noch keinen negativen Entwicklungen unterworfen und brachte dem osmanischen Staat jährlich eine halbe Million Goldstücke aus Zöllen ein. Dennoch wuchs auch hier die Konkurrenz durch die großen Galeonen der Spanier und Portugiesen, die auf einer Fahrt Tonnen von Gütern aus Ostasien um das Kap der Guten Hoffnung nach Europa transportieren konnten.

Langfristig gesehen sollte die Wirtschaft des Osmanischen Reichs immer weniger konkurrenzfähig gegenüber der europäischen Wirtschaft und zu einem passiven Markt werden, der den europäischen Händlern ihre Fertigprodukte abnahm, dagegen selbst aber nur Rohstoffe exportieren konnte. Besonders umkämpft war der Getreideexport, der zwar von Staats wegen verboten wurde, aufgrund seiner Lukrativität aber weiterhin florierte. Dabei machten sich die Händler die Bestechlichkeit der Behörden zunutze. Neue Bedeutung bekam die Ausfuhr von Rindern aus Ungarn auf den mitteleuropäischen Markt, die in großen Stückzahlen in das Habsburgerreich getrieben wurden und von hier auf den deutschen Markt gelangten. Da aber gleichzeitig die Getreideanbauflächen in Anatolien zurückgingen und es zu einem starken Bevölkerungsanstieg kam, folgte eine weitere Verknappung von Lebensmitteln im Osmanischen Reich. Einerseits bedingten diese Prozesse eine zusätzliche Teuerung von Lebensmitteln und andererseits wurde es immer schwerer, große Städte und die Armee in ausreichendem Maße zu Versorgen. Dies sollte in letzter Konsequenz zu einer steigenden Unzufriedenheit und zu Aufständen im Reich führen. Diese Aufstände, wie der große Çelali-Aufstand[114] von 1601, dem sich Zehntausende entlassene Sipahis, von ihren Tima-

114 Die Bezeichnung geht zurück auf einen Aufstand des häretischen Predigers Scheich Çelal im Jahr 1519 in der Nähe von Tokat. Çelal rief sich dabei zum Mehdi (Nachkomme Mohammeds) aus. Çelals Name wurde fortan von der osmanischen Verwaltung zur Bezeichnung ähnlicher Aufstände benutzt, um sie als häretisch zu diffamieren.

ren vertriebene Bauern, abgesetzte Großpfründner und sogar Sandschakbeğs anschlossen, beeinträchtigen die Lage in Anatolien über Jahre und konnten von der Zentralregierung lange Zeit auch mit militärischen Mitteln nicht gelöst werden. Erst als die Bewegung die Unterstützung der lokalen Bevölkerung verlor, konnte das Land vorübergehend befriedet werden. Kurz darauf begann allerdings eine weitere Phase des Aufstandes, in dessen Zuge Zehntausende Bauern ihr angestammtes Land verließen und sich entweder in kleine Bergdörfer oder in die Städte flüchteten. Diese Phase von 1603 bis 1610 wird als die »Große Flucht« bezeichnet. Die Auswirkungen dieser Entvölkerung ganzer Regionen prägen das anatolische Landschaftsbild bis heute. Auch der Handel im Landesinneren und der Fernhandel litten unter den ständigen Aufständen. So konnte die Handelsrouten nicht mehr gepflegt werden und die Karawansereien verfielen.

Der Niedergang der Armee

Die durchgreifenden Änderungen im timar-System hatten zur Folge, dass die Zahl der Soldaten der leichten Reiterei und der Sipahis, die bisher ein wesentliches Element der Armee gebildet hatten, sich deutlich verringerte. Zahlreiche Timare waren im Zuge des Ämterkaufs an Zivilisten gefallen. Viele Sipahis, die von ihrem Timar weder leben noch ihre Ausrüstung bezahlen konnten, hatten ihr Land verlassen, sodass bei manchen Feldzügen nur mehr drei Viertel der aufgebotenen Sipahis wirklich im Feld erschienen. Um diesen Verlust auszugleichen, versuchten die Sultane mehr bezahlte Soldaten anzuwerben. Dies führte jedoch zu deutlich erhöhten Kosten im Militärwesen. Diesen zusätzlichen Ausgaben versuchte die Hohe Pforte durch die gesteigerte Emission von minderwertigem Münzgeld zu begegnen, was zu einer weiteren Steigerung der Inflation und Entwertung des osmanischen Akce führte. Alle Maßnahmen der Regierung führten daher letztlich nur zur Mehrung der bestehenden Unzufriedenheit unter den Soldaten.

Auch im Janitscharenkorps, dem Rückgrat des osmanischen Heeres, kam es zu tiefgreifenden Veränderungen. Waren die Soldaten der Janitscharen bisher ausschließlich aus der Knabenlese rekrutiert und durch eine strenge Ausbildung zum Elitekorps der Armee geformt worden, so konnten sich nun alle möglichen Interessenten, auch militärisch ungeeignete, in das Janitscharenkorps einkaufen. Zugleich kam die Knabenlesen durch den Umstand, dass man die Kinder gegen Gelder freikaufen konnte, praktisch zum Erliegen. 1683 wurde die Knabenlese schließlich ganz eingestellt.

Diese neuen Janitscharen besaßen nicht mehr denselben Kampfethos und die uneingeschränkte Treue gegenüber dem Sultan wie ihre Vorgänger. Mit der Disziplin schwand auch die gefürchtete Kampfkraft der einstigen Eliteeinheit. Den Janitscharen war es seit 1566 erlaubt zu heiraten und außerhalb der Kaserne zu wohnen. Viele von ihnen gingen einem Handwerk nach, das lukrativer erschien als der Dienst für den Sultan. Manche kamen zu Reichtum durch Wucher, Steuerpacht und als Großgrundbesitzer. Dennoch konnten sich die Janitscharen, da sie noch immer ein geschlossenes Korps und eine stehende Truppe bildeten, immer mehr Macht im Staate aneignen. Zugleich gewannen die Janitscharenağas in dem Maße an Bedeutung, wie sie die Großwesire verloren.

In ähnlicher Weise erlebte auch das Elitekorps der Reiterei einen allmählichen Niedergang, da viele Begüterte ihren Kindern aus Prestigegründen Posten in dieser Truppe erkauften. Weil gleichzeitig die Zahl der Sipahis sank, mussten die Beğs in den Sandschaks und Wilajets des Reichs private Truppen anwerben, um diese im Notfall verteidigen zu können. Diese Kontingente waren in der Regel ein bunt zusammengewürfelter Haufen. Oft genug nahm man sogar ganze Räuberbanden in den Dienst, die die Bevölkerung eher unterdrückten als sie beschützten. Zu ihrer Bezahlung mussten die Sandschakbeğs und die Beğlerbeğs eigene Steuern erheben. Auch diese gingen zu Lasten der allgemeinen Finanzverwaltung des Reichs.

Mit der Zeit verschwand auch die irreguläre Reiterei der akıncı, die als »Renner und Brenner« bei der gegnerischen Zivilbevölkerung gefürchtet waren und besonders im Krieg gegen die Habsburger auf dem Balkan eine wichtige Rolle spielten. Diese wurden nach und nach durch krimtartarische Verbände ersetzt.

In Folge dieser Entwicklungen konnte zwar das Osmanische Reich die Gesamtstärke seines Heeres aufrecht erhalten, allerdings nur auf Kosten der Qualität und Kampfkraft der Truppen. Dies führte wiederum dazu, dass die einst so stolze und mächtige Armee der Osmanen immer öfter Niederlagen gegen feindliche Heere hinnehmen musste.

Das 17. Jahrhundert. Ahmed I. bis Ahmed III. 1603–1730

Ahmed I. war der erste Osmanenprinz, der keine Ausbildung als Sandschakbeğ erhalten hatte. Er war im Harem erzogen worden und kam als Dreizehnjähriger auf den Thron. Eine seiner ersten Entscheidungen war es, den Brauch des Brudermordes aufzugeben. Wohl weniger aus Mitleid als aus politischem Kalkül verschonte er seinen zweijährigen Bruder Mustafa, bei dessen Tod er der einzige männliche Nachfolger der osmanischen Herrscherfamilie gewesen wäre. Ein Ableben seiner Person ohne Nachkommen hätte das Ende des Herrschergeschlechts der Osmanen bedeutet. In Zukunft wurden die Prinzen im *kafes*[115] erzogen. Auf diese Weise blieben sie stets unter der ständigen Aufsicht des jeweiligen Sultans. Eine Konkurrenzsituation, wie es sie in früheren Zeiten oft gegeben hatte, als die Prinzen in den Provinzen erzogen wurden, kam dadurch nicht mehr zustande. Gleich zu Beginn seiner Herrschaft ließ Ahmed seine Großmutter, die Regentin Safiye Sultan, absetzen und für den Rest ihres Lebens in den Harem verbannen. Safiye Sultan hatte seit ihrer Zeit als Hauptfrau Sultan Murats III. ihre Stellung genutzt und die Politik des Reichs mit Hofintrigen und Bestechung bis hin zu Morden beeinflusst.

Auf Grund der anhaltenden Aufstände in Anatolien war Ahmed zu Beginn seiner Regierung zunächst darum bemüht, sich in Europa den Rücken freizuhalten. Aus diesem Grund schloss er 1606 nach einigen durchaus erfolgreichen Feldzügen gegen die Habsburger den Frieden von Zsitvatorok. Dieser garantierte beiden Kriegsparteien, von einigen Ausnahmen abgesehen, die Aufrechterhaltung des Status quo ante von 1593 auf dem

115 Der Kafes (Käfig), das sogenannte »Prinzengefängnis«, war ein abgetrennter Bereich im Harem des Topkapi-Palastes in Istanbul, in dem osmanische Prinzen gefangen gehalten wurden. Da diese Gefangenschaft oft viele Jahre dauern konnte, waren psychische Krankheiten bei den hier erzogenen Prinzen nicht unüblich.

Balkan und in Ungarn. Die Frage wie mit Siebenbürgen zu verfahren sei, das mehr oder weniger selbständig blieb, wurde dabei allerdings ausgespart. Ferner kam es zur Abschaffung der Tributzahlungen der Habsburger an den Sultan und der Römisch-Deutsche Kaiser wurde erstmals in der Geschichte des Osmanischen Reichs als dem Sultan im Rang gleichberechtigt anerkannt. Nach Abschluss des Friedens marschierte der junge Sultan an der Spitze seiner Armee nach Anatolien, konnte aber die Kampagne, die er aus Prestigegründen selbst anführen wollte, nicht beenden, da er durch die ungewohnten Lebensumstände im Feld erkrankte. Ein venezianischer Bericht meint dazu: *»Ahmed war in seinem Garten in Istanbul glücklicher als in Anatolien, wo die Leute Gras und die stinkenden Kadaver von Pferden und Kamelen essen mussten, wo Wölfe heulten und die Menschen jeden anbettelten, der vorbei kam«*[116].

Neue Çelali-Aufstände, teilweise unterstützt vom Safawiden-Schah Abbas I. (1571–1629), erschütterten daraufhin erneut Anatolien. In Syrien gab es sogar Bemühungen das Land aus dem Herrschaftsbereich der Osmanen zu lösen. Von 1608 bis 1609 gelang es Ahmed die Grenzen wieder zu stabilisieren. Nachdem er die Çelali besiegt hatte, konnte er Syrien wieder unter seine Kontrolle bringen. Der Frieden in Europa gab ihm danach die Gelegenheit, seine gesamten Truppen gegen Persien zu führen und das Vordringen der Safawiden nach Anatolien zu beenden.

1612 schloss er den Frieden von Nasuh Pascha mit Schah Abbas. Damit blieb das Osmanische Reich vorerst trotz aller inneren und äußeren Krisen mit nur geringen Gebietsverlusten in Aserbaidschan, dem Kaukasus und in Ungarn in jenen Grenzen erhalten, die Süleyman der Prächtige geschaffen hatte.

Trotz jener vielversprechenden Anfänge, gab sich Ahmed den Rest seiner Regierungszeit Vergnügungen hin. Verwaltung und Regierung litten unter der allgegenwärtigen Korruption, die Beamten waren demoralisiert und die Disziplinlosigkeit in der Armee stieg stark an. Auch das Rauchen von Tabak wurde

116 Griswold, Thomas; The Great Anatolian Rebellion. Berlin: Schwarz, 1983, S. 55.

in der Regierungszeit von Ahmed I. im Osmanischen Reich eingeführt.

Ahmed I. ist heute vor allem als Erbauer der Sultan-Ahmed-Moschee (Blaue Moschee) bekannt. In seiner Regierungszeit wurde auch der Aynalıkavak-Palast am Goldenen Horn in Istanbul errichtet.

Unter Ahmed I. schien sich das Osmanische Reich am Beginn des 17. Jahrhunderts wieder zu konsolidieren. Allerdings blieben die Probleme und Schwächen der Verwaltung, der Armee und der Wirtschaft weiter bestehen. Die Landflucht war noch immer im Gange und der Ämterkauf sowie andere Formen der Korruption hatten weite Teile der Bevölkerung durchdrungen.

Ahmed I. starb 1617 an Typhus im Alter von nur 26 Jahren. Er hinterließ Söhne im Kleinkindesalter, die noch nicht zur Herrschaft geeignet waren. Der Diwan beschloss daher Mustafa (1592–1639), Ahmeds jüngeren Bruder, auf den Thron der Osmanen zu setzen. Allerdings galt der im Harem erzogene Mustafa I. als öffentlichkeitsscheu. Er war kaum bekannt bei seinen Untertanen und dürfte an einer geistigen Behinderung gelitten haben. Seine Lieblingsbeschäftigung soll darin bestanden haben, seine Taschen mit Gold- und Silberstücken zu füllen und diese auf den Straßen Istanbuls unter die Menge zu werfen. Nach nur 96 Tagen reagierte der Palast. Bei einer Audienz sperrte der schwarze Palasteunuch Mustafa Ağa den Sultan in einen Nebenraum des Thronsaales und rief dessen Neffen als Osman II. zum Sultan aus. Mustafa selbst wurde in den kafes seines Harems gesperrt, um dort seine restlichen Tage zu verbringen.

Osman II. (1604–1622) schien zunächst trotz seines geringen Alters ein energischer Sultan zu sein. Er entließ den Großwesir, sandte den schwarzen Palasteunuchen Mustafa Ağa ins Exil nach Ägypten und installierte den früheren Großadmiral Güzelce Ali Pascha (gest.1621) als neuen Großwesir.

Europa war ab 1618, seit dem Fenstersturz von Prag und seit der Schlacht am Weißen Berg 1620, in die Wirren des 30-jährigen Krieges verstrickt. Besonders für die Habsburger sollte es sich als immens wichtig erweisen, dass ihnen die gesamte Kriegsdauer und darüber hinaus bis 1663 von türkischer Seite keine Gefahr drohte und sie so einen Mehrfrontenkrieg vermeiden konnten. Man beschränkte sich auf den Handel mit den Türken. Auch wenn es an der Militärgrenze immer wieder zu kleineren Scharmützeln zwischen Hajduken[117] und Tartaren kam, war dies zwischen den beiden Mächten eine verhältnismäßig friedliche Epoche.

Doch auch in dieser Zeit hatten sich die Osmanen neuen Konflikten in Europa zu stellen. 1621 zog Osman II. in den Krieg gegen eine polnisch-litauische Koalition, der für die Türken jedoch nicht erfolgreich verlief. Nach seiner Rückkehr versuchte er 1622 das Janitscharenkorps zu reformieren und dessen Schlagkraft wiederherzustellen, wurde aber von den Soldaten gefangengenommen und in der Burg Yeniküle am Bosporus erdrosselt. Die Janitscharen setzten abermals Mustafa auf den Thron, der aber bereits im nächsten Jahr von Murad IV., einem Sohn Ahmeds I. und dessen Frau Kösem Sultan, abgesetzt wurde. Murad IV. (1612–1640) versuchte mit äußerster Härte und Grausamkeit Reformen im Staat durchzusetzen. Angeblich ließ er von 1632 bis 1637 25 000 Personen hinrichten, viele davon wegen der Missachtung des religiösen Tabak- und Alkoholverbotes. Auch militärisch errang er einige wichtige Erfolge, die den Bestand des Reichs kurzfristig zu sichern vermochten. All seine Bemühungen blieben aber wegen der Fülle der bestehenden Probleme und ihrer sich zum Teil wechselseitig verstärkenden Wirkungen erfolglos. Am Ende seines Lebens verfiel er der Trunksucht. Der moldawische Woiwode Dimitrie Cantemir schrieb über ihn: *»Wenn er betrunken war, lief er barfuß durch die Straßen, nur mit einem losen Hemd bekleidet, wie ein Verrückter [...] er tötete dabei alle die ihm in den Weg kamen. Zeitweise schoss er mit Pfeil und Bogen von den Fenstern seines Palastes nach allen, die zufällig vorbei kamen«*[118]. Murad starb 1640 mit 29 Jahren kinderlos.

---

117 Als Hajduken (Heiduken) bezeichnete man im 15. und 16. Jahrhundert, zur Zeit der osmanischen Herrschaft auf dem Balkan und in Südosteuropa, christliche Wehrbauern im Grenzbereich zum Osmanischen Reich. Von den Türken wurden diese als Gesetzlose und Räuber diffamiert.

118 Cantemir, Dimitrie; Geschichte des osmanischen Reichs nach seinem Anwachsen und Abnehmen. Hamburg: Herold, 1745, S. 349 (Google E-Books).

Nachfolger wurde sein Bruder Ibrahim (1614–1648), genannt der Verrückte *(deli)*. Auch er war ein Sohn von Kösem Sultan. Dieser konnte sich nur acht Jahre auf dem Thron halten. Seine gesamte Herrschaft hindurch führte seine Mutter die eigentlichen Staatsgeschäfte, während er sich selbst extravaganten Vergnügungen hingab. Seine häufig konstatierte schlechte psychische und physische Konstitution, wird zumeist auf seine Kindheit im kafes zurückgeführt. Er geriet immer wieder unter den Einfluss von Persönlichkeiten, die ihn zu ihren Zwecken manipulierten. Zudem verschlechterte sich die öffentliche Stimmung in Konstantinopel zunehmend, da es den Venezianern gelungen war, die Dardanellen zu blockieren und sich somit die Versorgungslage in der Stadt zuspitzte. Es blieb den Janitscharen nicht verborgen, dass sich Sultan Ibrahims Geisteszustand fortlaufend verschlechterte. Um den Staat zu retten und wohl auch um ihre Macht abzusichern, ließen die Janitscharen am 7. August 1648 zunächst den Großwesir hinrichten. Danach wurde Sultan Ibrahim gefangen genommen, für abgesetzt erklärt und gehängt.

Sein erst sieben Jahre alter Sohn Mehmed folgte im auf den Sultansthron. Mehmed IV. (1642–1693), der den Beinamen *avcı*, der »Jäger« trug, war ebenso wie sein Vorgänger nicht an der Führung der Staatsgeschäfte interessiert, sondern überließ diese, wie bereits sein Vater, seiner Großmutter Kösem Sultan. In seine Regierungszeit fällt auch die 1683 gescheiterte zweite Belagerung Wiens durch den Großwesir Kara Mustafa Pascha. 1687 wurde er nach der verlorenen zweiten Schlacht von Mohács von rebellischen Soldaten abgesetzt. Sein Bruder Süleyman II. (1642–1691) bestieg daraufhin den Sultansthron, gefolgt von seinem Bruder Ahmed II. (1642–1695). In der osmanischen Thronfolge setzte sich nach Mehmed IV. das Prinzip der Seniorität durch, demzufolge immer der älteste Osmanenprinz die Thronfolge antrat. Auf Ahmed II. folgten somit seine jüngeren Brüder Mustafa II. (1664–1704) und Ahmed III. (1673–1736), die beide durch Revolten der Janitscharen vom Thron verjagt wurden.

Es verwundert, dass zunächst trotz der Schwäche der jeweiligen Sultane die Grenzen des Reichs verteidigt und Aufstände im Inneren niedergeschlagen werden konnten. 1623 brach ein neuer Krieg gegen die Safawiden unter Shah Abbas I. aus. Diesem gelang es zunächst Bagdad und das östliche Mesopotamien von den Osmanen zurückzuerobern. Trotz der internen Verhältnisse verlief der Gegenschlag der Osmanen erfolgreich. 1629 wurden Mossul und 1638 Bagdad eingenommen. 1639 kam es zum Frieden von Kasr-i-Schirin mit den Safawiden. Dabei wurde eine Grenzziehung vereinbart, die im Wesentlichen die bis heute bestehenden Grenzen zwischen der Türkei und dem Iran festlegte.

Der Friede von Kasr-i-Schirin sollte fast ein Jahrhundert halten. Çelali-Aufstände in Anatolien, Aufstände auf der Krim, im Jemen und der Drusen im Libanon konnten aber niedergeschlagen werden. 1645 brach ein neuer Krieg zwischen Venedig und dem Osmanischen Reich um den Besitz von Kreta aus. Auslöser dafür war der Überfall einer Malteser Flotte auf einen osmanischen Schiffskonvoi. Zur Beute der Malteser zählte auch eine Frau Sultan Ibrahims, die ebenso wie der Rest der Raubguts nach Kreta gebracht wurde. Dieser Zwischenfall lieferte aus osmanischer Sicht einen idealen Vorwand, um einen der letzten venezianischen Vorposten im östlichen Mittelmeer zu erobern und gleichzeitig dem christlichen Piratenwesen in diesen Gewässern ein Ende zu bereiten. Ein schneller Sieg blieb den Osmanen jedoch verwehrt, da es ihnen nicht gelang, sofort die Festung Candia zu erobern. 24 Jahre sollte es dauern, bis die osmanischen Truppen schließlich das venezianische Bollwerk einnehmen konnten. Im Laufe dieses Kriegs kam es zu einer Reihe von Seeschlachten, die in den meisten Fällen mit Niederlagen der Osmanen endeten. Um den Nachschub der Türken zu unterbinden, versuchte die venezianische Flotte zwischen 1654 und 1657 sogar mehrmals den Bosporus zu blockieren.

In der ersten Hälfte des 17. Jahrhunderts wurde der politische Kurs des Reichs fast völlig vom Harem und den Janitscharen bestimmt. Dies ließ die reale Macht der Großwesire stark schwinden. Zwischen 1604 und 1656 gab es nicht weniger als 44 Großwesire. Das Amt wechselte also fast jährlich den Inhaber. In gleicher Weise, in der die Großwesire an politischer Macht einbüßten, konnten die Janitscharenağas an Einfluss hinzugewinnen. Sie wurden bestimmend für die Reichspolitik in dieser Epoche.

Die Schwächen des Staats und seine Probleme blieben der Zentralverwaltung nicht verborgen und man versuchte immer wieder, die Verhältnisse durch Reformen zu verbessern. Denkschriften wie der berühmte Fürstenspiegel[119] von Mustafa Ali (1541–1600) aus Gelibolu waren darum bemüht, eine Rückbesinnung auf die »idealen Zeiten« eines Süleymans zu beschwören. Es blieb aber zunächst bei unbedeutenden Anläufen, die nie ganz in die Tat umgesetzt wurden, wenngleich etwa Sultan Murad IV. versuchte, die schlechte Qualität der osmanischen Währung durch Abgaben aus seinem eigenen Edelmetallschatz aufzuwerten.

119 Tietze, Andreas; Mustafa Alis Councel for Sultans of 1581, 2 Bde., Wien: Österreichische Akademie der Wissenschaften, 1978 u. 1982.

Konsolidierungsversuche – Die Köprülüs

Es ist immer wieder in der Geschichte der Menschheit vorgekommen, dass der Niedergang von mächtigen Reichen, der offenbar unmittelbar bevorstand, noch einmal durch tatkräftige Personen, wenn zumeist auch nur für eine bestimmte Zeitspanne, aufgehalten werden konnte. Für das Osmanische Reich waren dies die Großwesire der Familie Köprülü, die fast ein halbes Jahrhundert das Reich führten und denen es gelang, den Niedergang des Osmanischen Reichs hinauszuzögern.

Der erste Vertreter dieser Dynastie von Großwesiren war Mehmed Köprülü (1656–1661). Dieser wurde im Zuge einer Knabenlese in Albanien vom Reich rekrutiert und war in Köprü in Nord-Zentralanatolien erzogen worden. Als er von Mehmed IV. zum Großwesir ernannt wurde, war er bereits in seinen Siebzigern, hatte eine durchaus zufriedenstellende Beamtenkarriere hinter sich gebracht und war zum Zeitpunkt seiner Ernennung dabei, nach Tripolis in Syrien aufzubrechen, um dort den Gouverneursposten zu besetzen. Seine Ernennung wurde von der Sultansmutter Turhan Sultan durchgesetzt. Die Situation war zu diesem Zeitpunkt günstig, um den Handlungsspielraum des Amts des Großwesirs wieder zu erweitern. 1654 war der Sitz des Großwesirs aus dem Palast ausgegliedert worden, sodass das Amt dem direkten Zugriff des Harems und der Palastintrigen entzogen wurde. Dennoch war Mehmed Köprülü nur unter der Voraussetzung bereit das Amt zu übernehmen, wenn man ihm weitreichende Vollmachten und Kompetenzen übertrug. Aufgrund der verfahrenen Situation im Reich und der vielen Krisen, gelang es ihm diese Bedingungen gegenüber der Hohen Pforte durchzusetzen.

Seine erste Amtshandlung bestand darin, die Autoritäten der Kadizadelis[120], die einen religiösen Konservativismus predig-

120 Die Kadizadeli war eine salafitisch-religiös motivierte Reformbewegung innerhalb des Osmanischen Reichs. Sie forderten eine Rückkehr zu den vorgeblich einfachen Lebensverhältnissen zu Zeiten Mohammeds.

ten, einzudämmen. Dann ließ er den orthodoxen Patriarchen von Istanbul hängen, da dieser angeblich die Bewohner der Walachei zum Aufstand angestiftet hatte. In einem weiteren Schritt beschnitt er den bisher dominierenden Einfluss der Janitscharen und des Harems. Zahlreiche unbotmäßige Offiziere und korrupte Amtsinhaber wurden auf seinen Befehl hin enthauptet. Jene Amtsinhaber, die ihm nicht Rede und Antwort über den Verbleib von Geldern geben wollten und konnten oder die man der Korruption verdächtigte, ließ er ebenfalls hinrichten. Ihre Zahl soll in die Tausende gegangen sein. Um die Disziplin in der Armee wieder herzustellen, ließ er den Sold in Münzen mit einem hohen Feingehalt auszahlen, auch wenn er sich dazu einer Anleihe aus dem Schatz des Sultans bedienen musste. Um die zerrütteten Staatsfinanzen zu konsolidieren, beschnitt er die enormen Ausgaben des Harems und der Hofhaltung drastisch. Des Weiteren ließ er die frommen Stiftungen besteuern und das Einkommen der Ulemas kürzen. Abschließend ordnete er eine Überprüfung der Verwendung und Vergabe der Timare an, um das völlig zerrüttete Pfründe-System wieder aufzuwerten. Dieser harte Kurs führte in den Provinzen zu Unruhen und in Anatolien zu einem Çelali-Aufstand, den der neue Großwesir jedoch niederschlagen konnte.

Auch außenpolitisch konnte Mehmed Köprülü Erfolge verzeichnen. Der Fürst von Siebenbürgen, Georg II. Rakoczi (1621–1660), hatte sich angeschickt, in Koalition mit dem schwedischen König Karl X. Gustav (1622–1660), Polen zu erobern. Damit handelte er entgegen einer ausdrücklichen Weisung der Hohen Pforte, deren Vasall er war. Nach einer schweren Niederlage gegen das polnische Heer wurde er vom Großwesir für seinen Ungehorsam bestraft. Siebenbürgen wurde von einer osmanischen Armee verwüstet. Es blieb danach zwar als Vasallenstaat bestehen, allerdings mit einem weit geringeren politischen Gestaltungsspielraum als zuvor.

Mehmed Köprülü starb 1661. In den fünf Jahren seiner Herrschaft hatte er zahlreiche Reformen mit exemplarischer Härte initiiert, die von seinem Sohn und Nachfolger Fazil Ahmed Köprülü (1661–1676) weitergeführt wurden. Ahmed Köprülü war eine gebildeter Jurist und einer der ersten osmanischen

Großwürdenträger, der sich für das Leben in Europa, seine Methoden, Technik und Lebensweise interessierte. In den 15 Jahren seiner Herrschaft blieb es im Inneren des Reichs weitgehend ruhig. Allerdings hatte er sich außenpolitisch mit einem neuen Feldzug gegen die Habsburger auseinanderzusetzen. Ab 1663 kam es zu vermehrten Feindseligkeiten in Ungarn. Im Zuge dieser Auseinandersetzungen gelang es den Osmanen die Festung Neuhäusl zu erobern. Am 1. August 1664 erlitt die osmanische Armee unter dem Befehl Ahmed Köprülüs jedoch bei Mogersdorf[121] (St. Gotthard) gegen den kaiserlichen Feldherren Graf Raimondo Montecuccoli (1609–1680) eine schwere Niederlage. Dieser Abwehrsieg der kaiserlichen Truppen verhinderte einen weiteren Vorstoß der Osmanen Richtung Wien[122]. Beim neun Tage später geschlossenen Frieden von Eisenburg, der für 20 Jahre gelten sollte, wurde allerdings der Status quo ante von Ungarn aus der Zeit vor dem Krieg von 1663/64 beibehalten. Auf Seiten der Habsburger befürchtete man einen neuen Konflikt mit Frankreich, das unter der Regierung Ludwigs XIV. (1638–1715) eine Wiederaufnahme seiner Expansionspolitik nach Westen betrieb. Zugleich lag es im Interesse der Habsburger, den Widerstand der ungarischen Magnaten weitestgehend zu unterbinden.

1669 gelang es den Osmanen den Krieg mit den Venezianern um den Besitz Kretas nach über 24 Jahren bewaffneter Auseinandersetzung endgültig für sich zu entscheiden. Mit Candia fiel die letzte in venezianischem Besitz verbliebene Festung der Insel[123].

Weitere militärische Erfolge konnten die Osmanen in den 70er Jahren des 17. Jahrhunderts in Osteuropa verzeichnen.1672 kam es zum Krieg zwischen dem Osmanischen Reich und Polen. Ursache des Konflikts war ein politischer Seitenwechsel der Kosaken in der westlichen Ukraine unter der Führung des Ko-

121 Im Tal der Raab im heutigen Burgenland in Österreich gelegen.

122 Mader, Hubert Michael; Raimund Fürst Montecuccoli und die Schlacht von St. Gotthard-Mogersdorf im Jahr 1664. Eine Bewährungsprobe Europas. In: Österreichische Militärische Zeitschrift. Ausgabe 03/2006.

123 Bei der Belagerung wurden 30 000 Türken und 12 000 Christen verletzt oder getötet. Danach blieb nur noch die Insel Gramvoussa vor Kreta in venezianischem Besitz.

saken-Hetmans Petro Doroschenko. Dieser war 1671 ein Bündnis mit den Krim-Tartaren gegen die polnische Oberherrschaft eingegangen. Er unterlag jedoch der militärischen Intervention des polnischen Großhetmans[124] und späteren polnischen Königs Johann Sobieski. Doroschenko sah sich daraufhin gezwungen beim osmanischen Sultan um Unterstützung zu bitten, die ihm auch gewährt wurde. Im darauffolgenden Krieg, der bis 1676 andauerte, konnten sich die Türken durchsetzen. Polen musste Teile der Ukraine und Podolien an die Osmanen abtreten. Fazil Ahmed Köprülü starb noch im selben Jahr. Er und sein Vater schienen das Reich vor dem drohenden Untergang bewahrt zu haben. Die tiefgehenden Strukturprobleme im Heer, der Wirtschaft und der Verwaltung waren allerdings nicht grundlegend angegangen oder gar gelöst worden.

Die Nachfolge Fazil Ahmed Köprülüs als Großwesir trat nicht sein als ebenso talentiert geltender Bruder Fazil Mustafa Köprülü (1637–1691) an, sondern Kara Mustafa Pascha (1634/35–1683), ein ehemaliger Schützling von Mehmed Köprülü. Zu Beginn seiner Herrschaft erzielte der neue Großwesir einige militärische Erfolge. In einer Auseinandersetzung mit den östlichen Kosaken und den Moskowitern die von 1678 bis 1681 dauerte, gelang es ihm die Stadt Tschyhyryn zu erobern und gleichzeitig ein russisches Entsatzheer zu schlagen. Allerdings scheiterte ein weiterer osmanischer Vorstoß nach Norden. 1681 kam es schließlich mit dem Vertrag von Bachtschyssaraj zu einem 20-jährigen Waffenstillstand, indem sich das Osmanische Reich seine bisherigen Erwerbungen in der Ukraine sichern konnte.

Inzwischen hatte die Reformation auch Ungarn erreicht, wo sich viele der einheimischen Adeligen zum Protestantismus bekannten und gegen die katholischen Habsburger revoltierten. Unter dem Kuruzenführer[125] Emmerich Thököly (1657–1705)

124 Der Rang des Großhetmans entsprach dem eines Oberbefehlshabers der polnischen Armee.

125 Bei den Kuruzen handelte es sich um bewaffnete, antihabsburgische, aufständische Bauern im Königreich Ungarn von 1671 bis 1711. Von Siebenbürgen aus eroberten sie zusammen mit Teilen des verarmten, niederen ungarischen Adels weite Teile Ungarns, bevor sie von kaiserlichen Truppen besiegt wurden.

sagten sie sich von den Habsburgern los und versuchten ein eigenes Fürstentum zu begründen. Um einen Verbündeten zu finden, wandte sich Thököly an den Sultan, unterstellte sich diesem als Vasall und wurde zum ungarischen König proklamiert. Da sich die Habsburger wegen eines laufenden Krieges mit Frankreich keinem Aufstand in Ungarn widmen konnten, machten sie dem königlichen Ungarn weitreichende Zugeständnisse, dessen Adel daraufhin von Thököly abfiel. Damit stieg die Gefahr für die Osmanen, auch ihren Teil Ungarns wieder zu verlieren. Um dieser zu begegnen, plante der Großwesir Kara Mustafa einen Krieg gegen die Habsburger mit dem Ziel Wien zu erobern, das er angeblich zum Zentrum eines neuen Sultanats unter seiner persönlichen Herrschaft ausbauen wollte.

Die Belagerung von Wien 1683

Es war eine gewaltige Kriegsanstrengung. Drei Viertel der gesamten osmanischen Armee, etwa 200 000 Mann, wurden für den Angriff zusammengezogen. Der Vormarsch von Belgrad aus durch Ungarn verlief ohne Schwierigkeiten und Ende Juni 1683 wurde Wien eingeschlossen[126]. Kara Mustafa, der die Armee persönlich kommandierte, residierte von seinem Zelt aus, zu dem Stallungen, Bankethallen und auch Gärten gehörten. Er unternahm aber keine Anstrengungen das türkische Lager zu befestigen oder die Wien umgebenden Höhenzüge zu besetzen. Die Türken versuchten Wien mit Hilfe des Minenkriegs zu erobern, wobei angeblich auch französische Genieoffiziere und Sappeure bei der Planung der Arbeiten und dem Unterminieren der Wiener Befestigungen beteiligt waren.

Der Habsburger Kaiser Leopold I. (1640–1705) blieb in dieser Situation nicht untätig. In kurzer Zeit gelang es ihm eine Entsatzarmee aus Polen unter König Johann III. Sobieski (1629–1696), sowie deutschen und österreichischen Soldaten unter Karl von Lothringen (1643–1690) aufzustellen. Nach der Vereinigung beider Heere in Tulln am 7. September 1683 rückte die kaiserliche Entsatzarmee auf Wien vor. Am 11. September 1683 besetzte diese die von den Osmanen unverteidigten Höhenzüge des Kahlenbergs westlich von Wien. Zur entscheidenden Schlacht zwischen etwa 70 000 bis 80 000 christlichen und bis zu 200 000 muslimischen Soldaten kam es einen Tag später. Der Kampf dauerte einen ganzen Tag. Am Abend gelang es dem Entsatzheer unter dem Einsatz der schweren polnischen Reiterei die Türken aus ihrem Lager zu werfen. Diese flohen ungeordnet und unter Zurücklassung des Lagers sowie des gesamten Trosses. Kara Mustafa selbst konnte sich nach Belgrad absetzen. Nach einer erfolgreichen Intrige am Hof von Sultan Mehmed IV. wurde der Großwesir allerdings abgesetzt, dem

126 Waissenberger, Robert (Hrsg.); Die Türken vor Wien. Europa und die Entscheidung an der Donau. Salzburg/Wien: Residenz Verlag, 1982.

Henker übergeben und am 25. Dezember 1683 in Belgrad mit einer seidenen Schnur erdrosselt[127].

Die Schlacht von Wien hatte gezeigt, dass die osmanische Armee es versäumt hatte, in den Jahren zuvor die Neuerungen in Organisation, Taktik und Bewaffnung, wie sie in den europäischen Heeren stattgefunden hatten, aufzunehmen und umzusetzen. Die Niederlage vor Wien bedeutete eine Zäsur in der osmanischen Geschichte. Sie markiert das endgültige Ende der türkischen Expansionspolitik. Ab diesem Zeitpunkt bis zu seinem Ende sollte sich das Osmanische Reich stetig verkleinern. Die erfolgreiche Abwehr der Türken vor Wien hatte dem christlichen Abendland zudem gezeigt, dass die Macht der Osmanen gebrochen war. In der Folge führte dies zu einer offensiveren Politik gegenüber der Hohen Pforte in Kostantiniyye.

127 Auf verschlungenen Wegen kam das angebliche Cranium (knöcherner Schädel) des Kara Mustafa nach der christlichen Eroberung von Belgrad 1688 zuerst in das Wiener Zeughaus und 1878 in ein Wiener Museum. 2006 wurde es vom Verfasser dieser Zeilen ehrenvoll am Wiener Zentralfriedhof bestattet.

Der grosse Türkenkrieg 1683–1699

Der christliche Sieg vor Wien war der Auftakt zu einer Reihe von Koalitionen und Feldzügen, die die Osmanen bald in einen Dreifrontenkrieg verwickeln sollten, den diese mit ihren geschwächten Kräften nicht mehr bewältigen konnten. Eine Heilige Liga, gebildet aus Habsburgern, Venezianern und Polen ging ab 1684 gemeinsam, aber an verschiedenen Fronten, gegen die Türken vor. In Podolien und dem Fürstentum Moldau konnten sich die Türken gegen die Polen zwar noch halten, im Mittelmeer verloren sie aber den Peloponnes[128]. In Ungarn wurde die alte Hauptstadt Ofen, die seit über 150 Jahren von den Osmanen besetzt gewesen war, von kaiserlichen Truppen am 2. September 1686 erobert. 1687 erlitten die Türken eine empfindliche Niederlage bei Mohács, jenem Ort, der ihnen 1526 das Tor nach Ungarn geöffnet hatte. Damit verloren sie all ihre ungarischen Besitztümer und auch Siebenbürgen, das wieder an die Habsburger fiel. Zahlreiche Muslime verließen mit der osmanischen Armee diese Länder um den Religionsgesetzen zu gehorchen, die den Auszug der Muslime aus von Nicht-Muslimen eroberten Gebieten bestimmten[129].

In Kostantiniyye wurde Mehmed IV. nach der Niederlage von Wien, für die man ihn persönlich verantwortlich machte, abgesetzt und inhaftiert. Ihm folgte sein jüngerer Bruder Süleyman II. (1687–1691) auf den Thron, der sich bald in einen Krieg mit Russland um den Besitz der Krim verwickelt sah. Dieser neue Konflikt zwang ihn Truppen aus dem Balkan abzuziehen, was den Habsburgern die Gelegenheit gab, bis 1688 Serbien und Belgrad zu erobern.

In dieser Zeit, in der das Reich kurz von einem völligen Zusammenbruch stand, gab der Sultan die Macht an einen der fä-

128 Bei dieser Gelegenheit wurde das Dach des bis dahin fast völlig erhaltenen Parthenon in Athen vom venezianischen General Francesco Morosini durch Kanonenbeschuss zerstört als er versuchte, die osmanische Garnison aus Athen zu vertreiben.

129 Von 1687 bis 1914 sollen sieben Millionen Muslime aus aufgegebenen Gebieten der Osmanen zurückgewandert sein.

higsten Großwesire ab, dem 13 Jahre zuvor übergangenen Fazil Mustafa Köprülü (1689–1691). Diesem gelang es, wie bereits zuvor seinem Vater, mittels Reformen der Finanzen, der Timare und der Währung den Staat vorübergehend zu stabilisieren. Um gutes Geld in Umlauf zu bringen, opferte er sein eigenes Vermögen, bediente sich aber auch am Schatz der Sultane. Er ordnete die Kopfsteuer der Nicht-Muslime neu, bemühte sich um Steuergerechtigkeit, setzte eine neue Disziplin bei den Janitscharen durch und ließ erstmals Freiwillige in großer Zahl für die Armee anwerben. Außenpolitisch brachte er den französischen Sonnenkönig Ludwig XIV. (1638–1715), der die neu entstandene Macht der Habsburger fürchten musste, dazu, im Rücken der Habsburger militärisch tätig zu werden und in die Pfalz einzufallen. Dieser französische Vorstoß veranlasste Leopold I. Truppen vom Balkan abzuziehen. Dadurch gelang es dem neuen Großwesir bis 1690 Serbien zurückzuerobern und Siebenbürgen zu besetzen. Dieses verlieh er Emmerich Thököly als Vasallenstaat. Als die Türken Serbien zurückeroberten, verließ ein großer Teil der christlich-orthodoxen Serben das Land und zog sich mit der habsburgischen Armee nach Norden zurück.

In Anatolien setzte sich zu dieser Zeit, da die Hohe Pforte ihr Augenmerk auf die militärische Verteidigung des Reichs richten musste, der Niedergang des timar-Systems weiter fort. Großgrundbesitzer begannen zahlreiche Timare aufzukaufen oder deren Besitzer mit Gewalt zu vertreiben. Das so gewonnene Land fügten sie zu ausgedehnten Besitzungen zusammen, die oft ganze Landstriche umfassten, was den neuen Eigentümern den Namen *derebeyi* (Talfürsten) einbrachte. Diese waren bemüht, möglichst selbständig und ohne Einmischung der staatlichen Kontrollen und Beamten zu agieren und sich damit von Kostantiniyye unabhängig zu machen.

Ähnliche Vorgänge vollzogen sich auch in der Steuerpacht. Hier begann man damit, Steuerpachten gegen eine Vorauszahlung und die Entrichtung jährlich zu bezahlender Steuern auf Lebenszeit zu vergeben. Diese Steuerpachten waren aber nicht vererbbar und konnten auch nicht verkauft werden. Man versuchte damit das Einziehen der Steuern zu reglementieren und dem Staat ein kontinuierliches Einkommen zu sichern. Durch diese Maßnahmen stieg jedoch zugleich auch die wirtschaftliche Unabhängigkeit der Besitzpächter und entzog sie so noch weiter der staatlichen Kontrolle.

1691 bestieg Ahmed II. (1642–1695), der Bruder Süleymans II., den Thron in Kostantiniyye. Noch im selben Jahr erlitt das Reich einen schweren Verlust. In der Schlacht von Slankamen fand Fazil Mustafa Köprülü im Kampf gegen ein kaiserliches Aufgebot unter Markgraf Ludwig Wilhelm von Baden (1655–1707), genannt der »Türkenlouis«, den Tod. Mit ihm fiel fast die Hälfte seines Heeres. Die Habsburger konnten sich in Folge dieses Sieges dauerhaft die Herrschaft über Ungarn sichern. 1695 gelangte Sultan Mustafa II. (1695–1703) auf den Thron, der sich bald in einen Krieg gegen den jungen Zaren Peter den Großen (1672–1725) und gegen die Heilige Liga verstrickt sah. Der junge Sultan war zwar energisch und tatkräftig, in einem Mehrfrontenkrieg gegen Russland und die Heilige Liga konnte er jedoch nicht erfolgreich bestehen. Peter entriss ihm 1696 die Festung Asow am Don. Diese ist nur wenige Kilometer vom Asowschen Meer entfernt gelegen und war zu jener Zeit ein zentraler Handelsplatz für Südrussland und die Ukraine. In Europa wurde nach Beendigung des Pfälzischen Erbfolgekriegs 1697 der Vetter Ludwig Wilhelms von Baden, Eugen von Savoyen (1663–1736), als neuer Befehlshaber der kaiserlichen Armee gegen die Osmanen eingesetzt. Hatte Mustafa II. von einer erneuten Eroberung Ungarns geträumt, so fanden alle seine Unternehmungen ein Ende, als Prinz Eugen und die kaiserlichen Truppen das osmanische Heer am 11. September 1697 bei Zenta an der Theiß vernichtend schlugen. Obwohl mit dieser osmanischen Niederlage die Kämpfe zwischen den Kontrahenten nicht unmittelbar endeten, war sie entscheidend für den Kriegsverlauf und die folgenden Entwicklungen. Mit dem Ende des »Großen Türkenkriegs« der von 1683 bis 1699 andauerte, wurden die Osmanen für immer aus Ungarn vertrieben. Zugleich kam es zu Aufständen im Osmanischen Reich. Zahlreiche Christen auf dem Balkan empörten sich gegen die osmanische Herrschaft und auch auf dem Gebiet des heutigen Irak versuchten arabische Stämme die Herrschaft der Osmanen abzuschütteln.

1699 wurde der Frieden von Karlowitz in der Vojvodina zwischen dem Kaiser und dem Sultan geschlossen. Als Vermittler fungierten dabei Venedig und England, die ihre Handelsinteressen im Osmanischen Reich gefährdet sahen. Habsburg erhielt fast ganz Ungarn, Venedig den Peloponnes und Teile der dalmatinischen Küste. Polen bekam Podolien und den Westteil der Ukraine zugesprochen. Besonders der Verlust von Ungarn traf die Finanzen der Osmanen schwer, da dieses Gebiet zu den Ländern mit den höchsten Steuereinkünften gezählt hatte. Im Juli 1700 musste der Sultan auch mit Moskau den für die Türken ungünstigen Vertrag von Konstantinopel schließen. Asow und Taganrog gingen damit an die Russen verloren. Ferner musste von osmanischer Seite Russland das Recht auf freie Schifffahrt im gesamten Schwarzen Meer ebenso wie die ungehinderte Durchfahrt von Handelsschiffen durch den Bosporus und die Dardanellen zugestanden werden.

Die Tulpenzeit (1700–1730)

Auch der Sultan und sein Großwesir mussten sich nach dem Frieden von Karlowitz eingestehen, dass das Osmanische Reich den Anschluss an die europäischen Staaten hinsichtlich Wissenschaft und Militärtechnik verloren hatte. Zwar war das Reich noch immer ein eindrucksvolles Staatsgebilde, das vom Schwarzen Meer über den Balkan bis nach Ägypten, Arabien und Nordafrika reichte, die Gebietsverluste und die militärischen Niederlagen seit 1683 hatten aber die Moral der Türken geschwächt. Diese sahen sich noch dazu außerstande, ihre Verwaltung zu reformieren sowie die Korruption und den Nepotismus im Reich zu bekämpfen. Die anhaltende Unzufriedenheit entlud sich immer öfter in Aufständen im Inneren, insbesondere in der Hauptstadt des Reichs. Diese gingen meist von unzufriedenen Truppenteilen wie den Cebeci-Truppen (Waffenschmiede) oder den Janitscharen aus. Den Aufständischen schlossen sich zudem Teile der einfachen Bevölkerung nur allzu gerne in der Hoffnung an, sich dadurch an den Plünderungen der Häuser der Reichen beteiligen zu können. 1703 kam es zum bedeutendsten dieser Aufstände in Kostantiniyye, der durch den Zuzug auswärtiger Armeeteile verstärkt wurde, sodass das Heer der Rebellen bald auf 70 000 Mann anwuchs. Man plünderte die Häuser der Wohlhabenden, sicherte sich die Schätze der Moscheen und sandte eine Abordnung zu Sultan Mustafa nach Edirne, der diese aber festnehmen ließ, ohne sie anzuhören. Daraufhin setzten die Aufständischen Sultan Mustafa ab und ernannten an dessen Stelle seinen jüngeren Bruder Ahmed III. (1703–1730) zum Sultan. Mustafa II. dankte daraufhin ab. Der neue Sultan ging zunächst auf die Forderungen der Aufständischen ein, ließ aber dann deren Anführer festnehmen und hinrichten. Das alte Regime bestand somit weiter, ohne die Vorschläge für jene Änderungen aufzugreifen, die dringend notwendig gewesen wären.

In der Außenpolitik agierte der neue Sultan defensiv. Statt einen Aufstand der Ungarn gegen die Habsburger unter Franz II. Rakoczi (1676–1735) zu unterstützen, hielt man sich an den Friedenvertrag von Karlowitz und gewährte Rakoczi lediglich Asyl nach der Niederschlagung der ungarischen Revolte.

Dass mit der militärischen Macht der Osmanen trotz aller Missstände in Heer und Verwaltung noch immer zu rechnen war, zeigt die Auseinandersetzung mit Russland in den Jahren von 1709 bis 1711. Russlands aggressive Politik unter Zar Peter dem Großen hatte 1709 den schwedischen König Karl XII. (1682–1718) dazu veranlasst, im Großen Nordischen Krieg Dänemark, Polen-Litauen und Russland anzugreifen. Er erlitt jedoch 1709 bei Poltawa eine vernichtende Niederlage und musste mit einem Teil seines Heeres auf osmanisches Gebiet flüchten, wo er bis 1714 verblieb. Hier konnte er Sultan und Großwesir davon überzeugen gegen Russland vorzugehen. Eine solche Intervention lag auch im Interesse der Osmanen, da die reelle Gefahr bestand, das Fürstentum Moldau an Russland zu verlieren. Zugleich sah man die Möglichkeit, das 1700 verlorene Asow wiederzugewinnen. Zar Peter reagierte auf den osmanischen Vorstoß, indem er die Slawen auf dem Balkan zum Aufstand gegen die Hohe Pforte anstachelte. Dies kann als ein erster Versuch einer Schutzpolitik der Russen gegenüber den Balkanslawen betrachtet werden, die auch einer der Gründe für den Ausbruch des Ersten Weltkrieges 1914 sein sollte. Da aber außer den Montenegrinern niemand dem Aufruf folgte, konnten die Türken 1711 unter Großwesir Baltaji Mehmet Pascha (1662–1712) offensiv gegen die Russen vorgehen und fügten ihnen an der Pruth eine verheerende Niederlage zu. Der Erfolg wurde allerdings von den Osmanen nicht weiter ausgenutzt. Die Gründe sind nicht sicher belegt. Möglicherweise fürchteten die Osmanen, dass eine Ausweitung ihres Machtbereichs die europäischen Mächte auf den Plan rufen würden. Vielleicht war es ihnen aber auch nicht mehr möglich, weiter entfernte Gebiete militärisch zu sichern und zu organisieren.

Der Erfolg gegen Russland ließ auch im Mittelmeer wieder eine Offensive der Türken zu. Unter dem energischen Großwesir Damat Ali Pascha (1667–1716) wurde der im Frieden von Karlowitz Venedig zugeschlagene Peloponnes angegriffen und zurückerobert. Zugleich wurde Kreta wieder besetzt. Damit schied Venedig, das sich selbst in einer Zeit des Niederganges befand, aus der Heiligen Liga aus und sollte in Zukunft in den Kriegen gegen die Türken keine Rolle mehr spielen. Allerdings baten die Venezianer die Habsburger um militärischen Beistand. Diese griffen unter dem Kommando von Prinz Eugen von Savoyen in den Krieg ein und schlugen die Osmanen in der Schlacht von Peterwardein[130] am 5. August 1716, in der auch der Großwesir umkam. Danach wurden von den Österreichern die Gebiete von Temesvár (Timișoara) und Belgrad erobert. Im Frieden von Passarowitz mussten die Türken 1718 auf den Banat, Teile der Walachei, Bosnien und Serbien bis nach Niš verzichten. Nur der Peloponnes blieb osmanisch.

Da im Westen eine Zeit des Friedens anbrach, verlagerte sich das politische und militärische Interesse der Osmanen nach Osten. Dort hatten in Persien die Hotakis, eine sunnitische Dynastie aus Afghanistan Isfahan erobert und den safawidischen Schah Sultan Hosein abgesetzt. Um die Interessen der Osmanen in dieser Region zu wahren, nutzte Ahmed III. die zeitweilige Schwäche Persiens und verständigte sich 1724 mit Peter dem Großen. Das Ergebnis bestand in einer Aufteilung des westlichen Persiens: Die Russen besetzten Dagestan mit Derbend, Shirwan und Baku, während sich die Osmanen Täbriz und Hamadān sicherten. Trotz einer Niederlage gegen die Afghanen bei Kermanshah konnten die Osmanen zunächst diese Gebiete behaupten. 1729 kam es allerdings zum Sturz der Hotaki-Dynastie. Am Ende dieser Entwicklung ließ sich Nadir Schah (1688–1747) aus der Dynastie der Afschariden zum neuen Schah ausrufen. Ihm gelang es die Osmanen aus den von ihnen eroberten Territorien wieder zu vertreiben. Danach wurde die Westgrenze des Iran etwa in der Form festgelegt, wie sie heute existiert. Dieser Verlust an Menschen, Gebiet und Geld war das Ende der Regierung von Sultan Ahmed III., der durch seinen Neffen Mahmud I. ersetzt wurde. Damit ging die sogenannte Tulpenzeit *(lale devri)* im Osmanischen Reich zu Ende.

Diese Zeit hat nach der Tulpe ihren Namen erhalten, die in der türkischen Poesie gepriesen wurde und sich als Dekor auf zahlreichen Kunstgegenständen der Zeit findet. Bis heute gilt die Tulpe in der Türkei als ein Symbol für Perfektion und Schönheit.

130 Heute als Petrovaradin ein Vorort von Novi Sad in Serbien.

In die Tulpenzeit fällt ein letztes Aufblühen der osmanischen Kunst, Kultur und Architektur. Besonders die Architektur wurde unter dem Einfluss des europäischen Barock verspielter.

Die Tulpenzeit dauerte von 1700 bis 1730 und markiert eine Übergangszeit für das Osmanische Reich, in der es zu künstlerischen Innovationen und neuen Formen der Repräsentation kam. Besonders stark ausgeprägt war sie in den zwölf Jahren der Herrschaft von Großwesir Nevşehirli Damat Ibrahim Pascha, dem Schwiegersohn Sultans Ahmed III. In seine Regierungszeit fällt auch die erste Verwendung der Druckerpresse im Osmanischen Reich ebenso wie zahlreiche Neuerungen in den Künsten und im Städtebau. Unter ihm kam es auch erstmals zur Entsendung von Botschaftern der Hohen Pforte an die europäischen Fürstenhöfe. In dieser Zeit pflegte man am Hofe des Sultans einen extravaganten Lebensstil und übernahm eine vom Westen beeinflusste Vergnügungskultur. Die Reichen importierten und züchteten bevorzugt Tulpen, die hochpreisig gehandelt wurden und pflanzten diese zu Tausenden in den Gärten von Istanbul an, wo sie Mittelpunkte zahlreicher Feste waren.

Der französische Botschafter d'Usson de Bonnac beschreibt in seinen Memoiren den Aufwand und den Prunk, der 1726 mit den Tulpen getrieben wurde: »*Wenn die Tulpen blühen und der Großwesir möchte diese dem Sultan zeigen, so werden große Anstrengungen unternommen um die Beete herzurichten, freie Flächen wo die Tulpen nicht aufgegangen sind, werden mit Tulpen in Gläsern aus anderen Gärten gefüllt. Neben jeder vierten Blume steht eine Kerze auf gleicher Höhe wie die Blumen und daneben werden Käfige mit Vögeln gehängt. Die Pergolas werden mit einer ungeheuren Zahl an Blumen geschmückt und mit Glaslampen in verschiedenen Farben beleuchtet. Diese Lampen werden auch an die Büsche und Bäume gehängt, die man extra aus den Wäldern hierhergebracht hat. Der Effekt all dieser Farben und Lichter ist großartig. Diese Beleuchtungen und die Töne aus den türkischen Musikinstrumenten dauert ganze Nächte an solange die Tulpen blühen und in der gesamten Zeit sind der Sultan und sein Gefolge die Gäste des Großwesirs*«[131].

131 Jean Louis d'Usson de Bonnac, Memoire historique sur l'Ambassade de France a Constantinople. Paris: Ernest Leroux, 1744, S. 134.

Jahrelang stand Istanbul in der Tulpenzeit im Banne von Festen und Aufzügen: »*Gigantische Schildkröten mit Kerzen auf dem Rücken schwammen durch die Teiche des Serails, manchmal erscheint der ganze Hof in eleganten Schifflein am Bosporus und am Goldenen Horn, er wohnt dabei in silbernen Zelten, manchmal reiten sie in langen Reihen zu einem ihrer Lustpaläste [...] diese Prozessionen sind bemerkenswert wegen der Schönheit der Pferde und dem Luxus ihrer Reiter, sie reiten angetan mit goldenen und silbernen Rüstungen, mit federngeschmückten Turbanen und ihre Kleider sind geschmückt mit kostbaren Edelsteinen*«[132].

Besonders die Bedeutung der Diplomatie gegenüber anderen Mächten wurde in jener Epoche verstärkt zur Kenntnis genommen. Nicht zuletzt wegen der katastrophalen Niederlagen der osmanischen Armeen in Europa am Ende des 17. Jahrhunderts bemühte man sich nun, Frieden mit den politischen Nachbarn zu halten. Ausländische Delegationen konnten sich frei in der Hauptstadt bewegen und nahmen Anteil an der adeligen osmanischen Gesellschaft. Der sehr lebendige Bericht der englischen Lady Mary Wortley Montagu (1689–1762), Frau des britischen Botschafters in Istanbul in den Jahren 1717 und 1718, zeigt das Leben der Frauen in der osmanischen Gesellschaft. Einen besonderen Stellenwert bekommt ihr Bericht insbesondere deshalb, da sie, unüblich für diese Zeit, Zugang zum Harem des Sultans erhielt[133].

Es war besonders Frankreich, das zu dieser Zeit von den Osmanen als Vorbild im Staatswesen und in der Verwaltung angesehen wurde. Daher sandte man 1720 eine erste diplomatische Mission nach Paris, die auf Grund ihres türkisch-barocken Luxus am königlichen Hof Aufsehen erregte. Diese Mission gilt als einer der Auslöser der europäischen Türkenmanie. Im Gegenzug dazu ließen sich viele der Reichen in Istanbul vom europäischen Luxus beeinflussen und importierten Möbel und Kleidung aus Frankreich. Damit verbunden war auch eine Änderung des Lebensstiles, der es Frauen vermehrt erlaubte, das

132 Montagu, Mary Wortley; Letters of the Right Honourable Lady Mary Wortley Montagu. (Project Gutenberg, 2006) Letter XXVIII.

133 Mary Wortley Montagu, Briefe aus dem Orient. Herausgegeben von Irmela Körner. Wien: Promedia, 2006.

Haus zu verlassen. Diese Entwicklung wurde vom konservativen Klerus, aber auch von den Handwerkergilden, stark kritisiert.

Die Rückkehr der osmanischen Gesandtschaft aus Paris ließ den ›Appetit‹ des Hofes auf westlichen Luxus weiter ansteigen. Hinzu kamen Berichte und Zeichnungen von den Sitten und Gebräuchen am Hof in Paris und von Gebäuden im Westen, die bisher im Osmanischen Reich nicht bekannt waren. Manche der westlichen Bräuche wurden auch vom einfachen Volk aufgegriffen. Dazu zählten etwa öffentliche Feste in Parks oder die Einführung von neuen, nichtreligiösen Feiertagen. Besonders die Neuerungen in der Damenmode, wie auch die öffentlichen Vergnügungen führten zu moralischen Einwänden, denen der Sultan zu begegnen versuchte. Als 1727 die erste Druckerpresse in Istanbul aufgestellt wurde, ließ er zugleich ein Gutachten des obersten Mufti erstellen, um das Einverständnis über die neue Erfindung sicherzustellen.

Um den Klerus nicht zu verärgern, wurde der Einsatz der Druckerpresse restriktiv gehandhabt und es war nur der Druck von nichtreligiösen Werken gestattet.

Dennoch wurden der Sultan und sein Großwesir ab 1720 immer unpopulärer. Besonders die Verschwendungssucht des Hofes und sein westliches Gehabe kamen immer mehr in die Kritik, als sich die Wirtschaft verschlechterte und das Reich zudem in einen Krieg mit Persien verstrickt wurde, der mit osmanischen Niederlagen endete. 1730 kam es zu einem Aufstand in Kostantiniyye, der von Patrona Halis, einem albanischen Seemann, Badewächter und Janitscharen, angeführt wurde. Der Sultan musste abdanken und wurde samt seiner Familie unter Hausarrest gestellt. Der Großwesir sowie dessen Familie und Mitarbeiter wurden getötet.

Ahmeds Nachfolger Mahmud I. (1730–1754) blieb nichts anders übrig, als die kulturellen Errungenschaften der Tulpenzeit zu beenden oder zu widerrufen, um sich die Gunst der konservativen Führer des Klerus und des Militärs zu sichern. Eine kulturelle Öffnung des Osmanischen Reichs gegenüber dem Westen wurde dadurch für weitere 70 Jahre hinausgeschoben.

Das Leben der Frauen im Osmanischen Reich

In der Tulpenzeit erhielten der Harem und die darin lebenden Frauen, wie bereits zur Zeit der sog. »Weiberherrschaft«, eine ungeheure Macht. Besonders die Ehefrauen und die Mütter der Sultane konnten auf die Politik im Reich immer wieder massiven Einfluss nehmen. Dabei war die Rolle der Frauen seit Anbeginn des Osmanischen Reichs festgelegt und ihr Status dem des Mannes untergeordnet.

Während der seldschukischen und osmanischen Zeit wurde die türkische Familie patriarchalisch geführt. Obwohl Frauen in ländlichen Gemeinden auf den Feldern arbeiteten, waren in den Städten lebende Frauen, unabhängig von ihrem sozialen Status, zumeist auf das Haus beschränkt. Je nach Wirtschaftslage der Familie verbrachte eine Frau ihre Tage mit der Hausarbeit oder der Aufsicht über die Dienerschaft, kümmerte sich um ihre Kinder, betete, nähte und stickte, webte oder spielte Musikinstrumente. Das Leben von Frauen außerhalb des Hauses wurde zwar eingeschränkt, war aber durchaus möglich. Besondere Anlässe, wie Hochzeiten, Verlobungen, die *kina gecesi* (Henna-Nacht – ein Fest unter den Frauen der beiden Familien und Freunde der Braut vor der Ehe), *paca günü* (Schaffüße-Suppen-Tag – eine Mahlzeit von der Braut gekocht und vom Bräutigam an Verwandten, Freunde und Nachbarn am Tag nach der Hochzeit verteilt) und *mevlid* (Singen zum Andenken an einen Toten) oder den Besuch von Verwandten und Nachbarn waren Möglichkeiten Kontakte zu knüpfen. Zu solchen Gelegenheiten trugen die Frauen ihre besten Kleider. Besuche in den öffentlichen Bädern *(hammam)*, die allerdings streng nach Geschlechtern getrennt waren, und auf Friedhöfen waren häufig und wurden als das Recht einer Frau betrachtet. Junge Männer und Frauen waren nicht in der Lage sich privat zu sehen. Ein Kennenlernen vor einer geplanten Hochzeit oder gar die freie Wahl des Bräutigams oder der Braut war somit ausgeschlossen. Die Wahl einer Braut war das Vorrecht der Mutter des Mannes, und wenn die Familie des Mädchens zustimmte, wurde die Angelegenheit von den Eltern untereinander geregelt. Der Ehevertrag wurde mit Hilfe von Braut und Bräutigam mit ihrer Zustimmung gesondert in Gegenwart von Zeugen abgeschlossen.

Unter der Bedingung, dass ihre Arbeit nicht in der Gegenwart von fremden Männern stattfand, wurde Frauen erlaubt ihren Lebensunterhalt selbst zu verdienen. Die verbreitetsten Formen der Beschäftigung von Frauen, sowohl in den Städten als auch in den ländlichen Gebieten, waren die Weberei und Stickerei. Während der Seldschukenzeit hatten die zunftähnlichen Ahi-Bruderschaften[134] eine Abteilung für die Weberei und verwandte Berufe, in der Frauen Mitglieder waren. Dokumente zeigen, dass Frauen in Manisa und Istanbul Mühlen betrieben und im frühen 17. Jahrhundert gab es in Kayseri Bäckereien und Lebensmittelgeschäfte im Besitz von Frauen.

Der Verkauf von Haus zu Haus war ein weit verbreitetes und akzeptiertes Handelssystem für Frauen mittleren Alters. Die meisten dieser Hausierer waren als *bohcasi* bekannt und stammten aus jüdischen oder armenischen Familien.

Auch die Medizin war ein wichtiges Betätigungsfeld für Frauen. Dies war unter anderem auch auf eine soziale Notwendigkeit zurückzuführen, da sich Frauen nur von Frauen untersuchen lassen durften. Weil nur wenige Frauen in der Bevölkerung lesen und schreiben konnten, mussten Hebammen ihr Wissen, das sie von ihren Müttern erhalten hatten, mündlich weitergegeben, um neue, medizinisch tätige Frauen auszubilden.

Obwohl Informationen über Stiftungen *(vakıf)* von Frauen während der Seldschukenzeit begrenzt sind, gibt es eine Fülle an Dokumenten darüber aus osmanischer Zeit. Nicht nur die Mütter, sondern auch die Töchter und Frauen der herrschenden Sultane, aber auch Frauen aus dem Harem, der Bürgerschaft und viele Frauen aus unteren sozialen Schichten gründeten eine große Anzahl von frommen Stiftungen[135].

Trotz des großen Einflusses vieler Frauen auf die Politik der Hohen Pforte, blieb die offene und direkte Machtausübung von

---

134 Zu den Ahi-Bruderschaften siehe S. 47.

135 Solche frommen Stiftungen mussten nicht unbedingt Gebäude sein. Man konnte auch für die Betreuung von Pilgern, einzelne Nächte für Reisende in Karawansereien oder Mahlzeiten an Bedürftige als Stiftungen errichten.

Frauen eine Seltenheit. In dieser Hinsicht bemerkenswerte Ausnahmen waren etwa Hürrem Sultan (Roxelane), die Ehefrau von Süleyman dem Prächtigen, und ihre Tochter Mihrimah, deren charismatische Persönlichkeiten ihnen zu einer Machtposition verhalf.

Aufgrund der bestehenden gesellschaftlichen Zwänge und in Ermangelung von Bildungsmöglichkeiten, waren Frauen im Osmanischen Reich de facto nicht in der Lage, einen direkten Einfluss auf die Kunst und Literatur auszuüben. Allerdings gab es Dichterinnen und Künstlerinnen unter den Töchtern gebildeter Familien, deren Wirken aber auf einen kleinen Kreis beschränkt blieb. Die Lage der Frauen im Osmanischen Reich veränderte sich grundlegend erst nach dem sog. »Tanzimat« (Reformen ab 1839). In dieser Zeit hielt ein liberales Gedankengut Einzug in die türkische Gesellschaft, das es Frauen ermögliche sich als Dichterinnen, Übersetzerinnen, Schriftstellerinnen und Journalistinnen beruflich zu betätigen. Das gleiche galt für die Künste wie Kalligraphie, Miniaturmalerei und Design, die eine spezielle Ausbildung erforderlich machten.

Ähnlich restriktiv waren auch die Bekleidungsvorschriften. Da die osmanische Auslegung des Korans Frauen verbot, unverhüllt vor anderen Männern als ihren Ehemännern und nahen Verwandten zu erscheinen, unterlag die Ausgehkleidung der Frauen strengen Reglementierungen. Während der Zeit der Rum-Seldschuken verhüllten Frauen ihre Köpfe, waren aber nicht verschleiert. Für den Sommer benutzte man dafür Kopftücher aus Seide und für den Winter waren solche aus Wolle üblich, die im kalten Klima des Hochlandes oft mit Pelz gefüttert waren. Der beim Ausgehen verwendete Gesichtsschleier Yasmak aus feinem weißem Musselin[136] bestand aus zwei Teilen, die über den Kopf reichten. Das Oberteil wurde um die Stirn gebunden und das Unterteil über Mund und Nase gezogen[137].

136 Feiner, glatt gewebter Stoff aus Baumwolle, Seide oder Wolle, der wegen seiner zunächst orientalischen Muster nach der Stadt Mossul im Irak benannt wurde.

137 Ursprünglich im Byzantinischen Reich verwendet, wurde die Sitte des Gesichtsschleiers von den Türkinnen nach dem Fall von Konstantinopel 1453 übernommen.

Der Verlust der Grossmachtstellung – Mahmud I. bis Abdülhamid I. 1730–1789

Es war am Beginn des 18. Jahrhunderts den Nachbarstaaten der Osmanen in Europa und in Asien bewusst geworden, dass das Osmanische Reich, nachdem es Jahrhundertelang eine aggressive Offensivpolitik gegen seine Nachbarn geführt hatte, militärisch in die Defensive geraten war. Wissenschaft, Strategie, Taktik und Militärtechnik der osmanischen Armeen waren veraltet und es war beim bestehenden Mächteverhältnis im Europa des 18. Jahrhunderts vorhersehbar, dass die Nachbarstaaten die Gelegenheit nutzen würden, um auf Kosten der Osmanen Gebietsgewinne zu erzielen.

Der erste Versuch osmanisches Gebiet zu erobern vollzog sich jedoch im Osten. Hier begann der safawidische General und spätere Schah von Persien Nadir Schah (1688–1747), mit der Rückeroberung der 1724 von den Osmanen eroberten Gebiete in Aserbaidschan, Georgien und den östlichen Teilen Armeniens. In der Schlacht von Yeghevārd besiegte er eine vielfach überlegene Streitmacht der Osmanen. Durch diesen Sieg gelang es ihm, die genannten verlorenen Gebiete wieder unter persische Herrschaft zu stellen.

Der nächste Angriff auf das Osmanische Reich erfolgte von russischer Seite. Hier war Peter der Große 1725 gestorben. Seine Nachfolgerin Katharina I. (1684–1727) hielt jedoch an der offensiven Politik gegenüber den Osmanen fest. Der Zarin Anna Iwanowa (1693–1740), einer der Nachfolgerinnen Katharinas I., gelang es schließlich 1736, nach langandauernder Belagerung, die Festung Asow zurückzuerobern. Die Russen besetzten die Krim und verwüsteten das Khanat der Krimtartaren. Auch Österreich wollte sich einen Teil des Osmanischen Reichs sichern und marschierte in der Walachei und im Fürstentum Moldau ein. Trotz der Schwächen des osmanischen Staates konnten von den Türken auch Abwehrerfolge erzielt werden. Zu verdanken waren diese in erster Linie dem französischen General Graf Claude Alexandre de Bonneval (1675–1747)[138], der zum Islam übergetreten war und nachdem er ein modernes Artilleriekorps aufgestellt hatte, als Humbaracı Ahmed Pascha die osmanischen Truppen anführte.

1739 kam es zum Frieden von Belgrad, bei dem Österreich auf Nordserbien und den östlichen Teil der Walachei verzichten musste. Auch Belgrad gelangte wieder unter türkische Herrschaft. Die Russen verzichteten ihrerseits auf größere territoriale Gewinne. Lediglich die Städte Asow und Saporischschja verblieben im russischen Besitz. Allerdings wurden die Handelsrechte der Russen im Schwarzen Meer durch die Osmanen erheblich eingeschränkt.

1743 erfolgte ein weiterer Angriff im Osten durch die Perser unter Nadir Schah. Sein Ziel war es, Bagdad und Teile Anatoliens zu erobern. Allerdings scheiterte die Belagerung von Mossul. Aufstände und Revolten im eigenen Heer zwangen den Schah schließlich zu einem Friedensschluss mit dem Osmanischen Reich, durch den die Grenzen von 1639 wieder hergestellt wurden.

Sultan Mahmud I. starb 1754. Nachfolger auf dem Thron des Sultans wurde sein streng religiöser Bruder Osman III. (1699–1757). Dieser war mehr an der Durchsetzung der religiösen Gesetze im Reich als an der Außenpolitik oder an inneren Reformen interessiert. Er ließ die Schenken im Reich schließen, verhängte strenge Kleiderordnungen für Juden, Christen und besonders für Frauen, die sich in der Öffentlichkeit nur mehr verschleiert und ohne Schmuck zeigen durften.

Besser ging es dem Reich unter Sultan Mustafa III. (1717–1774), der sich durch Bildung und Weltoffenheit auszeichnete und in seinem Großwesir Koca Mehmed Ragip Pascha (1698–1763) einen fähigen Untergebenen fand. Eine längere Friedensperiode versuchte der Großwesir für eine Reform und Reorganisation des Finanz- und Militärwesens zu nutzen. Die außenpolitische Atempause verdankte das Osmanische Reich in erster Linie dem Umstand, dass es sich nicht in das Mächtespiel ein-

138 Benedikt, Heinrich; Der Pascha Alexander v. Bonneval. Graz/Köln: Böhlau, 1959.

beziehen ließ, das in Europa im Gefolge des Siebenjährigen Krieges zwischen den Habsburgern unter Maria Theresia (1717–1780) und den Preußen unter Friedrich II. (1712–1786) entstanden war. Erst nach dem Tod des Großwesirs mischte sich die Hohe Pforte wieder aktiv in die europäische Politik ein. 1768 begann ein neuer Krieg zwischen Russland und dem Osmanischen Reich, der sechs Jahre dauern sollte. Ursache des Kriegs war die expansive russische Politik auf der Krim und in Polen unter der neuen Zarin Katharina II. (1729–1796), wodurch die gesamte nördliche Grenze des Osmanischen Reichs unter russischen Einfluss geriet. Letzter Auslöser für den Krieg waren jedoch Unruhen in Polen. Dort hatten sich Adlige gegen die Herrschaft des moskautreuen polnischen König Stanislaw August Poniatowski erhoben. Die Zarin unterstützte daraufhin mit militärischen Mitteln die Niederschlagung des Aufstands. Nachdem ein russisches Regiment bei der Verfolgung Flüchtiger auf osmanisches Territorium gelangt war und es dort angeblich zu einem Massaker unter den Einwohnern der Stadt Balta gekommen war, nutzte die Hohe Pforte die sich bietende Gelegenheit und erklärte Russland den Krieg. Dieser verlief jedoch schlecht für die Türken. Die Russen konnten in Bessarabien und im Kaukasus siegen und das Fürstentum Moldau sowie die Walachei besetzen. Ein russischer Flottenvorstoß vom Mittelmeer durch die Dardanellen nach Istanbul scheiterte jedoch an den türkischen Befestigungen der Meerenge. Dennoch gelang es den Russen durch diesen überraschenden Vorstoß die osmanische Mittelmeerflotte 1770 in der Seeschlacht von Çeşme fast vollständig zu vernichten. In Folge des Kriegs kam es ferner zu Aufständen gegen die Osmanen in Ägypten und in Palästina. Eine allgemeine Kriegsmüdigkeit und der Umstand, dass sich Österreich mit den Osmanen gegen Russland und Preußen verbündet hatte, führte 1774 zum Frieden von Küçük Kaynarca, der bereits unter dem neuen Sultan Abdülhamid I. (1725–1789) abgeschlossen wurde.

Durch diesen Frieden kam es zu einschneidenden Gebietsverlusten für das Osmanische Reich. Die Türken musste das Khanat der Krim, das Land zwischen Bug und Dnjepr, die Festung Asow und die Kabardey im Nordkaukasus aufgeben. Die

Russen erhielten Handelskapitulationen für das Osmanische Reich wie die anderen europäischen Mächte und das Recht, im ganzen Reich Konsulate zu errichten. Lediglich das Fürstentum Moldau und die Walachei kehrten wieder in den osmanischen Staatsverband zurück. Österreich erhielt die Bukowina. Das Osmanische Reich war zu diesem Zeitpunkt finanziell völlig ausgeblutet. Staat, Verwaltung und Heer befanden sich in einem desolaten Zustand. Nur der Umstand, dass die europäischen Mächte sich nicht einigen konnten oder wollten, wie man das Osmanische Reich unter sich aufteilen könnte, rettete es vor dem völligen Zusammenbruch. Wie sich die Zukunft des Osmanischen Reichs gestalten sollte, wurde zur »Orientalischen Frage« erklärt und sollte für mehr als ein Jahrhundert die europäische Politik beschäftigen.

Weiterer wirtschaftlicher Niedergang

In der zweiten Hälfte des 18. Jahrhunderts war es den europäischen christlichen Mächten bewusst, dass das Osmanische Reich mit den wirtschaftlichen und gesellschaftlichen Entwicklungen im Westen nicht mehr Schritt halten konnte. Während sich im Westen eine Reihe von Nationalstaaten bildeten, zerfiel das Osmanische Reich immer mehr in kleine, voneinander abgegrenzte Gebiete, die von Talfürsten und Großgrundbesitzern *(ayan)* mit einer immer größeren Macht unabhängig von der Hohen Pforte regiert wurden. Diese konnten es sich sogar leisten, eigene Truppen anzuwerben um ihre Interessen durchzusetzen. Besonders gegenüber jenen Bauern, die sich bisher ihrem Einfluss entzogen hatten, gingen sie mir Härte vor. Es trat eine Art von Feudalisierung ein, durch die die ehemals freien Bauern oder Timarioten zu Abhängigen herabsanken, während die Großgrundbesitzer und Talfürsten in die niedere Nobilität aufstiegen.

Hinzu kam, dass man im Westen immer mehr auf präindustrielle Fertigungsweisen von Gütern und ihre Herstellung in Manufakturen überging, mit denen sich große Stückzahlen billiger produzieren ließen. Der Kapitaleinsatz dazu kam oft von den Gewinnen aus den Kolonien, die von Mächten wie Spanien, Portugal, Frankreich und England in immer größerer Zahl erobert oder erworben wurden.

Anders verlief die Entwicklung im Osmanischen Reich. Hier gab es das Konzept der Kolonien nach europäischem Vorbild nicht. Neu eingegliederte Gebiete wurden unter demselben Recht behandelt wie die bisher zum Reich gehörigen. Daher kam es zu keiner Akkumulation von Kapital, das in die Ausweitung der Produktion hätte gesteckt werden können. Das Handwerk blieb traditionell bestehen und lieferte nach wie vor hochwertiges Material und besonders Luxusgüter. Allerdings bestand kaum ein Anreiz die Produktion auszuweiten. Hinzu kam, dass viele der technischen und naturwissenschaftlichen

Entdeckungen und Innovationen des Westens im Osmanischen Reich negiert wurden. Es fehlten also zwei grundlegenden Komponenten für den wirtschaftlichen Fortschritt die im Westen vorlagen, nämlich der Kapitalismus und der Rationalismus. Stattdessen konzentrierte man sich auf religiöse und geisteswissenschaftliche Forschungen.

Ein Problem waren auch die zahlreichen bestehenden Handelskapitulationen für europäische Mächte, die es diesen erlaubten, ihre Güter oft billiger auf den türkischen Markt zu exportieren als ähnliche einheimische Produkte kosteten. Damit konnten sich die westlichen Mächte einen wesentlichen Wettbewerbsvorteil verschaffen, während die türkischen Handwerker rigorosen Zunftbestimmungen unterworfen waren und ihr Vermögen jederzeit beschlagnahmt werden konnte.

Die langjährige offensive Ausrichtung der osmanischen Außenpolitik und besonders die Militärdoktrin, die auf eine permanente Expansion setzte, brauchten einen hohen Finanzeinsatz um zu bestehen. Daher waren die Steuern in erster Linie für die Armee und den Haushalt des Sultans bestimmt. Eine Förderung von Handel, Handwerk und Gewerbe fand nicht statt. Vielmehr wurden diese durch immer höhere Steuern ständig stärker belastet. Jene Personen, in deren Händen sich der Reichtum konzentrierte, waren daher nicht gewillt, diesen in der Wirtschaft anzulegen, stattdessen wurde das Geld in Grund und Boden investiert oder gehortet.

Daraus ergab sich, dass in der zweiten Hälfte des 18. Jahrhunderts die Wirtschaftskraft des osmanischen Staates beständig abnahm, während die der westlichen christlichen Staaten immer stärker wurde. Dieser Umstand sollte sich auch in der Außenpolitik und besonders in der Größe des Reichsgebiets niederschlagen, dessen Grenzen immer weiter erodierten.

Erste Reformen – Selim III. 1789–1807

Der Friedensvertrag 1774 von Küçük Kaynarca war nicht dazu gedacht eine längere Friedensperiode einzuleiten, sondern war allein aus der finanziellen Erschöpfung beider Seiten und aufgrund einer allgemeinen Kriegsmüdigkeit im Volk geschlossen worden. Insgeheim hoffte die Hohe Pforte auf eine Wiederholung der Geschehnisse, wie sie sich nach den Friedensschlüssen von Belgrad, Karlowitz und Passarowitz zugetragen hatten. Dort war es den Türken nach einer Konsolidierungsphase gelungen, die bei den Friedensschlüssen verlorenen Gebiete wiederzuerobern. Man war auf Revanche gegenüber Russland aus und wartete auf eine Gelegenheit um gegen das Land, das von Zarin Katharina II. regiert wurde, ins Feld zu ziehen. 1783 bot sich eine solche Gelegenheit, als die Zarin das Khanat der Krim annektierte und ihr »Griechisches Projekt« bekannt wurde. Dieses sah vor, das Osmanische Reich bis auf einen kleinen Reststaat in Anatolien unter den europäischen Mächten aufzuteilen. Man wollte das Byzantinische Reich wiederbeleben und Kostantiniyye in russische Hände geben, was den Russen einen freien Zugang zum Mittelmeer ermöglicht hätte. Die Aufteilung des Osmanischen Reichs stellte man sich so vor, dass Russland Teile von Kleinasien, den Kaukasus, den Iran und auch Afghanistan bis hin nach Indien besetzen sollte. Österreich würde im Gegenzug Bosnien, die Herzegowina, Serbien und Dalmatien erhalten. Für Venedig waren der Peloponnes, Zypern und Malta vorgesehen. Um die Franzosen, die langjährige Verbündete der Osmanen waren, auf die Seite des Plans zu ziehen, versprach man ihnen Syrien und Ägypten. Als die Russen zur Durchsetzung ihrer Pläne begannen eine Kriegsflotte im Schwarzen Meer aufzubauen, sah sich das Osmanische Reich genötigt, unterstützt von den Briten, einen Präventivschlag einzuleiten.

1787 begann der Krieg gegen Russland, der zunächst mit wechselndem Kriegsglück verlief. Allerdings musste Österreich aus seinem Bündnis mit Russland ausscheiden, als sich nach der seltsamen »Schlacht von Karánsebes« 1788[139] und dem Ausbruch der Französischen Revolution 1789 das Interesse der Habsburger auf Frankreich und Mitteleuropa verlagerte. 1792 wurde der Krieg mit Russland im Frieden von Jassy[140] beendet, der erneut zu Gebietsverlusten der Osmanen gegenüber den Russen führte. Der russische Besitz der Krim musste nun endgültig von den Osmanen anerkannt werden. Auch erhielt Russland weitere Besitzungen östlich des Dnjestr.

1789 war mit Selim III. (1762–1807) ein neuer Sultan an die Macht gekommen, der erkannt hatte, dass wenn die Osmanen weiterhin militärisch bedeutsam sein wollten, es dringend einer vollständigen Reform der Armee bedurfte. 1793 gab er eine Verfügung heraus, mit der er den Umbau der Armee zu einer Streitmacht nach europäischem Muster einleitete. Um seine Pläne umzusetzen, holte er zahlreiche französische Militärinstruktoren ins Land. Neue Truppenkörper wurden aufgestellt, die nach europäischem Muster bewaffnet und trainiert wurden. Dies erregte den massiven Widerstand des Janitscharenkorps, das seine Macht im Staat und in der Armee bedroht sah. Zusätzlich kam es zu einer Revolte der Talfürsten, die um ihren Einfluss fürchteten und zu Aufständen auf dem Balkan die so schwerwiegend waren, dass der Sultan sich genötigt sah einen der Aufrührer, Pazvandoğlu Osman Ağa (1758–1807), zum Wesir zu erheben.

139 Hierbei kamen durch eine zufällig ausgelöste Panik im österreichischen Heer ohne Einwirkung der Türken 10 000 Soldaten ums Leben.
140 Hauptort des Fürstentums Moldau.

Napoleon in Ägypten 1798–1799

Mitten in diese Phase der militärischen Reorganisation der osmanischen Armee kam es 1798 zu einem Angriff der Franzosen unter Napoleon Bonaparte (1769–1821) auf Ägypten, der für die Hohe Pforte nicht vorhersehbar gewesen war.

Napoleon hatte in seinem Krieg gegen die Engländer eine neue Front eröffnet und versuchte mit der Eroberung von Ägypten die Vormachtstellung der Engländer im Mittelmeer zu brechen, die Kommunikation mit deren Kolonien in Indien zu stören und zugleich den Handel mit dem Nahen Osten unter französische Kontrolle zu bringen[141]. Zudem wollte er eine französische Militärpräsenz im Nahen Osten installieren. Napoleon Bonaparte und seiner Expeditionsstreitmacht gelang es im Mittelmeer der englischen Flotte auszuweichen. Das Expeditionskorps landete am 1. Juli 1798 in Alexandria. In einer ersten Schlacht bei Shubra Kit schlug Napoleon eine Streitmacht der Mameluken und wiederholte diesen Erfolg am 24. Juli in der Schlacht bei den Pyramiden. Seine 25 000 Mann starke Armee verlor 29 Soldaten, auf ägyptischer Seite sollen an die 2000 Mann gefallen sein. Dies stärkte zunächst die Moral der französischen Truppen. Allerdings gelang es am 1. August 1798 der britischen Flotte die französische bei Abukir zu stellen und zu vernichten, sodass Napoleon der Rückzug aus Ägypten und der Nachschub abgeschnitten waren.

Im Frühjahr 1799 sandte Napoleon eine Armee von 15 000 Mann in die osmanische Provinz Damaskus in Syrien und Galiläa und eroberte Arish, Gaza, Jaffa und Haifa. Bei der Eroberung von Jaffa ließ er 1400 osmanische Gefangene von seinen Soldaten mit Bajonetten töten. Da seine Armee durch Krankheiten wie die Beulenpest immer weiter dezimiert wurde, kehrte Napoleon mit dem Heer nach Ägypten zurück. Um die Marschgeschwindigkeit seines Heeres zu erhöhen, ließ er die Kranken in seinem Heer vergiften. Inzwischen hatten die Osmanen ein

141 Cole, Juan Ricardo; Napoleon's Egypt: Invading the Middle East. New York: Palgrave Macmillan, 2008.

weiteres Heer nach Ägypten entsandt, das aber am 25. Juli 1799 von Napoleon bei Abukir vernichtet wurde.

Hatte Napoleon noch geglaubt sich mit den Osmanen verständigen zu können, so antwortete die Hohe Pforte mit einer Kriegserklärung an Frankreich und versuchte eine Koalition mit den Engländern einzugehen. 1799 wurden osmanische und britische Truppen nach Ägypten verlegt. Napoleon, dessen Nachschub aus Europa durch die Vorherrschaft der britischen Flotte im Mittelmeer nicht mehr gesichert war, setzte sich 1799 nach Europa ab und ließ seine Expeditionsarmee zurück, die sich zwei Jahre später ergab. 1803 verließen auch die Briten aufgrund eines Friedensvertrages mit Frankreich Ägypten.

War vor der Invasion Napoleons Ägypten mehr oder weniger autonom von den Mamelukenemiren regiert worden, so plante nun Selim III. Ägypten stärker an das Osmanische Reich zu binden. Er besiegte die Mamelukenemire, wurde aber 1804 und 1805 mit einem Volksaufstand in Ägypten konfrontiert, der sich gegen die Einführung höherer Steuern richtete. Um weiteren Unruhen zu entgehen, wurde der Kommandant einer albanisch-osmanischen Truppeneinheit, Muhammad Ali Pascha[142] (1770–1849), 1805 als Gouverneur von Ägypten eingesetzt. Diesem gelang es durch Steuererleichterungen das Land zu befrieden und 1807 gegen ein britisches Expeditionsheer zu verteidigen. Durch ein Massaker an den Mameluken und einen Feldzug in Oberägypten brach er zudem endgültig die Macht des alten Militäradels über Ägypten.

142 In der angelsächsischen Geschichtsschreibung als *Mehmed Ali* bekannt.

Aufstände auf dem Balkan und in Griechenland 1804–1821

In Folge der Ereignisse in Ägypten kam es zu Aufständen auf der arabischen Halbinsel. Dort hatte sich die Dynastie der Wahabiten[143], streng religiöse Verfechter des Islam, in kürzester Zeit große Teile der Halbinsel und besonders die heiligen Städte Mekka und Medina sichern könnten. Auch auf dem Balkan kam es zu einem Aufstand der Serben gegen die drückende Steuerlast der Osmanen. Angeführt wurde dieser vom Hajdukenführer Đorđe Petrović, genannt Karađorđe (1762–1817). Diesem aus einfachsten bäuerlichen Verhältnissen stammende Hajduken gelang es, sich an die Spitze des Aufstandes setzen. Er sollte später der Stammvater der serbischen Königsdynastie der Karađorđević werden. Es gelang Karađorđe fast ganz Serbien in seine Gewalt zu bringen und bis 1813 dem Zugriff der Osmanen zu entziehen. Auch Russland ging wieder offensiv gegen die Osmanen vor und besetzte die Walachei und das Fürstentum Moldau, was Selim III. zum Anlass nahm, sich mit Napoleon und Frankreich gegen die Russen zu verbünden.

Diese Verwicklungen in die europäische Politik nahm England 1807 zum Anlass für eine Invasion Ägyptens, um damit den strategisch wichtigen Kommunikations- und Nachschubweg nach Indien abzusichern. Die Invasionstruppen wurden aber, wie bereits weiter oben erwähnt, von Muhammed Ali Pascha zurückgeschlagen und verließen noch im selben Jahr Ägypten.

Selim wollte den Staat grundlegend reformieren. Er plante u. a. das timar-System aufzugeben, die Verwaltung, das Finanzwesen und das Bildungssystem neu zu strukturieren. Darüber hinaus holte er ausländische Militärinstruktoren ins Land, die einen neuen Armeeteil, genannt *nizam-i-jedid*, nach westlichem Vorbild ausbildeten.

143 DeLong-Bas, Natana J.; »Wahhābīya« in John L. Esposito (Hrsg.): The Oxford Encyclopedia of the Islamic World. 6 Bde. Oxford: Oxford Univ. Press, 2009. Bd. V, S. 511b–514a.

1807 wurde Selim III. von aufständischen Janitscharen, die aufgrund der eingeleiteten Heeresreformen um den Verlust ihrer alten Machtposition fürchteten, abgesetzt und erdrosselt. Sein Nachfolger und Vetter Mustafa IV. (1779–1808), sah sich danach gezwungen, die neuen, »europäischen« Militäreinheiten auf Drängen der Janitscharen aufzulösen. Dennoch wurde Mustafa IV. schon nach einem Jahr wieder aus dem Amt entfernt und durch Mahmud II. (1785–1839), einen Bruder des abgesetzten Mustafa, ersetzt. Auch dieser erkannte die Dringlichkeit einer Heeresreform, konnte sie aber zunächst gegen die Macht der Janitscharen nicht durchsetzen. Er schuf dagegen ein reformiertes Janitscharenkorps und versuchte auch den Staat zu erneuern und der Zentralgewalt wieder Geltung zu verschaffen. Dazu verhandelte er mit den Talfürsten und den Großgrundbesitzern. Diese unterwarfen sich zwar nicht zur Gänze, bezeichneten sich aber ab 1808 als Vasallen der Pforte und nahmen daraufhin einen halbautonomen Status ein. Aber selbst diese vorsichtigen Reformschritte waren aus Sicht der Janitscharen zu viel. In einer neuerlichen Revolte beseitigten sie den Großwesir Bayraktar Mustafa Pascha (1755–1808), der eine der treibenden Kräfte der Reformbemühungen gewesen war. Mahmud II. reagierte, indem er seinen Bruder und Vorgänger töten ließ, damit die Janitscharen diesen nicht wieder auf den Sultansthron setzen konnten. Dies sollte der letzte Brudermord in der Familie der Osmanen sein. Vorläufig war an weitere Reformen gegen den Willen der Janitscharen nicht zu denken. Dennoch bereitete Mahmud II. langfristig einen politischen Umsturz vor, der das Wesen des Staates grundlegend verändern sollte.

Auf dem Balkan gelang es den Serben unter Miloš Obrenović eine Teil-Autonomie gegenüber den Osmanen zu erringen. 1812 wurde auch der Krieg gegen die Russen ohne Verlust von osmanischem Gebiet beendet.

Nachdem die außenpolitische Lage stabilisierte war, konzentrierte sich Mahmud II. erneut auf eine innere Reform des Reichs. Zunächst schaltete er die Talfürsten und die Großgrundbesitzer aus, wodurch die feudale Anarchie, die im Reich seit fast eineinhalb Jahrhunderten herrschte, beendet wurde und der Staat wieder einen zentralistischen Charakter erhielt.

Nur Tependelenli Ali Pascha, genannt der Löwe von Yoannina, der ayan und Statthalter von Yoannina in Epirus, konnte sich behaupten und seine eigene Provinz unabhängig von Kostantiniyye führen. Daraufhin wurde er 1820 vom Sultan abgesetzt. Tependelenli Ali Pascha nahm die Absetzung jedoch nicht weiter zur Kenntnis, sondern schloss sich dem griechischen Freiheitskampf von 1821 bis 1829 an. Dieser war das Vorbild für weitere nationalistische Bewegungen in der Walachei und im Fürstentum Moldau[144]. Bis Ende 1821 hatten die aufständischen Griechen den Peloponnes unter ihre Kontrolle gebracht, was nur dadurch möglich wurde, da der Großteil der osmanischen Streitkräfte seit 1821 durch einen neuen Krieg gegen Persien gebunden war. Dieser Krieg verlief im Wesentlichen ergebnislos. Ursache dafür war die Cholera, die die persischen Truppen dezimierte und die Osmanen aus Furcht vor einer Ansteckung zum Rückzug zwang. Nach dem offiziellen Ende des Kriegs 1822 griff das osmanische Heer wieder in Griechenland ein. Dort kämpften zu jener Zeit auch viele europäische Freiwillige wie George Gordon Lord Byron (1788–1824) für die Sache der Griechen[145]. Da die osmanische Armee der Lage nicht Herr werden konnte, rief man aus Ägypten Muhammad Ali Pascha zu Hilfe, dessen ägyptische Streitkräfte den Aufstand vorerst beenden konnten.

---

144 Im Oktober 1820 entsandte Sultan Mahmud II. Truppen gegen den abtrünnigen Gouverneur. Yoannina wurde über 15 Monate belagert, bis man Ali Pascha im Februar 1822 mittels einer List aus seiner Festung locken konnte und ermorden ließ.

145 Müller, Hartmut; Byron, mit Selbstzeugnissen und Bilddokumenten. Reinbek bei Hamburg: Rowohlt, 1997.

Die Entmachtung der Janitscharen 1826

Es war allen Militärs im Reich und besonders dem Sultan bewusst, dass die Schwäche der osmanischen Armee nun endgültig behoben werden musste. Dazu wurden abermals neue Truppenverbände nach europäischem Muster aufgestellt. Als die Janitscharen dies wiederum nicht akzeptieren wollten und einen Aufstand nach bewährtem Muster unternahmen, reagierte der Sultan diesmal hart und ließ am 14. und 15. Juni 1826 sämtliche Janitscharen in der Hauptstadt niedermachen. Damit schaltete er die ehemalige Elitetruppe als politischen Machtfaktor im Reich aus.

Die Entmachtung der Janitscharen gelang dadurch, dass sich nun große Teile der Bevölkerung gegen die Truppe stellten. Dem Sultan treue Armeeeinheiten konnten die Janitscharen zum Rückzug in ihre Kasernen zwingen, die daraufhin mit Artillerie beschossen wurden, bis die Janitscharen kapitulierten. Überlebende des Bombardements wurden hingerichtet oder verbannt.

Zwei Jahre später ließ Mahmud II. den letzten verbliebenen Besitz der Janitscharen beschlagnahmen und löste damit das seit Jahrhunderten bestehende Janitscharenkorps endgültig auf. Der Sultan bezeichnete diese Ereignisse als *Vaḳ'a-'i Ḫayrīye*, als »Wohltätiges Ereignis«.

Die Auflösung des Janitscharenkorps war ein wichtiger Schritt zu weiteren Reformen im Staat gewesen. Dennoch würde sich in den nächsten Jahren zeigen, wie sehr die militärische Stärke der Janitscharen dem Reich fehlte.

In Europa war inzwischen die Unterstützung des griechischen Freiheitskampfes[146] ein gesamteuropäisches Anliegen und in der Bevölkerung höchst populär geworden. Daher engagierten sich Russland, England und Frankreich in einem Dreibund zur Rettung der Griechen und organisierten eine gemeinsame Flottenoperation. Dieser gelang es 1827 die osmanisch-ägyptische Mittelmeerflotte in der Seeschlacht von Navarino[147] zu vernichten.

1828 erfolgte ein Vorstoß der Russen über den Balkan bis nach Edirne, das von ihnen eingenommen werden konnte. Selbst eine Eroberung von Kostantiniyye wäre zu diesem Zeitpunkt möglich gewesen. In dieser existenzgefährdenden Phase des Reichs rief der Sultan den »Heiligen Krieg« aus. Allerdings brachte auch diese verzweifelte Maßnahme den Türken wenig Erfolg. Nachdem die Ägypter Griechenland verlassen hatten, rückten die Franzosen nach, um die aufständischen Griechen zu unterstützen. Im Frieden von Adrianopel musste der Sultan 1829 de facto abermals Gebiete an die Russen abtreten. Dennoch verblieben das Fürstentum Moldau und die Walachei de jure vorerst noch im Verband des Osmanischen Reichs.

Die europäischen Mächte hielten es nun nicht mehr für notwendig, über die griechische Unabhängigkeit mit dem Sultan zu verhandeln. Diese wurde 1829 in London festgelegt und damit der Sultan vor vollendete Tatsachen gestellt, der ein Jahr später seine erzwungene Einwilligung dazu gab. Der neu geschaffene Staat Griechenland bestand zunächst nur aus dem Peloponnes, Attika und Böotien. Allerdings hatte er nach vier Jahrhunderten türkischer Herrschaft seine Unabhängigkeit erreicht und schied aus dem osmanischen Staatsverband aus. Die Franzosen nutzten die Schwäche der Türken weiter aus und brachten 1830 Algerien, das ohnehin nur noch formal dem Sultan unterstand, unter ihre Hoheit. Auch Serbien konnte im selben Jahr seine Autonomie erweitern.

---

146 Brewer, David J.; The flame of freedom. The Greek war of independence, 1821–1833. London: Murray, 2001.

147 Bei Pylos in Messenien, siehe: Woodhouse, Christopher Montague; The Battle of Navarino. London: Hodder & Stoughton,1965.

Syrien und Ägypten

Muhammad Ali Pascha, dem Gouverneur von Ägypten, war inzwischen bewusst geworden, dass er durch die Schwäche der Osmanen seine Machtstellung in Ägypten weiter ausbauen konnte. Zwar agierte und regierte er seit 1805 mehr oder weniger unabhängig von der Hohen Pforte, nun aber fasste er den Plan, auch sein Herrschaftsgebiet auszuweiten. Zunächst beseitigte er den letzten Einfluss der Mamelukenemire, indem er 300 von ihnen zu einem Gastmahl einladen und dabei ermorden ließ. Dies verschaffte ihm die Hoheit über die Steuereinnahmen und den gesamten landwirtschaftlich nutzbaren Boden. Die Erträge daraus investierte er geschickt in den Aufbau seiner Armee und Flotte. Weiterhin festigte er seine Macht, indem er eine grundlegende Verwaltungsreform durchführte, mit der er dem Land eine industrielle Basis gab. Zusätzlich ließ er außerdem umfangreiche Baumwollplantagen anlegen, da Baumwolle im Zuge der aufkommenden industriellen Revolution in Europa zu einem zentralen Handelsgut avancierte.

Die erste außenpolitische Maßnahme zur Erweiterung seines Machtbereichs war die Eroberung des Wahabitenreichs auf der Arabischen Halbinsel. 1812 und 1813 nahm er die heiligen Stätten Mekka und Medina ein, 1818 auch die wahabitische Hauptstadt Darija. Danach sollten die Wahabiten bis zum Ende des Ersten Weltkrieges 1918 keine politische Rolle mehr spielen. Auf der afrikanischen Seite des Roten Meeres stieß seine Armee bis nach Nubien vor und konnte auch Teile des Sudan erobern.

Gestärkt durch diese Erfolge verlangte Muhammed Ali vom Sultan in Istanbul, ihm auch Syrien als Herrschaftsgebiet zu übergeben. Da Mahmud II. dies ablehnte, sandte Muhammed Ali seine Armee nach Norden, die in einem raschen Vorstoß Syrien und Anatolien bis nach Konya erobern und selbst die Hauptstadt Kostantiniyye bedrohen konnte. In seiner Not wandte sich Sultan Mahmud II. an seinen ehemaligen Erzfeind, das Russische Reich, mit der Bitte um militärische Unterstützung. Dieses sandte ein Expeditionskorps aus, dessen Flotte und Soldaten 1833 den Bosporus erreichten. Ein militärisches

Eingreifen von russischer Seite war jedoch nicht mehr notwendig. Frankreich und England, die einen zu großen russischen Einfluss im Osmanischen Reich fürchteten, zwangen Muhammed Ali zum Rückzug. Dieser wurde anschließend im Vertrag von Küthaya 1833 mit Syrien und Kilikien belehnt, musste dafür aber die Oberhoheit des Osmanischen Reichs anerkennen. Gleichzeitig schloss der Sultan mit dem Zaren ein Abkommen, dass Russland zur einzigen Schutzmacht des Osmanischen Reichs erklärte. Im Kriegsfall sollten die Russen dem Osmanischen Reich Waffenhilfe leisten. Im Gegenzug wurde der Bosporus für alle Kriegsschiffe anderer Nationen geschlossen. Auf diese Art konnte sich Russland die alleinige Seeherrschaft im Schwarzen Meer sichern.

Reformen unter Mahmud II.

Mahmud II. musste nicht nur die Außenpolitik des Reichs neu ordnen, sondern, wie bereits sein Vorgänger, auch tiefgreifende Maßnahmen im Inneren durchsetzen. 1831 ordnete er die Auflösung des inzwischen wertlos gewordenen timar-Systems an, das seit Osman I. die gesellschaftliche Ordnung und Struktur des Reichs geprägt hatte. Das auf diese Weise frei werdende Land wurde zunächst in Staatsdomänen gesammelt. Die verbleibenden Landgüter gingen in das Privateigentum der Landbesitzer *(ağas)* über.

Auch die religiösen Stiftungen wurden enteignet und eine Zentralkasse geschaffen, die das Einkommen der bisherigen Stiftungen einzog. Aus deren Erträgen wurden die Kosten für den Kultus und die Bediensteten der Stiftungen bestritten.

Nach europäischem Vorbild wollte man auch Militär- und Verwaltungsschulen einrichten, deren Absolventen die dringend anstehenden Reformen durchführen sollten. Man schuf eine Seefahrts- und Militäringenieursschule, eine Militärmedizinalschule und eine Kriegsschule. Um auch die internationalen Gegebenheiten besser kennenzulernen, sandte man junge Stipendiaten an europäische Militär- und Seefahrtsschulen. Diese Maßnahme genügten jedoch nicht, um eine zentrale Änderung im Staat herbeizuführen. Die Mehrzahl der jungen Menschen im Reich wurde noch immer in religiös dominierten Koranschulen oder Medresen erzogen. 1831 erschien die erste Zeitung in Istanbul. Die Behörden wurden in Ministerien umbenannt, ohne allerdings im Inneren reformiert zu werden. Das deutlichste Zeichen eines Neubeginns war eine Bekleidungsreform, die den bisher gebräuchlichen Turban durch den aus Nordafrika stammenden roten Fes ersetzte.

Ab 1835 wirkte der preußische Generalstabsoffizier Helmuth Karl Bernhard von Moltke (1800–1891) als Militärberater im Osmanischen Reich. Auf Wunsch des Sultans wurde er von 1836 bis 1839 als Instrukteur der türkischen Truppen abkommandiert. In dieser Zeit bereiste er Istanbul, die Schwarzmeerküste, das Taurusgebirge und die Wüste von Mesopotamien und nahm 1838 an einem Feldzug gegen die Kurden teil. Im April und Mai 1837 begleitete er Sultan Mahmud II. auf dessen Reise in die Donaufürstentümer, wo er eine Verteidigungslinie gegen die Russen plante. Nach seinen Plänen wurden dort vier Festungen entlang der Donau erbaut. Moltke begleitete die osmanischen Truppen im Feldzug gegen Muhammed Ali, der Syrien besetzt hatte, musste aber hier die entscheidende Niederlage der Osmanen in der Schlacht von Nizip am 24. Juni 1839 miterleben.

Zu den Zuständen im Osmanischen Reich meinte er: *»Es ist lange die Aufgabe der abendländischen Heere gewesen, der osmanischen Macht Schranken zu setzen. Heute scheint es die Sorge der europäischen Politik zu sein, ihr das Dasein zu fristen«*[148].

Moltke erkannte und wunderte sich auch über den Überlegenheitsanspruch der Türken über alle anderen Länder der Erde: *»Ein Türke räumt unbedenklich ein, dass die Europäer seiner Nation an Wissenschaft, Kunstfertigkeit, Reichtum, Kühnheit und Kraft überlegen seien, ohne dass es ihm entfernt in den Sinn käme, dass um deswillen ein Franke sich einem Moslem gleichstellen dürfte […] Die Offiziere waren noch leidlich höflich, der gemeine Mann machte aber keine Honneurs mehr, und Frauen und Kinder schimpften gelegentlich hinter uns her*[149].

148 Moltke, Helmuth Karl Bernhard von; Briefe über die Zustände und Begebenheiten in der Türkei 1835–39. Berlin [u. a.]: E. S. Mittler, 1841.

149 Moltke, Helmuth; Briefe über Zustände und Begebenheiten in der Türkei aus den Jahren 1835 bis 1839. Berlin: Königliche Hofbuchhandlung, 1882, S. 413–414.

Tanzimat[150] – Die Neuordnung 1839

Nachdem sich Europa in technischen, wirtschaftlichen, wissenschaftlichen und militärischen Belangen dem Osmanischen Reich so deutlich überlegen gezeigt hatte, ging Sultan Mahmud II. daran, das Osmanische Reich nach dem Vorbild der europäischen Staaten umzugestalten. Sein wichtigster Verbündeter dabei war der »Vater des Tanzimat«, Mustafa Resit Pascha (1800–1858), der aus einfachsten Istanbuler Verhältnissen stammte, sich zum Außenminister emporgearbeitet hatte und aus seiner Tätigkeit als Botschafter in Paris und London die europäischen Verhältnisse gut kannte. Er wurde 1838 an die Spitze einer Kommission berufen, die das Reformwerk vorantreiben sollte.

Sultan Mahmud II. starb 1839. Nachfolger wurde sein 16 Jahre alter Sohn, Abdülmecid I. (1823–1861), der das Reformwerk des Vaters weiterführen sollte. Dieses Reformwerk erhielt den Namen *Tanzimat-i- Hayrire,* »die heilsame Neuordnung« und wurde erstmals in einem Handschreiben des neuen Sultans am 3. November 1839 verkündet.

»Das Höchste Dekret« oder der »Allerhöchste Bescheid von Gülhane« war das erste Edikt der Tanzimat-Reformen[151] unter der Herrschaft von Sultan Abdülmecid und ein wichtiger Schritt in Richtung eines säkularen Staats. Der Sinn des Ediktes von Gülhane sollte es sein eine moderne Verwaltung durchzusetzen.

Das Dekret wurde nach dem Rosenhaus *(gülhane)* im Topkapi-Palast benannt und beendete das System der Steuer-Pacht. Zu diesem Zweck wurden vom Staat bestellte Steuereintreiber eingesetzt, die die Steuern direkt in die Staatskasse überführten.

150 Als *Tanzimat* (türk.: Anordnungen, Neuordnung) wird die Periode tiefgreifender Reformen im Osmanischen Reich bezeichnet, die 1839 begann und 1876 mit der Annahme der Osmanischen Verfassung endete.

151 Marcinkowski, Marcin; Die Entwicklung des Osmanischen Reiches zwischen 1839 und 1908: Reformbestrebungen und Modernisierungsversuche im Spiegel der deutschsprachigen Literatur. Berlin: Schwarz, 2007.

Zugleich wurden die administrativen Voraussetzungen für eine Steuerbehörde geschaffen. Bereits dieses Dekret zeigt den Willen des Sultans, einen starken, zentralistisch gelenkten Staat aufzubauen. Eine zweite Reform in diesem Schreiben regelte die Einziehung von Rekruten für das Heer aufgrund der Größe der jeweiligen administrativen Bezirke.

Eine weitere wichtige Klausel dieses Reformprogramms besagte, dass in Zukunft die Anhänger aller Religionen gleich behandelt werden und das Leben und der Besitz jeder Person im Osmanischen Reich garantiert wurden. Dies bedeutete formal das Ende des *kul-Systems*[152], das es einem Sklavenhalter beispielsweise auch erlaubt hatte, seine Sklaven ohne Gerichtsurteil exekutieren zu lassen oder willkürlich deren Besitz zu beschlagnahmen[153]. Nach dem neuen Gesetz sollte es gesetzliche und soziale Gleichwertigkeit für alle Untertanen des Sultans geben.

Das *millet-System*[154], das ebenfalls durch dieses Reformprogramm beendet wurde, hatte in der Vergangenheit die Untertanen des Sultans in religiös unterschiedene Gesellschaften unterteilt, die autonom existierten und unterschiedliche Privilegien im Staat besaßen. Die neue Verordnung sah nun für alle Bewohner des Reichs gleiche Rechte und Pflichten vor.

Die Durchführung dieser Reformen verlangte allerdings eine völlige Änderung der Gesellschaft des Osmanischen Reichs und des öffentlichen Lebens. Man richtete ein System von staatlichen Schulen ein, in denen auch Kleriker ausgebildet wurden, die in Zukunft direkt dem Staat unterstanden. Die Provinzen wurden neu organisiert. So wurde jedem Gouverneur ein Beratungsgremium zur Seite gestellt, das ihm helfen sollte die jeweilige Provinz effektiver zu verwalten. Das Reformprogramm sah ferner auch eine neue Finanzverwaltung für das Reich vor. Da-

---

152 Von *kul* (türk.: Sklave). Die formale Abschaffung des kul-Systems bedeutete nicht auch unverzüglich dessen faktisches Ende. Bis 1871 gab es keine gesetzlichen Strafen für solche Personen, die gegen diese Klausel verstießen. Der Sklavenhandel blieb im Prinzip bis zum Ende des Ersten Weltkriegs im Osmanischen Reich erhalten.

153 Zilfi, Madeline C.; Women and slavery in the late Ottoman Empire. New York: Cambridge Univ. Press, 2010.

154 Öztürk, Fatih; The Ottoman millet system. In: Güneydoğu Avrupa Araştırmaları Dergisi. Bd. 16 (2009), S. 71–86.

zu zählten die Einrichtung einer Zentralbank, die Ausgabe von Anleihen und die Umstellung der Währung auf das Dezimalsystem. Mit dem Dekret von Gülhane sollten auch bessere Straßen, Kanäle und Eisenbahnlinien geschaffen werden, um die Kommunikation und das Transportwesen zu verbessern.

Die Reaktionen auf das Edikt und die Reformen waren aber nicht nur positiv. Insbesondere die Christen in den Balkanländern lehnten es aus Furcht ab, dass es für sie unter dem neuen System schwieriger werden würde, einen höheren Grad der Autonomie oder gar die Unabhängigkeit zu erreichen. Die Folge daraus waren neue Aufstände. Letztlich war es nur dem diplomatischen Einfluss der Briten zu verdanken, dass sich auch in diesen Gebieten die neuen Reformen durchsetzen konnten.

Im Laufe der nächsten 30 Jahre wurde eine ganze Reihe weiterer Reformen vollzogen, die im Folgenden chronologisch aufgeführt sind:

- Einführung von Banknoten (1840)
- Eröffnung des ersten Postamtes (1840)
- Reorganisation des Finanzsystems (1840)
- Reorganisation des Zivil- und des Strafrechts (1840)
- Einführung eines Vorläufers des Parlaments (1841)
- Reorganisation der Armee und neue Methoden der Rekrutierung sowie die Regelung der Dienstzeiten (1843–1844)
- Schaffung einer Nationalhymne und einer Nationalflagge (1844)
- die erste Volkszählung, in der aber nur Männer erfasst wurden (1844)
- Einführung eines Identitätsausweises (1844)
- Einführung eines Erziehungsministeriums (1845)
- Abschaffung der Sklaverei und des Sklavenhandels (1847)
- Einführung von Universitäten, Akademien und Lehrerbildungsanstalten (1848)
- Schaffung eines Gesundheitsministeriums (1850)
- Schaffung von Handelsgesetzen (1850)
- Gründung der Akademie der Wissenschaften (1851)
- Schaffung der Dampfschifffahrtsgesellschaft Şirket-i Hayriye, die das erste Dampfschiff zwischen Istanbul und Üsküdar betrieb (1851)

- Gemeindestatut von Istanbul und Schaffung des Stadtplanungskonzils (1855)
- Erlaubnis für Nicht-Muslime Soldaten zu werden (1856)
- erste Telegraphenleitungen (1847–1855)
- Bau der ersten Eisenbahnen (1856)
- Ersetzung der Gilden durch Fabriken
- Erste osmanische Börse (1866)
- Grund- und Bodengesetze (1857)
- Zulassung privater Druckanstalten (1857)
- Einrichtung ziviler Schulen (1859)
- Einrichtung einer Schule für Wirtschaft und Politik (1859)
- Regelung der Presse und der Journalisten (1864)
- Das Nationalitätengesetz von 1869, das allen Bewohnern des Reichs die türkische Staatsbürgerschaft verlieh, egal welcher Religion sie angehörten oder welcher Ethnie sie entstammten.

Während das Osmanische Reich versuchte sich im Innern zu reformieren, wurde es gleichzeitig in eine Reihe von kriegerischen Auseinandersetzungen verwickelt. 1838 kam es zu einem weiteren Konflikt mit Muhammed Ali Pascha, der sich anschickte, seine Herrschaft bis nach Mesopotamien auszudehnen. Zugleich versuchte der Sultan dessen Truppen aus Syrien zu verdrängen und das Land wieder fest in den osmanischen Staatsverband einzugliedern. So kam es zum Krieg, den Ibrahim Pascha, der Sohn Muhammad Ali Paschas, dank seiner besser geschulten Truppen und ihrer überlegenen Bewaffnung 1839 in der Schlacht von Nizip bei Gaziantep, zu Gunsten der Ägypter entscheiden konnte.

Dies führte in Europa zu Spannungen unter den Großmächten, die sich zur »Orientalischen Krise« auswuchsen. Frankreich schlug sich auf die Seite von Muhammad Ali, während Österreich, Großbritannien, Russland und Preußen im Londoner Abkommen von 1840 versuchten, das Reich der Osmanen vor dem völligen Zusammenbruch zu retten.

Die vier Mächte auf der Seite der Osmanen richteten daher an Muhammad Ali das Ultimatum, sich aus Nordsyrien und der Arabischen Halbinsel zurückzuziehen und diese Regionen wieder der Hohen Pforte zu unterstellen. Ebenso sollte er die nach der Schlacht von Nizip zu ihm übergelaufene osmanische Flotte wieder dem Sultan aushändigen. Im Gegenzug wurde Muhammad Ali Pascha in Aussicht gestellt, Ägypten in einen autonomen Staat umzuwandeln. Die Herrschaft über dieses Staatswesen sollte erblich sein und Palästina als zeitliches Lehen mit einschließen. Muhammad Ali weigerte sich zunächst und lenkte erst nach einer Landung englischer Truppen in Syrien ein. Schließlich akzeptierte er die Vereinbarungen und entzog so die Provinz Ägypten in Zukunft dem direkten Zugriff des Sultans. Zwar hatte Muhammed Ali Pascha einen jährlichen Tribut an den Sultan zu entrichten und seine Armee wurde auf 18 000 Mann reduziert, dennoch herrschte er von nun ab als erblicher Wali (Vizekönig) uneingeschränkt über Ägypten.

Mit der Viererallianz und dem Meerengenvertrag von London wurde 1841 auch das Problem der Durchfahrt durch die Dardanellen und den Bosporus gelöst. Die Passage war nun für die Schiffe aller Staaten freigegeben. Nur in Kriegszeiten sollte der Bosporus für die Kriegsschiffe aller Nationen gesperrt bleiben. Nebenbei schied damit auch Russland als Schutzmacht über das Osmanische Reich aus.

In der Folge kam es zu einer Friedensperiode, die im Osmanischen Reich für weitere Reformen genutzt wurde. Unter diesen Reformen sind besonders die Gründung einer Universität, eines Gymnasiums und der türkischen Akademie der Wissenschaften hervorzuheben.

Das Osmanische Reich konnte es ab etwa 1850 jedoch nicht vermeiden, in die innereuropäischen Auseinandersetzungen verwickelt zu werden. Einer der Auslöser des Konfliktes waren die Bestrebungen Frankreichs und des Russischen Reichs, als Schutzmächte ihrer jeweiligen Konfessionen (Katholizismus, Orthodoxie) im Osmanischen Reich anerkannt zu werden. Vordergründig ging es um einen Konflikt über die Nutzung der Grabeskirche in Jerusalem durch die dort ansässigen christlichen Konfessionen. Die politische Motivation der Franzosen lag hingegen darin, ihren Einfluss in Syrien zu stärken. Russland wollte seinerseits seinen Einfluss im Osmanischen Reich erneuern, nachdem es seine Stellung als Schutzmacht im Meerengenvertrag von 1841 eingebüßt hatte. Um den daraus entstehenden

Spannungen entgegenzutreten, vereinbarten Türken und Russen, gemeinsam die Donaufürstentümer Moldau und Walachei zu befrieden, in denen es im Zuge der Revolutionen von 1848 zu Unruhen gekommen war. Allerdings hielt sich Russland seinerseits nicht an die Vereinbarungen, sondern annektierte 1853 kurzerhand beide Fürstentümer. Im Gegenzug erklärte das Osmanische Reich am 16. Oktober 1853 Russland den Krieg, musste aber schwere Niederlagen einstecken und wurde durch die Vernichtung der vor Sinope liegenden türkischen Flotte stark geschwächt. England und Frankreich, denen die russischen Hegemonialbestrebungen in Europa große Sorgen bereiteten, versuchten zunächst erfolglos auf diplomatischen Weg eine Vermittlung herbeizuführen. Sie verlangten von Russland, dass es sein Protektorat der osmanischen Donauprovinzen und seine Schutzherrschaftsansprüche über die orthodoxen Christen im Reich aufgeben sollte. Im Gegenzug wurde die Auflösung des Meerengenvertrags von 1841 in Aussicht gestellt, sowie das Recht aller Nationen auf der Donau Schifffahrt zu betreiben. Nachdem Russland diese Bedingungen ablehnte, zogen Briten und Franzosen an der Seite der Hohen Pforte in den Krieg. Dieser bewaffnete Konflikt, der an verschiedenen Kriegsschauplätzen geführt wurde, erhielt später seinen Namen nach dem Hauptschauplatz der Kämpfe, der Krim.

Der Krimkrieg 1853–1856

Der Krimkrieg wurde zwischen dem Osmanischen Reich und dem zaristischen Russland ausgetragen. Allerdings beteiligten sich das Zweite Französische Kaiserreich und das Britische Empire auf Seite der Osmanen an den Kämpfen von Oktober 1853 bis Februar 1856. Der einzige Teil des Osmanischen Reichs, der keine Soldaten für den Krimkrieg bereitstellte, war Ägypten, obwohl es zu dieser Zeit noch immer offiziell unter der Herrschaft des Sultans stand.

Ein erster Vorstoß osmanischer Truppen donauaufwärts brachte auch Österreich auf den Plan, das Truppen nach Transsylvanien verlegte. Zu dieser Zeit fürchteten die Habsburger mehr den wachsenden russischen Einfluss als das Osmanische Reich. Grund dafür war die Balkanpolitik der Russen, die dort als Schutzmacht der Balkanslawen auftraten. Dennoch blieb Österreich, sehr zum Missfallen Russlands, mit dem es seit langem verbündet war, in diesem Krieg zunächst neutral. In der Folge wandte sich Russland von Österreich ab und sollte im Ersten Weltkrieg auf der Seite der Gegner Österreichs stehen. Ebenfalls neutral blieb Preußen. Großbritannien und Frankreich bildeten hingegen eine Allianz und sandten Truppen in das Schwarze Meer, um Russland gemeinsam mit den Osmanen von Süden, über die Krim, anzugreifen.

Der russische Gegenstoß richtete sich gegen Bulgarien, von dem der Zar hoffte, es würde gegen die Osmanen revoltieren. Das Land verhielt sich allerdings ruhig und konnte von Russland nicht zum Aufstand angestachelt werden, womit es als Verbündeter des Zaren ausschied. In der Zwischenzeit waren britische und französische Expeditionsstreitkräfte auf der Krim eingetroffen und begannen mit der Belagerung von Sewastopol. Hier kam es am 25. Oktober 1874 zum berühmten Angriff der englischen leichten Brigade, bei der von 675 eingesetzten Kavalleristen über 300 getötet oder gefangen genommen wurden[155].

155 Festgehalten im berühmten Gedicht »The charge of the Light Brigade« von Alfred Lord Tennyson (1809–1892), das mit den Worten beginnt: All in the valley of Death rode the six hundred.

Nach fast zwei Jahren verlustreicher Kämpfe und dem Tod von 500 000 Soldaten zumeist durch Krankheiten[156], bat der neue russische Zar Alexander II. (1818–1881) 1856 um Friedensverhandlungen. Am 30. März 1856 wurde schließlich der Frieden von Paris geschlossen. Ein Teil der Verhandlungsergebnisse bestand darin, dass weder der Zar noch der Sultan militärische Kräfte oder eine Flotte im Schwarzen Meer unterhalten sollten. Zudem hatte der Zar seinen Anspruch der Schutzherrschaft über alle orthodoxen Christen aufzugeben.

Besonders die Vertragspunkte, die die militärischen Verhältnisse im Schwarzen Meer betrafen, waren eine herbe Niederlage für Russland. Zugleich war damit aber auch die direkte Bedrohung des Osmanischen Reichs zumindest von dieser Seite her vorerst gebannt. Auch die Fürstentümer Moldau und Walachei kehrten wieder unter die Herrschaft der Osmanen zurück. Für den Sultan war dies das wichtigste Ergebnis der Verhandlung, da damit alle beteiligten Mächte die politische und territoriale Integrität des Osmanischen Reichs anerkannten.

Der Krimkrieg wurde in späterer Zeit gelegentlich als Vorstufe zum Ersten Weltkrieg betrachtet. Tatsächlich sollte dieser Konflikt einen starken Einfluss auf das europäische Machtgefüge in den folgenden Jahren ausüben. Österreich wurde nach seiner Niederlage in der Schlacht von Königgrätz (Sadowa) 1866[157] diplomatisch isoliert und verlor Russland damit endgültig als potentiellen Verbündeten. 1871 wurde Frankreich von Preußen geschlagen und das Deutsche Kaiserreich in Versailles ausgerufen. Daraufhin schied auch Frankreich aus dem Bündnis mit Österreich-Ungarn aus und wandte sich Russland zu. Damit konnte es sich Russland leisten, den Schwarzmeervertrag, der im Frieden von Paris geschlossen worden war, nicht mehr zu beachten. Großbritannien alleine war zu schwach um die Bestimmungen durchzusetzen. Somit begannen die Russen erneut mit dem Aufbau einer Schwarzmeerflotte.

---

156 Florence Nightingale (1820–1910) schuf in diesem Krieg die Anfänge eines geregelten Sanitätswesens in Kriegszeiten.

157 Neuhold, Helmut; 1866 Königgrätz. Wiesbaden: marixverlag 2016.

Das Edikt von 1856

Sultan Abdülmecid nahm den Sieg im Krimkrieg 1856 zum Anlass, ein neues Reformedikt herauszugeben, das sich mit der Religionsfreiheit im Osmanischen Reich beschäftigte. Das Edikt bezog sich auf den Status der Nicht-Muslime und wollte die Unsicherheiten beseitigen, die durch das Edikt von 1839 entstanden waren.

Offizielles Ziel war es den Staat dazu zu bringen, dass er die Zwangskonversionen von Nicht-Muslimen zum Islam ablehnen sollte. Darüber hinaus sollte die Praxis verboten werden, der jeden Abfall vom Islam mit dem Tod bedrohte.

Im Osmanischen Reich hatte man seit längerem die Absicht verfolgt, die Nicht-Muslime besser in den Staat zu integrieren. Zunächst versuchte man, alle Nicht-Muslime in den ursprünglich nur den Buchreligionen vorbehaltenen »*Dhimmi*«-Status zu versetzen[158]. Dieser sollte den Nicht-Muslimen die Möglichkeit geben, frei im Osmanischen Reich zu leben sowie Grund und Boden zu erwerben, solange sie eine Kopfsteuer entrichteten. Tatsächlich gab es aber einen ständigen Druck auf die nichtmuslimischen Gemeinschaften, sich zu assimilieren und zum Islam zu konvertieren. Auch die Androhung der Exekution für Muslime die zum Christentum übertraten, blieb in der Praxis bestehen. Der Tanzimat scheiterte daran, diese Verhältnisse grundlegend zu ändern. Für die herrschenden Eliten im Osmanischen Reich hatte der Begriff der Religionsfreiheit nur insofern Gültigkeit, als er den Primat des Islam gegenüber anderen Religionen festsetzte. Freiheit der Religion bedeutete in weiten Teilen der osmanischen Gesellschaft nur Freiheit des Islam.

---

158 Als *Dhimmi* bezeichnet man in der islamischen Rechtstradition Monotheisten, die mit eingeschränktem Rechtsstatus geduldet und staatlicherseits geschützt wurden.

Fortsetzung des wirtschaftlichen und politischen Niedergangs

Der Krimkrieg hatte weitere Auswirkungen auf das Osmanische Reich, indem der wirtschaftliche Niedergang anhielt. Ursache dafür war eine Handelskapitulation mit Großbritannien von 1838, die nun nach Ende des Kriegs zum Tragen kam. Diese sah vor, dass den britischen Kaufleuten das gesamte Osmanische Reich zum Absatz ihrer Waren offen stand. Der niedere Steuersatz von 5 % auf Einfuhren ermöglichte es dem britischen Handel, den türkischen Markt mit billigen Waren zu überschwemmen und damit das heimische Handwerk zu ruinieren. Hinzu kamen hohe Exportzölle für türkische Waren, die den Export von Gütern erschwerten. Auch die wenigen türkischen Manufakturen mussten vor der wirtschaftlichen Übermacht Großbritanniens kapitulieren. Erneut wanderte das Kapital aus dem Osmanischen Reich nach Europa ab.

Der wirtschaftliche Niedergang führte zu einer weiteren Schwächung der Zentralmacht. Die an den Rändern des Reichs gelegenen Provinzen wurden daher immer wieder zu Schauplätzen von Aufständen gegen die Osmanische Herrschaft. In Bosnien und der Herzegowina kam es 1857 zu einem Aufruhr gegen die Macht der Großgrundbesitzer, die zuvor versucht hatten, sich auf illegalen Wegen das Land der Bauern anzueignen. In Montenegro kam es zu einem Aufstand, indem sich die das Land regierenden orthodoxen Kirchenfürsten gegen die muslimischen Landherren durchsetzen und ihren Besitz auf deren Kosten erweitern konnten. In den Donaufürstentümern kam es ab 1859 zur Herrschaft eines gemeinsamen Fürsten[159], der ohne Wissen und Bewilligung der Hohen Pforte eingesetzt wurde.

159 Alexandru Ioan Cuza, als Fürst Alexandru Ioan I. genannt, (1820–1873) war Gründer und erster Fürst von Rumänien (regierte 1859–1866). 1859 wurde die Vereinigung der Fürstentümer Walachei und Moldau vollzogen. Damit endet faktisch die Geschichte der Walachei als Staat. Durch die Vereinigung der Fürstentümer Walachei und Moldau wurden die Grundlagen des modernen rumänischen Staates gelegt.

Der neue Sultan Abdülazis (1830–1876), sein Vorgänger Abdülmecid war 1861 gestorben, musste diesen 1864 anerkennen. Zu weiteren Unruhen kam es im Libanon und auf der Insel Kreta. Letztere wurden zwar 1869 niedergeschlagen, die Insel musste jedoch als ein Wilajet mit besonderem Status anerkannt werden, das seine eigene Verfassung und einen gewählten Generalrat als Regierung besaß.

Nationalistische Bewegungen auf dem Balkan

Brennpunkt der Ereignisse blieb aber der Balkan. Dort ließ sich von einer permanenten Krise sprechen. Besonders durch das Aufkommen des Nationalismus wandten sich zahlreiche Provinzen gegen die osmanische Oberherrschaft mit dem Ziel, eigenständige Nationalstaaten zu gründen. So konnten die Serben durchsetzen, dass das Osmanische Reich ab 1867 sämtlichen Truppen aus Serbien abziehen musste. Mit diesen verließ die Mehrzahl der Muslime das Land und siedelte sich in Bosnien an. Diese Trennung, sollte zur Keimzelle des Konfliktes werden sollte, der von 1991 bis 2001 den Balkan erfasste[160]. Obwohl bereits mit einem Autonomiestatut versehen, stellten die Balkanländer ein Aktionsprogramm auf, um ihre Interessen in Zukunft nicht nur gegenüber der Hohen Pforte, sondern auch gegenüber den anderen Großmächten wirkungsvoll vertreten zu können.

Da auch die Bulgaren von nationalistischen Strömungen erfasst wurden, versuchte der Sultan mit der Neuerrichtung eines Donau-Wilajets dieser Bewegung entgegen zu wirken. Gleichzeitig wurde ab 1870 ein eigenes orthodoxes Exarchat geschaffen, das vom Patriarchen in Istanbul unabhängig war. Dennoch konnten diese Maßnahmen nicht verhindern, dass 1875 in der Herzegowina und 1876 in Bulgarien Aufstände gegen die osmanische Herrschaft losbrachen. 1876 erklärte Serbien der Hohen Pforte den Krieg, wurde aber von osmanischen Truppen besiegt. Dies führte in Istanbul zur Befürchtung, dass die christlichen europäischen Mächte zugunsten ihrer Glaubensgenossen in den Krieg eingreifen könnten. Um dem entgegenzuwirken, berief der neue Sultan Abdülhamid II. (1842–1918) eine internationale Konferenz zur Lage auf dem Balkan in die osmanische Hauptstadt ein.

---

160 Sowards, Steven W.; Moderne Geschichte des Balkans. Der Balkan im Zeitalter des Nationalismus. BoD 2004.

Die dynastischen Entwicklungen von 1876 bis 1909 und der Staatsbankrott

Sultan Abdülaziz war 1876 wegen seiner Verschwendungssucht abgesetzt worden, die 1876 zum Bankrott des türkischen Staats geführt hatte. Um die *tanzimat*-Reformen durchführen zu können, benötigte das Osmanische Reich Gelder, die es sich zwischen 1854 bis 1876 in 15 Anleihen am internationalen Geldmarkt besorgte. Das Geld wurde aber nicht den Bestimmungen nach verwendet und das Budgetdefizit wuchs in diesen Jahren stark an. Daher musste das Osmanische Reich 1876 den Staatsbankrott verkünden. Sultan Abdülaziz verübte fünf Tage nach seiner Absetzung Selbstmord. Zumindest war dies die offizielle Bekanntgabe der Hohen Pforte. Der nächste länger regierende Sultan Abdülhamid II. war nicht der direkte Nachfolger von Abdülaziz. Für 92 Tage herrschte Sultan Murad V. (1840–1904) über das Osmanische Reich. Dieser war der Erstgeborene von Sultan Abdülmecid I. Er hatte eine gründliche Ausbildung und die Gelegenheit erhalten, in Europa zu reisen und die europäische Kultur kennenzulernen. Er war begeistert von den zivilen und politischen Freiheiten im Westen und galt als die zukünftige Hoffnung der liberalen Kräfte im Osmanischen Reich. Murad hatte versucht die Reformen im Staat weiterzuführen, aber unter dem Eindruck des Selbstmordes von Abdülaziz und der Ermordung einiger seiner Minister, erlitt er einen Nervenzusammenbruch. Nach einer Untersuchung von türkischen und ausländischen Ärzten wurde festgestellt, dass seine mentale Erkrankung nicht behandelbar sei und er wurde für abgesetzt erklärt. Er wurde durch seinen Bruder Abdülhamid II. auf dem Thron ersetzt.

Die osmanische Verfassung von 1876

Um die Konferenz von Konstantinopel 1876/77 vorzubereiten und um sich das Wohlwollen der europäischen Mächte im Vorfeld zu sichern, ließ Sultan Abdülhamid II. noch vor der Konferenz die erste türkische Verfassung proklamieren. Diese sah insbesondere die Abschaffung des Absolutismus im Sultanat und die Einführung eines parlamentarischen Systems vor. Die Verfassung von 1876 war die erste, die für das gesamte Osmanische Reich erlassen wurde. Erstellt wurde sie vom »Komitee der Jungen Osmanen«[161], besonders von Ahmed Şefik Midhat Pascha (1822–1884). Bereits ab 1865 hatte sich die Geheimgesellschaft der »Jungen Osmanen« gebildet, die eine dem Volk ohne dessen Beteiligung übergestülpte Verfassung und ohne grundlegende Strukturreformen im Reich ablehnte. 1867 entdeckt, musste die Organisation nach Paris ausweichen und bildete dort den Sammelpunkt für die liberale türkische Opposition. Die Verfassung von 1876 war allerdings nur zwei Jahre in Kraft. Diese Zeit wird in der Türkei als die erste Verfassungsperiode bezeichnet. Sie war die erste Verfassung, die in einem Land erlassen wurde, das nicht in Europa oder in den Amerikas lag.

Entstanden war sie durch die Studien der »Jungen Osmanen« in Europa, die glaubten herausgefunden zu haben, dass der Erfolg der europäischen Staaten nicht alleine in ihrer Technik und in der Beherrschung der Wissenschaften lag, sondern auch in ihrer politischen Organisation. Außerdem war ein kleiner Teil der türkischen Eliten der Ansicht, dass ihnen eine eigene Verfassung mehr Einfluss auf die Regierung des Osmanischen Reichs sichern würde, als dies bisher der Fall war.

In der Verfassung festgeschrieben wurden ein Zweikammern-System, ein vom Sultan gewählter Senat und eine durch allgemeine Wahlen bestimmte Abgeordnetenkammer. Wahlen sollten alle vier Jahre stattfinden, um der Stimme des Volkes genügend Raum zu geben. Generell betrachtet beschnitt die neue

161 Eine 1865 gegründete Geheimorganisation, Vorläufer der späteren Jungtürken, siehe: Mardin, Şerif; The Genesis of Young Ottoman Thought. Princeton: Princeton Univ. Press 1962.

Verfassung die Macht des Sultans nur wenig. Diesem standen nach wie vor die Ausrufung des Kriegszustandes, die Ernennung neuer Minister und die Genehmigung von Gesetzesänderungen zu.

Die Reaktionen auf diese Verfassung waren im Osmanischen Reich zunächst durchaus positiv. Bevor sie aber in Kraft treten konnte, gab es noch eine Auseinandersetzung mit den Ulemas, die sich dagegen aussprachen, da sie in der Verfassung einen Widerspruch zur Scharia sahen. Grundsätzlich war die Stimmung unter der Bevölkerung aber zuversichtlich und man erwartete von der neuen Verfassung tiefgreifende Änderungen im politischen Leben des Reichs. Viele Menschen feierten die neue Verfassung und es kam zum Schulterschluss zwischen Christen und Muslimen, da man sich nun unter einer gemeinsamen osmanischen Identität vereinigt sah. Dennoch gab es in einigen Provinzen Proteste. In den Provinzen mit mehrheitlich islamischer Bevölkerung wurden diese von den Ulemas angeführt. In den europäischen Landesteilen, besonders in Albanien und Rumänien, waren es hingegen nationalistisch gesinnte Politiker und orthodoxe Priester, die ihren Versuch, mehr Autonomie zu gewinnen, durch die Verfassung gefährdet sahen.

Totale Ablehnung erfuhr die Verfassung von den europäischen Mächten, die sie als ungenügend und als letzten Versuch ansahen, die Macht der osmanischen Sultane zu erhalten oder wiederherzustellen.

Die kurze Periode der Modernisierung, die auf die Verfassung von 1876 folgte, gab den Frauen erstmals die Möglichkeit, eine Erziehung nach westlichem Vorbild zu genießen. Besonders die talentierten Töchter der reichen Familien erhielten nun Privatunterricht in den schönen Künsten, und viele von ihnen reisten durch Europa, um den Westen kennenzulernen.

Der Russisch-Osmanische Krieg von 1877–1878

Wenn Abdülhamid damit gerechnet hatte, dass die Einführung einer Verfassung die Krise auf dem Balkan beenden würde, so sah er sich in dieser Hoffnung getäuscht. Die europäischen Mächte und Russland ergriffen im Frühjahr 1877 erneut die Initiative und forderten im »Londoner Protokoll« die Hohe Pforte auf, den christlichen Balkanstaaten einen autonomen Status zuzuerkennen. Dies hätte eine völlige Entmachtung des Osmanischen Reichs auf dem Balkan bedeutet. Der Sultan verweigerte daraufhin die Annahme des Protokolls, worauf Russland im April 1877 den Krieg erklärte. Russland sah sich als Vertreter des Panslawismus, verstand sich als Schutzmacht der Balkanslawen und war bemüht, seinen Einfluss in dieser Region gegen Österreich-Ungarn auszuweiten.

Der Krieg verlief katastrophal für die türkische Armee. Nach einer schweren Niederlage am Schipkapass im bulgarischen Balkangebirge konnten die Russen die ehemalige osmanische Hauptstadt Edirne einnehmen und rückten bis in die Außenbezirke von Istanbul vor. Um den Staat zu retten, musste der Sultan im März 1878 den für die Türken demütigenden Friedensvertrag von San Stefano[162] schließen, der den Verlust aller ihrer europäischen Besitzungen nach sich zog. Serbien, Montenegro und Rumänien wurden durch türkische Gebietsabtretungen vergrößert und autonom. Bulgarien, das man um Ostrumelien und Mazedonien zu einem großbulgarischen Fürstentum erweiterte, erhielt Zugang zum Ägäischen Meer und geriet unter russischen Einfluss. Damit eröffnete sich für Russland der Zugang zum Mittelmeer.

162 Heute Yediküle, ein Vorort von Istanbul.

Der Kongress von Berlin 1878 und seine Folgen

Dieser enorme Einflusszuwachs Russlands auf dem Balkan stellte allerdings eine Bedrohung für die Interessen der anderen europäischen Mächte dar. Insbesondere Österreich-Ungarn sah seine Einflusssphäre auf dem Balkan bedroht und wollte die Errichtung eines gemeinschaftlichen Staats aller Balkanslawen an seiner Südflanke verhindern.

Großbritannien, das um das Mächtegleichgewicht in Europa fürchtete, und Österreich-Ungarn, das den wachsenden russischen Einfluss an seiner südlichen Flanke mit Sorge betrachtete, protestierten daher scharf gegen die Machtausweitung Russlands. Als britische Flottenverbände ins Marmarameer einliefen und ein Zusammenstoß mit Russland unmittelbar bevorzustehen schien, schlug der österreichisch-ungarische Außenminister Gyula Andrássy (1823–1890) einen Kongress zur Regelung aller strittigen Fragen auf dem Balkan vor. Da das Deutsche Kaiserreich auf dem Balkan zu dieser Zeit noch keine Interessen hatte und der deutsche Reichskanzler Otto von Bismarck (1815–1898) sich im Februar 1878 vor dem Reichstag bereit erklärt hatte, als »ehrlicher Makler« einen Friedenskongress zu leiten, einigten sich die Großmächte auf Berlin als Tagungsort.

Ergebnis der Verhandlungen war der am 13. Juli 1878 unterzeichnete Berliner Vertrag, der den Frieden von San Stefano zu Ungunsten Russlands revidierte. »Groß-Bulgarien« wurde aufgeteilt in das zwar autonome, formal aber unter osmanischer Herrschaft stehende Fürstentum Bulgarien, die Provinz Rumelien und das osmanische Mazedonien. Die Unabhängigkeit von Rumänien, Serbien und Montenegro wurde anerkannt. Österreich-Ungarn erhielt gegen den Protest der Türkei das Recht, Bosnien und die Herzegowina zu besetzen, um den russischen Machtzuwachs auf dem Balkan auszugleichen.

Sultan Abdülhamid II. nutzte die Wirren in der internationalen Politik und im Osmanischen Reich dahingehend aus, um die absolute Sultansmacht wiederherzustellen. Dazu löste er im

Februar 1878 das kurz zuvor zusammengerufene Parlament auf. Nominell regierte er zwar weiterhin in einer konstitutionellen Monarchie, de facto handelte es sich aber um eine Diktatur. Er schreckte auch nicht davor zurück, die Opposition mit Terrormaßnahmen zu unterdrücken. In dieser als *zulüm* (Unterdrückung) benannten Periode, die bis 1908 andauern sollte, wurde die Zensur wieder eingeführt, das Spitzelwesen blühte auf und besonders die Bewegung der »Jungen Osmanen« wurde unbarmherzig verfolgt. Dennoch konnte und wollte sich Abdülhamid II. nicht vom Reformwerk seiner Vorgänger verabschieden. So führte er die Angleichung des osmanischen Staats an westliche Normen weiter fort, um die Rückständigkeit des Reichs gegenüber den europäischen Staaten zu überwinden.

Abdülhamids Reformen hatten aber auch weltanschauliche Gründe. Er war ein Verfechter des Panislamismus[163], der alle islamischen Staaten unter eine Oberhoheit zu bringen versuchte. Ferner predigte er den Osmanismus, um das Zusammengehörigkeitsgefühl aller Völker im Osmanischen Reich zu fördern.

163 Der Panislamismus ist eine religiös-politische Bewegung, die die innerislamischen Gemeinsamkeiten in Geschichte, Kultur und Religion hervorheben will. Ziel des Panislamismus ist die Einheit aller Muslime in einem islamischen Staat oder Kalifat.

Der Kranke Mann am Bosporus 1850–1900

In Ägypten war Muhammed Ali Pascha 1849 gestorben. Er hinterließ seinen Nachfolgern ein unabhängiges und im Inneren gefestigtes Ägypten. 1863 wurde Ismail Pascha (1830–1895), ein Enkel Muhammed Ali Paschas, zum Wali von Ägypten proklamiert. 1867 erhielt er ferner den erblichen Titel eines Khediven (Vizekönigs) verliehen, der auch das Recht einschloss, eigene Verträge mit Drittstaaten zu schließen. Eine verfehlte Wirtschaftspolitik, erfolgreiche aber teure Reformen und die Verschwendungssucht Ismails, der aufgrund seiner pompösen Hofhaltung auch der »Prächtige« genannt wurde, setzten der Staatskassa Ägyptens in den Folgejahren deutlich zu. 1869 wurde der Suezkanal nach zehnjähriger Bauzeit eröffnet. Ismail erhielt dabei einen großen Aktienanteil an der Suezkanalgesellschaft, die er aber 1875 weit unter Wert an England verkaufen musste, das damit die alleinige Verfügungsgewalt über den Kanal erhielt und sich somit den kürzesten und schnellsten Transportweg nach Indien sichern konnte. Dennoch erklärte Ägypten 1876 den Staatsbankrott, worauf die internationalen Gläubiger eine Staatsschuldenkasse bildeten, die die eigentliche Macht in Ägypten übernahm. Zahlreiche Ministerposten wurden mit europäischen Fachleuten besetzt und Ismail aufgrund seiner Verschwendungssucht abgesetzt.

Auch Frankreich blieb in dieser Periode nicht untätig und nahm 1881 die Schwäche des osmanischen Staats zum Anlass, um Tunesien zu besetzen. Im selben Jahr kam es zu einem Aufstand in Ägypten, der von England niedergeworfen wurde, das bei dieser Gelegenheit auch das Land besetzte. Dennoch konnte der Khedive Mustafa Tafik Pascha (1852–1892), der Sohn Ismails, als Herrscher weiter regieren. Auch die nominelle Oberhoheit der Osmanen blieb durch die britische Besatzung unangetastet.

Weit weniger erfolgreich gestaltete sich die Politik der Europäer gegenüber dem Osmanischen Reich auf anderen Gebieten.

Sollten die europäischen Mächte zum damaligen Zeitpunkt tatsächlich davon ausgegangen sein, die Probleme auf dem Balkan mit dem Kongress von Berlin zu lösen, so sahen sie sich nur kurze Zeit später in ihren Hoffnungen getäuscht. Es folgte eine permanente Phase von Konflikten. 1885 überfiel Serbien das neu erstarkte Bulgarien, musste aber eine schwere Niederlage einstecken, während sich Bulgarien unter seinem Fürsten Alexander I. von Battenberg (1857–1893) Ostrumelien aneignen konnte.

In Griechenland kam es 1888 zu einem Aufstand auf Kreta, der sich zu einem Bürgerkrieg gegen die türkische Bevölkerung der Insel ausweitete. Nach wechselnden Massakern und Grausamkeiten versuchte 1897 Griechenland eine Invasion der Insel, wurde aber durch eine reformierte türkische Armee zurückgeschlagen, die von deutschen Militärs wie *Müschir* (Marschall) Colmar von der Goltz Pascha (1843–1916) ausgebildet worden war. Trotz dieses Erfolgs sah sich die Hohe Pforte gezwungen, ihre Truppen von der Insel abziehen. Dies bedeutete den faktischen Verlust Kretas an Griechenland. Kreta selbst wurde zukünftig von einem Prinzen aus dem griechischen Königshaus verwaltet.

Im Inneren hatte der osmanische Staat in dieser Zeit mit der armenischen Opposition zu kämpfen. Die Armenier waren von einer Welle der nationalen Begeisterung erfasst worden und versuchten ihre Sonderrechte, die ihnen auf dem Berliner Kongress zugestanden worden waren, durchzusetzen. Unterstützt wurden sie dabei von Russland, das seine Einflusssphäre an seiner Südflanke ausweiten wollte. Nach einer Demonstration von Armeniern 1895 in Istanbul, bei der die Polizei mit Waffengewalt gegen die Demonstranten vorging, kam es zu Pogromen gegen die Armenier. Die Westmächte versuchten einzulenken und Sultan Abdülhamid versprach, Reformen zugunsten der Armenier einzuleiten. Diese ließ er aber nach einem Überfall armenischer Terroristen 1896 auf eine Bank in Istanbul und nach einem gescheiterten armenischen Attentatsversuch auf seine eigene Person wieder fallen. In den Folgejahren kam es zur systematischen Aufhetzung der muslimischen Bewohner Anatoliens, besonders der Kurden, gegen die Armenier. Die hier aufgebauten Spannungen sollten sich im Ersten Weltkrieg in Massakern an den Armeniern entladen.

Deutsche Beziehungen zum Osmanischen Reich

Nach der Gründung des Deutschen Kaiserreichs 1871 trat dieses im Osmanischen Reich als Konkurrent der Briten und Franzosen auf. Ab 1888 hatten deutsche Industrielle und Bankiers sich bemüht, das Osmanische Reich als Wirtschaftsraum für das Deutsche Kaiserreich zu erschließen. Die Entdeckung von Erdölquellen bei Mossul und Basra ab 1902 sollte diese Bemühungen noch weiter verstärken.

Bis zur Jahrhundertwende gab es nur wenige Staaten die Erdöl förderten wie die USA, Mexiko und Russland. Es war aber allen Mächten bewusst, dass dieser neue Rohstoff einen zunehmenden Einfluss auf die Wirtschaft ausüben würde. Schon ab 1870 fuhren erste mit Erdöl statt mit Kohle befeuerte Schiffe, die dadurch eine vierfach höhere Reichweite hatten. Damit wurde Erdöl auch für die Kriegsflotten der Westmächte interessant. Als 1883 der Benzinmotor und 1893 der Dieselantrieb erfunden wurden, bekam der Besitz von Erdölquellen wirtschaftliche und kriegspolitische Bedeutung[164].

England hatte bis 1900 keine eigenen Erdölquellen in seinem Besitz und bemühte sich daher, im osmanischen Irak und in Persien an Einfluss zu gewinnen, um die dort gefundenen Ölvorkommen zu erschließen. 1899 schlossen die Briten mit dem Scheich von Kuweit einen Vertrag, in dem dieser zusicherte, niemals mit anderen Mächten außer England Verträge über sein Erdöl abzuschließen. 1901 sandte England Kriegsschiffe in den Arabischen Golf und zwang die osmanische Regierung, ein britisches Protektorat über Kuweit zu akzeptieren. 1913 ließ sich England gegen einen hohen Betrag vom Scheich von Kuweit sämtliche dortige Erdölkonzessionen übertragen und im selben Jahr kaufte es die Aktienmehrheit an der persischen Erdölge-

164 Emmes, Manfred C.; Interessenorientierungen und Konfliktlinien Großbritanniens, der Vereinigten Staaten von Amerika und Deutschlands vom Ende des 19. Jahrhunderts bis zum Beginn des Ersten Weltkriegs (Google eBook).

sellschaft[165]. Als Folge dieser Entwicklungen betrachtete Großbritannien die Golfregion als sein wirtschaftliches Interessengebiet und gedachte dieses, im Falle einer kriegerischen Auseinandersetzung mit dem Osmanischen Reich, auch militärisch zu verteidigen.

Im Deutschen Reich hatte sich bereits zehn Jahre zuvor eine strategische Überlegung durchgesetzt, in der das Osmanische Reich eine bedeutende Rolle spielte. Man ging davon aus, dass es möglich wäre, eine Kette von verbündeten Staaten zu bilden, die von Berlin bis an den Arabischen Golf reichte, um die dortigen Erdölquellen ausbeuten zu können und um einen großen, gemeinsamen Wirtschaftsraum zu schaffen. Angedacht war eine direkte Verbindung ausgehend vom Deutschen Reich über Österreich-Ungarn und Bulgarien bis in die arabischen Provinzen des Osmanischen Reichs. Diese ausschließlich über Landwege geführte Verbindung hätte von der überlegenen Flotte des Britischen Empire nicht angegriffen werden können. Um dieses Konzept zu verwirklichen war es allerdings notwendig, eine Eisenbahnlinie quer durch das Osmanische Reich bis an den Arabischen Golf zu bauen[166].

Daher begannen 1889 die Bauarbeiten an einer vom Deutschen Reich finanzierten Bahnlinie von Istanbul nach Ankara. 1890 kam es zu einem Übereinkommen zwischen den Osmanen und dem Deutschem Reich, das einen Freundschafts-, Handels- und Schifffahrtsvertrag miteinschloss. Bereits 1890 wurde den Deutschen vom Sultan der Bau einer weiteren Bahnlinie von Eskişehir nach Konya zugestanden. 1898 bot der Sultan dem deutschen Kaiser Wilhelm II. (1859–1941) ein Projekt an, mit dem eine Bahnlinie von Konya über Bagdad nach Basra am Arabischen Golf geführt werden sollte und die bis auf wenige Kilometer dem britischen Protektorat Kuweit nahegekommen wäre.

Nachdem britische und französische Banken eine Mitfinanzierung des Projektes ablehnten und die Presse in England und

165 Kazemi, Farhad; »Anglo-Persian Oil Company«, in: Encyclopædia Iranica, (December 15, 1985) Bd. II, Fasc. 1, S. 61–65.

166 McMeekin, Sean; The Berlin-Baghdad Express: The Ottoman Empire and Germany's Bid for World Power, 1898–1918. London [u. a.]: Penguin Books, 2011.

Frankreich heftig gegen den Plan opponierte, beschloss das Deutsche Reich die Bahn selbst zu errichten, die bald über Mossul nach Bagdad führte. Zur Finanzierung überschrieb der Sultan der deutschen Eisenbahngesellschaft einen zwanzig Kilometer breiten Streifen zu beiden Seiten der Eisenbahnlinie mit den hier befindlichen Erdölkonzessionen. Damit hatte sich das Deutsche Reich nicht nur einen möglichen Angriffspunkt gegen die englischen Besitzungen im Nahen Osten, besonders in Kuweit und Persien gesichert, sondern auch das Erdöl, um seine Industrien und, falls nötig, die Kriegsmaschinerie am Laufen zu halten.

Die Bagdad-Bahn war aber nicht das einzige ehrgeizige Bahnprojekt des osmanischen Staats. Als politisch wichtig sollte ab 1900 einer neuen Bahnlinie, der 1000 Kilometer langen Hedschas-Bahn von Damaskus nach Mekka, ein besonderer Stellenwert zukommen. Diese Bahn war einerseits dazu bestimmt, die technische Leistungsfähigkeit des Reichs zu unterstreichen, zum anderen sollte sie die arabischen Gebiete besser an das Osmanische Reich anbinden. Auch die Erschließung der arabischen Halbinsel für Truppentransporte stand im Zentrum der Überlegungen. Daher wollte Sultan Abdülhamid die Hedschas-Bahn durch türkische Ingenieure und Arbeiter erbauen lassen. Finanziert werden sollte sie durch Spenden der Mekka-Pilger.

Allerdings hatte der Sultan die Leistungsfähigkeit der türkischen Techniker und der Wirtschaft überschätzt. Schon bald kam es zu technischen Schwierigkeiten, sodass man 1901 gezwungen war, die Oberaufsicht über das Bauvorhaben dem deutschen Ingenieur Heinrich August Meissner (1862–1940) zu übertragen. Diesem gelang es trotz der finanziellen und technischen Probleme den ersten Teil der Bahnstrecke von Dar'a nach Haifa schon 1904 zu eröffnen. 1908, anlässlich des Thronjubiläums von Sultan Abdülhamid II., konnte die Strecke bis nach Medina in Betrieb genommen werden. Der Weiterbau bis nach Mekka scheiterte aber am Widerstand der einheimischen Scheichs, die um ihre Einnahme, die sie aus den Pilgertransporten und Schutzleistungen für die Pilger erzielten, fürchteten. Nach dem Sturz von Abdülhamid 1909 fand sich niemand mehr, der den Willen hatte den Bau weiterzutreiben, der dann auch auf Grund fehlender Mittel eingestellt wurde.

Die Jungtürken 1889–1913

Wie auch andere revolutionäre Gesellschaften im Osmanischen Reich hatten die Jungtürken ihren Ursprung unter den progressiven Medizinstudenten und Militärkadetten, besonders aber unter den »Jungen Osmanen«, die nach dem Widerruf der Verfassung 1878 in den Untergrund gegangen waren. Die Jungtürken wollten unter der Verfassung von 1876 die Wiedereinsetzung des türkischen Parlamentes erreichen.

1889 gründeten Studenten der Militärärztlichen Akademie in Istanbul das Geheimkomitee CUP (Comité pour union et progrés, dt.: Komitee für Einheit und Fortschritt), das sich bis 1895 auch unter Militärs, Beamten und Intellektuellen verbreiten konnte. Nach der Niederschlagung der armenischen Unruhen von 1895 schlug Sultan Abdülhamid einen strengen Kurs gegen die fortschrittliche Opposition ein und zwang damit viele Mitglieder des Komitees ins Ausland zu emigrieren, besonders nach Genf und Paris.

Daher fand der erste Kongress der Jungtürken und der osmanischen Opposition am 4. Februar 1902 im Haus von Antonin Lefèvre-Pontalis, einem Mitglied des Institut de France, in Paris statt. Es waren 47 Delegierte anwesend, darunter auch die armenische Opposition, die als einzige verlangte, dass der Kongress in französischer Sprache abgehalten werden sollte.

Der zweite Kongress der türkischen Opposition fand 1907 abermals in Paris statt. Ziel dieser Versammlung war es, alle oppositionellen Kräfte zu vereinen, um im Osmanischen Reich einen Umsturz herbeizuführen. Unter den Anwesenden waren die Jungtürken die am besten organisierte Gemeinschaft und sie konnten bei dieser Gelegenheit zahlreiche Anhänger rekrutieren. Ihr primäres Ziel lag in der Errichtung einer konstitutionellen Monarchie im Osmanischen Reich. 1906 wurde die Osmanische Freiheitsgesellschaft (OFS) in Thessaloniki gegründet, die ihre Anhänger besonders in der dortigen Militärbasis rekrutierte. Unter den Mitgliedern befand sich auch Major Ismail Enver (1881–1922), der spätere Kriegsminister der Türkei im Ersten Weltkrieg.

Gegen die Dominanz der fremden Mächte, die Dekadenz und Lethargie der Eliten in der Hauptstadt und das Zerbröckeln des Reichs an der Peripherie gab es zunehmend Widerstand. *»Unser Land ist teilweise und wirksam unter ausländischen Einfluss und ausländische Herrschaft geraten«*, empörte sich 1907 der junge Offizier Mustafa Kemal, der später als »Atatürk« die moderne Türkei begründen sollte. *»Der Sultan ist eine hassenswerte Existenz, die sich ihren Vergnügungen und der Alleinherrschaft hingibt. Er ist zu den niedrigsten Taten fähig. Wo Freiheit fehlt, herrschen der Tod und die Zerstörung«*[167].

Wie alle anderen revolutionären Gesellschaften der Türkei fanden sich auch die OFS bereit, unter der Schirmherrschaft des CUP zu wirken. Tatsächlich konnten die Mitglieder der OFS bald die Spitze des CUP übernehmen und dieses nach ihren eigenen Vorstellungen leiten.

1908 kam es zur Jungtürken-Revolte in Istanbul, der es gelang, die Aufhebung der Verfassung von 1878 rückgängig zu machen. Damit begann die zweite Verfassungsära des Osmanischen Reichs. Diese Revolution entsprang der Zusammenarbeit vieler höchst unterschiedlicher Kräfte wie reformbereiten Pluralisten, türkischen Nationalisten, westlich orientierten Säkularisten sowie ethnischen Minderheiten. Zu Letzteren zählten vor allem Armenier und Griechen. Praktisch war jede Gruppe daran beteiligt, die den Sultan für die Rückständigkeit von Reich und Gesellschaft verantwortlich machte.

Abdülhamids konservative Regierung war dabei in einen seltsamen Gegensatz zu einer durchaus liberalen Entwicklung der türkischen Gesellschaft geraten. Durch die vom Sultan eingeleiteten sozialen Reformen wurde zwar die Zivilgesellschaft gestärkt, gleichzeitig hatten diese Reformen aber auch den Weg zum Umsturz von 1908 geebnet. Als Abdülhamid 1878 das Parlament aufgelöst und die Verfassung außer Kraft gesetzt hatte, waren nur einige Politiker übergeblieben, die mit ihm das Land regiert hatten. Im Osmanischen Reich jener Tage herrschte ein Drang nach Modernisierung und der Entwicklung zu einem

---

167 Kreiser, Klaus; Atatürk. Eine Biographie. München: C. H. Beck, 2008, S. 54.

modernen Staatswesen. Es hatten sich zwei politische Fraktionen gebildet, die zwar beide in Opposition zum Sultan standen, aber durchaus eigene Interessen vertraten. Die Liberalen entstammten mehrheitlich der Oberschicht des Reichs und wollten eine Einmischung des Staates in ihre Geschäfte und wirtschaftlichen Unternehmungen weitestgehend unterbinden. Sie traten auch für größere Freiheiten der einzelnen Regionen im Reich ein und waren daher unter den verschiedenen Ethnien besonders populär. Die zweite Gruppe waren die Unionisten, zumeist Arbeiter, die ein möglichst säkulares Regime anstrebten. Die beiden Gruppen arbeiteten zusammen, obwohl sie deutliche politische und kulturelle Unterschiede trennten. Mit der Zeit konnten sie einen so starken politischen Druck auf Sultan Abdülhamid aufbauen, dass dieser sich genötigt sah, am 23. Juli 1908 die Verfassung von 1876 wieder in Kraft zu setzen und auf seine absolute Machtstellung zu verzichten. Im Dezember 1908 trat das türkische Parlament erstmals nach 1878 wieder zusammen und am 17. Dezember 1908 konnten die Unionisten die Mehrheit im Parlament für sich gewinnen. Diese Partei besaß zwar kaum politische Erfahrung, versuchte aber dem osmanischen Staat ihre Ideen nahezubringen. Der neue Großwesir, Kıbrıslı Kamil Pascha (1833–1913), liberal eingestellt und ein Freund Englands, verstand es für eine gewisse Zeit ausgleichend zwischen dem CUP und den Liberalen zu wirken. Als er aber begann sich in die Außenpolitik des Reichs einzumischen, wurde er vom CUP im März 1909 abgesetzt. Nur einige Wochen später versuchten die konservativen Kräfte im Osmanischen Reich eine Konterrevolution von Islamisten und Sultanstreuen herbeizuführen, deren Ziel es war, das islamische Gesetz, die Scharia, im gesamten Reich wieder einzuführen. Durch die Niederschlagung des Aufstandes kamen die Jungtürken nun alleine an die Macht, die sie bis zum Ausbruch des Ersten Weltkrieges, abgesehen von einer kurzen Episode in den Jahren1912 bis 1913, nicht mehr abgeben sollten.

Die Jungtürken hatten zwar den Kampf um die Macht im Osmanischen Reich gewonnen, doch zur offenen Machtübernahme fühlten sie sich noch nicht berufen. Das CUP agierte weiterhin im Verborgenen und niemand unter den Volksvertretern wusste genau, wer die politische Richtung vorgab. Die Regierungen von 1908 bis 1912 waren völlig von den Beschlüssen des Geheimbundes abhängig und wurden oft durch Entscheidungen, die dessen Mitglieder ohne demokratische Legitimation fällten, vor vollendete Tatsachen gestellt. Sultan Abdülhamid musste nach dem Putschversuch der Konterrevolution von 1909, den er unterstützt hatte, abdanken und wurde durch seinen Bruder Mehmed V. Reşad (1844–1918) im Amt ersetzt. Spätestens zu diesem Zeitpunkt lag alle Macht beim türkischen Parlament, das vom CUP kontrolliert wurde.

Den Umsturz von 1908 und die darauffolgenden politischen Unsicherheiten im Osmanischen Reich gedachten die benachbarten Mächte zu ihrem Vorteil zu verwenden. Österreich-Ungarn nutzte die Schwäche der jungtürkischen Bewegung und annektierte die seit 1878 besetzten osmanischen Provinzen Bosnien und Herzegowina. Damit löste es nicht nur die sogenannte Annexionskrise aus und riskierte damit, dass eine territoriale Frage des Balkans einen »großen Krieg« zwischen den Mächten auszulösen drohte. Gleichzeitig provozierte dieses Vorgehen die radikalen Vertreter der serbischen Nationalbewegung. 1911 sollte sich aus serbischen Offizieren die Geheimorganisation *Ujedinjenje ili Smrt* (Vereinigung oder Tod) gründen, die später zu den Drahtziehern des folgenreichen Attentats von Sarajevo gehörte, bei dem am 28. Juni 1914 der Thronfolger Österreich-Ungarns, Erzherzog Franz Ferdinand (1863–1914), getötet wurde. Auch unter den Bulgaren und Serben wuchs die Bereitschaft einen militärischen Konflikt zu riskieren um eine Ausweitung ihrer Territorien zu erreichen. In Griechenland brachte die jungtürkische Revolution im Sommer 1909 unzufriedene griechische Offiziere zum Aufstand von Goudi, eine bürgerliche Revolution, die dem kretischen Politiker Eleftherios Venizelos (1864–1936), später ein Hauptverfechter der Idee eines Großgriechenlands, den Weg an die Macht ebnete.

Die Wiedereinsetzung der osmanischen Verfassung sollte zunächst die Lage der christlichen Bevölkerung im Osmanischen Reich verbessern, da sich die jungtürkische Regierung 1908 und 1909 gegenüber Mitbestimmungs- und Autonomieforderungen christlicher und auch nichttürkischer Bevölkerungsgruppen aufgeschlossen zeigte. Allerdings blieben diese Ansätze in ihren Anfängen stecken da diese Autonomieforderungen der Minderheitenvertreter vielen muslimischen Konservativen und türkischen Nationalisten zu weit gingen. Umgekehrt waren die Veränderungen in Istanbul vielen bulgarischen, albanischen und griechischen Radikalen nicht schnell und weitreichend genug. Dieser Unmut fand seinen Ausdruck in Attentaten gegen staatliche Einrichtungen. Zugleich wurden auf dem Land bewaffnete Banden aktiv. Als die türkische Regierung ab 1910 ihre Vorstellungen eines modernen Zentralstaates umzusetzen begann, entschloss sich Albanien zum bewaffneten Widerstand. Anrainerstaaten wie Montenegro unterstützten diese Erhebung durch Waffenlieferungen. Im Dezember 1911 lösten die Jungtürken das Parlament in Istanbul auf, und bei den anschließenden Neuwahlen erlangte der radikale Flügel eine deutliche Mehrheit. Alle wichtigen Vertreter der verschiedenen Minderheitsfraktionen wurden hingegen an einem Wiedereinzug ins Parlament gehindert.

Neben den innenpolitischen Veränderungen verschlechterte die gegenüber den Türken aggressive Politik der europäischen Staaten die Situation zusätzlich. Die anhaltende Schwäche des durch innere Konflikte zerrütteten Reichs nutzte 1912 Italien, um gegen das Osmanische Reich vorzugehen und Libyen zu besetzen.

Der Italienisch-Türkische Krieg 1911–1912[168]

Am Anfang des 20. Jahrhunderts war das Königreich Italien ein Land mit großen wirtschaftlichen und sozialen Problemen, die dazu geführt hatten, dass zwischen 1901 und 1911 mehr als eineinhalb Millionen Italiener nach Nord- und Südamerika ausgewandert waren. In nationalistischen Kreisen setzte sich deshalb die Vorstellung durch, dass die Schaffung von Kolonien die sozialen Probleme des Lands mildern könnte. Die zum Osmanischen Reich gehörenden Provinzen Tripolitanien und Cyrenaika in Nordafrika (heute Libyen) schienen durch ihre Lage und ihre geringe Bevölkerungsdichte dazu eine passende Gelegenheit zu bieten.

Es war den Italienern bewusst, dass das Osmanische Reich den Höhepunkt seiner Macht längst überschritten hatte und in seiner derzeitigen Verfassung als sehr schwach einzuschätzen war. So schien es der italienischen Regierung unter Premierminister Giovanni Giolitti (1842–1928) unwahrscheinlich, dass das Osmanische Reich in der Lage sein würde, nennenswerten Widerstand gegen eine Besetzung Libyens zu leisten. Daher stellte die italienische Regierung am 26. September 1911 der Hohen Pforte ein 24-stündiges Ultimatum, indem die sofortige Abtretung Tripolitaniens und der Cyrenaika gefordert wurde. Die türkische Regierung und Sultan Mehmed V. waren sich ihrer Schwäche bewusst und zunächst entgegenkommend, indem sie der Besetzung zustimmten, aber zugleich die Aufrechterhaltung der formellen Oberhoheit des Osmanischen Reichs verlangten. Die Antwort des Sultans ging etwa zwei Stunden nach dem Ablauf des Ultimatums bei der italienischen Regierung ein, als die Kriegsoperationen bereits begonnen hatten. Am 29. September erklärte die italienische Regierung offiziell dem Osmanischen Reich den Krieg.

168 Siehe dazu: http://www.mein-italien.info/geschichte/italienisch-tuerkischer-krieg.htm (online).

Die Kämpfe in Nordafrika begannen mit dem italienischen Beschuss von Tripolis am 3. Oktober. Danach wandten sich die Italiener mit einem Expeditionsheer von 20 000 Mann gegen Tripolitanien. Am 4. Oktober landeten italienische Bodentruppen und nahmen Tripolis ein. Am selben Tag fiel auch Tobruk und bis zum 14. Oktober wurden alle anderen wichtigen Küstenorte Tripolitaniens und der Cyrenaika eingenommen.

Anders als erwartet sah die lokale Bevölkerung in den Italienern keine Befreier sondern feindliche Invasoren, da das Land unter der osmanischen Herrschaft relativ selbständig geblieben war. Der erste Rückschlag für die Italiener ereignete sich am 23. Oktober, als ihre Einheiten in der Nähe der Oase Sciara Sciat fast völlig von arabischer Kavallerie und regulären türkischen Truppen aufgerieben wurden. Nach der Schlacht übten die italienischen Truppen Vergeltung gegen die arabische Bevölkerung und erschossen innerhalb von fünf Tagen Tausende Araber, verbrannten deren Häuser und beschlagnahmten ihr Vieh. Über 4000 Araber wurden deportiert. Als Folge der Niederlage wurde das italienische Expeditionskorps auf 100 000 Soldaten verstärkt. Dieser Streitmacht standen lediglich 20 000 Araber und 8000 Türken gegenüber.

Trotz der Erhöhung der Truppenstärke kamen die italienischen Vorstöße in den folgenden Monaten nicht über die Küstengebiete hinaus. Der Krieg entwickelte sich zu einem Stellungskrieg.

Daher wurde versucht mit Hilfe der italienischen Flotte, das Osmanische Reich zu einem Friedensschluss zu zwingen. Im April 1912 wurden türkische Forts an den Dardanellen beschossen und kurz darauf besetzten die Italiener Rhodos und den Dodekanes.

Etwa zur selben Zeit begannen im Frühjahr 1912 erste Aufstände auf dem Balkan. Diese waren für die osmanische Regierung wesentlich bedrohlicher als der mögliche Verlust einer halbselbstständigen Provinz in einem entfernten und eher unwichtigen Teil des Reichs. So willigte die Hohe Pforte im Herbst 1912 in Friedensverhandlungen mit Italien ein. Mit dem am 18. Oktober 1912 abgeschlossenen Frieden von Ouchy bei Lausanne am

Genfer See wurde das Osmanische Reich gezwungen, Tripolitanien und die Cyrenaika an Italien abzutreten. Der Dodekanes blieb zwar weiterhin osmanisch, wurde aber von Italien verwaltet.

Der Verlust der letzten afrikanischen Provinz war innenpolitisch eine schwere Niederlage für das CUP. Mitte 1912 erreichten daher konservative Kräfte den Sturz der jungtürkischen Regierung. Die inneren Probleme des Reichs blieben dennoch bestehen und als 1913 der Erste Balkankrieg ausbrach, hatte das Osmanische Reich dem Bündnis der Balkanstaaten militärisch nichts entgegenzusetzen.

Die Balkankriege 1912–1913[169]

Seit der Annexion Bosnien-Herzegowinas durch Österreich-Ungarn hatte die russische Regierung einen weiteren Machtzuwachs der Habsburger auf dem Balkan befürchtet. Daher war die russische Diplomatie seit dieser Zeit verstärkt darum bemüht, die Balkanstaaten unter der Ideologie des Panslawismus in einem gemeinsamen, pro-russischen Balkanbund zusammenzuführen. So kam es am 13. März 1912 zu einem bulgarisch-serbischen Freundschafts- und Bündnisvertrag. In einem geheimen Zusatzartikel wurde vereinbart, etwaige Unruhen im europäischen Teil des Osmanischen Reichs, die die nationalen Interessen beider Staaten berühren würden, als Grund für einen gemeinsamen Krieg gegen die Osmanen anzusehen. Zusätzlich schloss Bulgarien ohne Rücksprache mit der russischen Regierung am 29. Mai 1912 ein Bündnis mit Griechenland, das von der italienischen Expansion im Ägäischen Meer zutiefst beunruhigt war. Wenig später verbündete sich auch Montenegro mit Bulgarien und Serbien. Gemeinsam bereiteten sich diese Staaten auf einen Angriffskrieg gegen das Osmanische Reich vor. Über die Aufteilung der zu erobernden Gebiete nach dem Krieg wurden bereits vorläufige Absprachen getroffen. Serbien und Bulgarien vereinbarten lediglich, einen Schiedsspruch des russischen Zaren zu akzeptieren, sollten sie sich im Ernstfall nicht über die Aufteilung Makedoniens einigen können.

Anfang Oktober 1912 begannen die Balkanstaaten, ihre Streitkräfte zu mobilisieren. Davon aufgeschreckt versuchten die Großmächte, die jungtürkische Regierung zu Reformen in Makedonien zu drängen, um die Lage zu entschärfen, doch dazu war es bereits zu spät. Nachdem Montenegro am 8. Oktober den Kriegszustand verkündet hatte, folgten die anderen Balkanstaaten eine Woche später.

Zur Überraschung der europäischen Beobachter wurden die osmanischen Truppen innerhalb weniger Wochen an allen Fron-

169 Siehe dazu: http://www.bpb.de/apuz/156349/1913-als-kriegsjahr-suedosteuropa-und-die-balkankriege?p=all (online).

ten geschlagen und zum Rückzug gezwungen. Am 7. November 1912 erreichten die griechischen Truppen wenige Stunden vor den Bulgaren die wichtige Hafenstadt Thessaloniki. Serbien besetzte den Zentralbalkan. Bulgarische Truppen stießen durch Thrakien auf Istanbul vor und konnten erst knapp vor der osmanischen Hauptstadt aufgehalten werden, während die griechische Armee im raschen Tempo an der Adriaküste nach Norden marschierte. Als es den Großmächten schließlich gelang, in einem gemeinsamen Auftreten am 3. Dezember 1912 die Balkanstaaten, mit Ausnahme Griechenlands, zu einem vorläufigen Waffenstillstand zu bewegen, hatte das Osmanische Reich bereits den Großteil seiner europäischen Territorien eingebüßt.

Nicht verhindern konnten die Großmächte, dass die Kampfhandlungen von Gewalttaten begleitet wurden, die sich in erster Linie gegen die muslimische Bevölkerung richteten. Allerdings wurden die Massaker, Vergewaltigungen und Vertreibungen nicht allein von den Soldaten begangen, sondern geschahen unter reger Beteiligung der Zivilbevölkerung.

Im demütigenden Vertrag von London und im Vertrag von Bukarest verlor das Osmanische Reich alle verbliebenen europäischen Gebiete bis auf einen schmalen Gürtel rund um die Hauptstadt.

Damit war auch die Autorität der konservativen Regierung verspielt. Dies war der Moment der Jungtürken, die nun wieder die Macht an sich rissen. Am 23. Januar 1913 überfiel ein Armeekommando unter Major Enver Pascha, der zur Führung des CUP gehörte, eine Regierungsversammlung und zwang den Großwesir mit an den Kopf gehaltener Waffe zum Rücktritt.

Die drei einflussreichsten Führer des Komitees bildeten danach ein Triumvirat, das von nun an das Osmanische Reich nahezu diktatorisch regierte. Der ehemalige Telegrafenbeamte Talat Pascha (1872–1921) wurde Innenminister, der Offizier Enver Pascha Kriegsminister und der Chirurg und Offizier Cemal Pascha (1872–1922) Marineminister. Gemeinsam machten sie sich an die Umsetzung ihres Modernisierungsprogramms. Dabei wurden die religiösen Autoritäten im Bildungs- und Justizsystem radikal eingeschränkt und die Geschlechter rechtlich gleichgestellt.

Zugleich zeigte das Triumvirat eine harte Linie gegen jede Art von Opposition. Zum ersten Mal seit 1820 kam es im Osmanischen Reich wieder zu politischen Hinrichtungen. Zeitungen wurden verboten und politische Gegner aus der Hauptstadt verbannt.

Infolge des CUP-Putsches entbrannten die Kämpfe auf dem Balkan erneut, wodurch auch die letzten osmanischen Stützpunkte verloren gingen. Die verbündeten südosteuropäischen Staaten waren zwar die militärischen Sieger in diesem Krieg, die Entscheidung wie es politisch weitergehen sollte, behielten sich aber die Großmächte vor. Ihre Vorstellungen fassten sie im Londoner Vertrag zusammen, der am 30. Mai 1913 als Vorfriedensvertrag von allen Krieg führenden Staaten unterschrieben wurde.

Russland wollte in diesem Vertrag eine Ausweitung des österreichisch-ungarischen Einflusses auf dem Balkan verhindern und die eigene Position gegenüber dem Osmanischen Reich ausbauen. Großbritannien, das sich seit 1907 Russland angenähert hatte, unterstützte die russische Politik nur halbherzig, war jedoch in erster Linie an einer Lösung der Situation interessiert. Frankreich und das Deutsche Reich rivalisierten auf dem Balkan und im Orient vor allem auf wirtschaftlicher Ebene, insbesondere als Lieferanten von Rüstungsgütern. Die deutsche Regierung sah in den Jungtürken zudem mögliche Bündnispartner für einen eventuellen zukünftigen Konflikt mit Großbritannien und Russland. Österreich-Ungarn und Italien strebten ihrerseits die Kontrolle der albanischen Küste an. Zugleich hatten aber beide Seiten auch das Ziel, Griechenland und Serbien, das sich einen eigenen Adriazugang schaffen wollte, aus dieser Region herauszuhalten. Die jungtürkische Führung war unzufrieden mit dem Ergebnis von London, war doch die Grenze des Osmanischen Reichs auf europäischer Seite bis kurz vor Istanbul verlegt worden. Ebenfalls enttäuscht war die rumänische Regierung, die für den Machtzuwachs der anderen südosteuropäischen Staaten Forderungen nach einem territorialen Ausgleich stellte.

Der Zweite Balkankrieg 1913

Nicht gewillt, die Bestimmungen des Londoner Friedens hinzunehmen, und enttäuscht von der ausbleibenden Unterstützung Russlands, begann die bulgarische Führung sich stärker an Österreich-Ungarn zu orientieren. In Überschätzung der eigenen militärischen Stärke entschlossen sich der bulgarische Zar Ferdinand I. von Sachsen-Koburg und Gotha und die Militärführung am 29. Juni 1913 zu einem Überraschungsschlag gegen die ehemaligen Verbündeten, um die eigenen Ansprüche in Makedonien durchzusetzen. Damit begann der Zweite Balkankrieg, an dem das Osmanische Reich aber nur mehr am Rande beteiligt war.

Für Bulgarien entwickelte sich der Krieg innerhalb weniger Wochen zur Katastrophe. Am 9. Juli trat Rumänien in den Zweiten Balkankrieg ein und stieß mit seiner Armee in Richtung Sofia vor. Zwei Tage später nutzte auch die jungtürkische Regierung die Gunst der Stunde und eroberte die heftig umkämpfte Stadt Edirne zurück. Bulgarien sah sich plötzlich einem Vierfrontenkrieg gegenüber und war gezwungen zu kapitulieren. Am 10. August 1913 kam es zum Friedensvertrag von Bukarest. Bulgarien musste zugunsten Serbiens und Griechenlands auf den Hauptteil Makedoniens verzichten, ebenso auf Teile der nordostbulgarischen Dobrudscha zugunsten Rumäniens. Am 29. September 1913 verpflichtete es sich im Vertrag von Konstantinopel schließlich zusätzlich, Teile Ostthrakiens mit Edirne an das Osmanische Reich zurückzugeben.

Der Erste Weltkrieg 1914–1918

Nach dem Attentat auf den österreichischen Thronfolger Franz Ferdinand am 28. Juni 1914 in Sarajewo, dem darauffolgenden Ultimatum Österreich-Ungarns an Serbien und der Mobilmachung praktisch aller europäischer Mächte begann am 28. August 1914 der Erste Weltkrieg. Von Anfang an versuchten alle beteiligten Mächte das Osmanische Reich auf ihre Seite zu ziehen. Bei diesem Ringen setzten sich letztlich die Mittelmächte Deutschland und Österreich-Ungarn durch.

Bereits am 2. August 1914 wurde ein deutsch-türkischer Bündnisvertrag unterzeichnet. Das Geheimabkommen sah einen Kriegseintritt der Türkei an der Seite Deutschlands für den Fall eines bewaffneten Konflikts mit Russland vor. Es gab jedoch in Istanbul Kritiker eines Krieges an der Seite des Deutschen Kaisers. Die finanzielle Lage der Türkei war hoffnungslos, der Zustand von Heer und Flotte erbärmlich.

Türkische Politiker und Militärs und ein großer Teil der Presse hatten aber die Hoffnung auf eine Rückgewinnung Makedoniens, des Kosovo und Thessaliens nicht aufgegeben. Aus ihrer Sicht waren diese Provinzen untrennbare Teile eines größeren Vaterlandes vom Arabischen Golf bis zur Adria. Die Realisten im Staat sahen hingegen keine Alternative zum Rückzug ins Kernland Anatoliens, von dem aus die osmanische Expansion 1299 begonnen hatte.

In der Istanbuler Regierung unter dem moderaten Großwesir Said Halim Pascha (1864–1921) war es vor Allem Kriegsminister Enver Pascha, der auf die deutsche Hilfe und damit auf einen vertrauten Partner in einem aus seiner Sicht unvermeidbarem Krieg setzte. Der Leiter der osmanischen »Obersten Heeresleitung« war wie die Offiziere der Generalstäbe der meisten osmanischen Armeen ein deutscher Armeeangehöriger. Deutsche Interessen gelangten so auch in den Kriegsplan der Türken, den der preußische General Bronsart von Schellendorf (1864–1950) als ranghöchster deutscher Soldat in osmanischen Diensten gemeinsam mit Kriegsminister Enver ausgearbeitet hatte.

Einen Tag nach Unterzeichnung des Abkommens mit Berlin erklärte Istanbul öffentlich den Zustand »bewaffneter Neutralität«. England reagierte darauf mit der Nichtauslieferung von zwei Kriegsschiffen, die auf britischen Werften gebaut und mit osmanischem Geld finanziert worden waren. Deutschland antwortete mit der Entsendung zweier schon länger im Mittelmeer stationierter Kreuzer. Während die britische und französische Marine die deutschen Kreuzer Breslau und Goeben in der Straße von Gibraltar erwarteten, erlaubte ihnen die Türkei Anfang August 1914 die Einfahrt in die Dardanellen.

Zudem verlangte die Türkei von Deutschland massive Unterstützung bei den eigenen Kriegsvorbereitungen. Ende August überreichte der türkische Botschafter in Berlin dem deutschen Kriegsministerium eine Liste mit kriegsnotwendigen Gütern: 100 000 Schuhsohlen, 200 000 tragbare Zelte, 150 000 Aluminiumflaschen, 500 000 kg Fleisch, ebenso viele Gemüsekonserven und 100 000 Hufeisen verschiedener Größe mit Nägeln. Deutschland war bereit, mit Ausnahme der Schuhsohlen, alles zu liefern.

Auch die Alliierten bemühten sich weiter um den osmanischen Staat als Verbündeten, da dieser die strategisch wichtigen Meerengen des Bosporus und der Dardanellen kontrollierte und er ferner an den von den Briten bewachten Suezkanal stieß. Zugleich erhöhte sich der Druck aus Berlin. Mitte September erreichten den zögerlichen deutschen Botschafter und den Kommandanten der deutschen Kriegsschiffe Instruktionen Kaiser Wilhelms II. Darin wurde gefordert, dass die osmanische Flotte »energische Aktionen im Schwarzen Meer«[170] unternehmen müsse. Es dauerte aber noch mehrere Wochen, bis die inzwischen unter türkischer Flagge und unter türkischem Namen fahrenden deutschen Kriegsschiffe am 29. Oktober 1914 die russischen Häfen Odessa und Sewastopol beschossen und damit dem deutschen Drängen nachkamen.

170 Schreiben des Chefs des Admiralstabes der Marine Hugo von Pohl an den Staatssekretär des Auswärtigen Amts Gottlieb von Jagow am 12. September 1914, publiziert in: http://www.armenocide.de/armenocide/armgende.nsf/$$AllDocs-de/1914-09-12-DE-003?OpenDocument

Nach den Angriffen der Marine auf die russischen Häfen sollten von der türkischen Armee die Truppen des Zaren im Kaukasus festgehalten und die Briten am Suezkanal angegriffen werden. Man hoffte, dass Aufstände in der gesamten islamischen Welt das Britische Empire in Indien und die französische Kolonialmacht in Afrika schwächen würden.

Die türkische Regierung hatte durch ihr Bündnis mit den Mittelmächten Deutschland und Österreich-Ungarn und der Ablehnung einer Allianz mit England und Frankreich das aus ihrer Sicht geringere Übel gewählt. Das größere Risiko für den osmanischen Staat war eine Niederlage gegen Russland und seine Verbündeten. Mit ihr drohte der Verlust der Hauptstadt, des Sitzes von Sultanat und Kalifat. Der englische König George V. (1865–1936) hatte dem russischen Botschafter Graf Benckendorff im »Constantinople Agreement« vertraulich zugesichert: »*Was aber Konstantinopel angeht, es gehört selbstverständlich Ihnen*«[171]. Das Bündnis mit Deutschland und Österreich-Ungarn versprach den Türken hingegen militärische Unterstützung, Stellung von Truppen, Lieferungen von Waffen und Material sowie eine langfristige, über das Kriegsende hinausreichende Förderung von Reformen, die das Grundschulwesen bis zu Staudammprojekten in Anatolien umfassen sollten. Am 13. November 1914 sprach Sultan Mehmed V. zu seinen Soldaten: »*Geht immer mit fester Entschlossenheit in diesen Krieg, den wir gegen die Feinde unseres Glaubens und unsres teuren Vaterlandes führen. Wie Löwen greift den Feind an! Das Leben und das Bestehen von 300 Millionen Muslimen, die Ich zum heiligen Kriege aufgerufen habe, und jenes unsres eigenen Landes, hängen von Eurem Siege ab. 300 Millionen unschuldiger und bedrückter Muslime beten für Euch und wünschen Euch vollen Erfolg*«[172].

171 McMeekin, Sean; The Russian Origins of the First World War. Mass. [u. a.]: Belknap Press, 2011, S. 123.

172 Kreiser, Klaus; Atatürk, eine Biographie. München: C. H. Beck, 2008, S. 78.

Der Beginn des Krieges

Es gibt wenige Konflikte in der Weltgeschichte, die so große Veränderungen an territorialen Besitz, aber auch an der Gesellschaft hinterlassen haben, wie der Erste Weltkrieg von 1914–1918. Er beendete eine Epoche, stürzte jahrhundertalte Dynastien und ließ eine neue Zeit beginnen, die aber schon wieder den Keim für den nächsten großen Konflikt in sich trug. Zwar konnte der Kurs des Deutschen Reichs, der auf eine Vorherrschaft Europas und des Nahen Ostens ausgerichtet war, zum Stehen gebracht werden, gleichzeitig wurde aber auch das fragile Gleichgewicht der Mächte in Europa, das für mehr als 100 Jahre bestanden hatte, zerstört.

Auch der Nahe Osten und besonders das Osmanische Reich wurden von diesem Krieg erfasst. Nach fast sechs Jahrhunderten ununterbrochener Herrschaft sollte die Herrschaft des Osmanischen Reichs völlig zusammenbrechen und ein Vakuum entstehen lassen, das von den siegreichen alliierten Mächten nur ungenügend gefüllt werden konnte und schon das Potenzial für neue Konflikte, die teilweise bis heute anhalten, in sich trug.

Am Beginn des November 1914 gab das Osmanische Reich seine selbsterklärte militärische Neutralität auf und wurde zum Kriegsteilnehmer. Der Sultan erklärte den Heiligen Krieg (Dschihad) gegen England, Frankreich und Russland. Die militärischen Demütigungen, die das Reich innerhalb der letzten Jahre auf dem Balkan und in Libyen erfahren hatte, lassen diesen Schritt rückblickend als unvernünftig erscheinen. Es gab aber Personen an der Spitze des Staates, die in Zusammenarbeit mit dem Deutschen Reich und Österreich-Ungarn glaubten, mit diesem Krieg wieder zur alten Herrlichkeit der Osmanen zurückkehren zu können. Sie hofften auf die Rückeroberung der im letzten halben Jahrhundert verlorenen Gebiete.

Die Osmanische Armee mit ihren etwa 600 000 Soldaten war von geringer Qualität. Allerdings durch den Vorteil der inneren Linie und mit der wirtschaftlichen und militärischen Stärke des Deutschen Reichs im Rücken konnte diese Armee, zum Teil unter der Führung deutscher Offiziere stehend, durchaus die Interessen von Briten und Franzosen im Nahen und Mittleren Osten gefährden.

Zur ersten großen Auseinandersetzung kam es im Kaukasus[173]. Dort versuchte die osmanische Armee eine Invasion des russischen Heeres, die auf den Ostteil Anatoliens zielte aufzuhalten. Ein erstes Gefecht beim Dorf Köprükoy am 4. November 1914 endete in einem Patt. Die zweite große Schlacht am 4. Januar 1915 bei Karikamis endete hingegen mit der völligen Niederlage der durch Kriegsminister Enver Pascha geführten türkischen Armee. Diese musste sich aus dem Kaukasus zurückziehen, konnte aber bis zum Ende des Krieges den Einbruch der Russen nach Anatolien weitgehend verhindern.

Um einem angeblichen türkischen Angriff auf Kuweit zuvorzukommen, unternahmen die Briten am 22. November 1914 einen Angriff auf Basra, eine Hafen- und Erdölstadt nahe dem Zusammenfluss von Euphrat und Tigris. Ziel war es die hier endende anglo-persische Ölpipeline zu schützen und zu kontrollieren, die lebenswichtig für die Versorgung der britischen Flotte im Indischen Ozean war. Außerdem sollte damit ein Exempel statuiert und die Macht der Briten demonstriert werden.

Das Osmanische Reich reagierte im Januar 1915 mit einem Angriff auf die Hauptverbindung der Briten zu ihren Besitzungen in Indien, auf den Suezkanal. Ziel war es, die Kontrolle über den Kanal zu erhalten und anschließend einen islamischen Aufstand in Ägypten zu initiieren. Beide Vorhaben scheiterten aber unter schweren Verlusten für die angreifende osmanische Armee.

173 Keegan, John; Der Erste Weltkrieg: Eine europäische Tragödie. Reinbek: Kindler, 2001, S. 314–317.

Die Vernichtung der Armenier

Durch schwere militärische Rückschläge zu Beginn des Krieges geschwächt, glaubten die Türken eine Legitimation für radikale Maßnahmen zu haben und unterstellten den Armeniern Illoyalität und Verrat am Osmanischen Reich. Seit August 1914 hatten systematische, von Plünderungen und Mordaktionen begleitete Übergriffe von Banden und Spezialorganisationen auf armenische Dörfer in den Ostprovinzen stattgefunden. Die Armenier versuchten sich dagegen am 20. April 1915 durch einem Aufstand in der Provinz Van zur Wehr zu setzen. Dieser Aufstand dauerte vier Wochen. Es war ein verzweifelter Versuch, sich gegen die osmanische Armee und kurdische Freischärler zu verteidigen, die zuvor wochenlang die armenische Bevölkerung der Stadt Van und ihres Hinterlandes überfallen und Massaker unter ihr verübt hatten.

Am 24. April 1915 ließ die jungtürkische Regierung armenische Politiker und Intellektuelle in Istanbul verhaften, deportieren und ermorden.

Die Vorbereitung und Durchführung des Vernichtungsprozesses an den Armeniern wurde mit System durchgeführt. Es begann mit Boykottmaßnahmen zu Beginn des Jahres 1914. Darauf folgten erste gezielte Morde an kirchlichen, politischen und wirtschaftlichen Repräsentanten der Armenier sowie umfangreiche Durchsuchungs- und Plünderungsmaßnahmen. Zugleich erfolgte die Entwaffnung armenischer Soldaten der osmanischen Armee ab Februar 1915, ihre Überführung in Arbeitsbataillone und ihre anschließende Ermordung.

Von Norden nach Süden Anatoliens wurden die Armenier Stadt für Stadt und Dorf für Dorf in Richtung der syrischen Wüste deportiert. Die armenischen Männer wurden von ihren Familien getrennt, aus den Städten und Dörfern geführt und exekutiert, sodass die Deportationszüge zum großen Teil aus Frauen und Kindern bestanden. Die Deportierten wurden auf dem Weg immer wieder von Freischärlern und der eigens hierfür gegründeten *Teşkilat-ı Mahsusa* (Sonderorganisation), die örtlich von zu diesem Zweck freigelassenen Straftätern verstärkt wurden, überfallen. Die Gendarmerie, die die Deportationszüge begleitete, verhinderte keine dieser Aktionen, sondern beteiligte sich oftmals an den Gewalttaten. Aufgrund von Massakern, Vergewaltigungen, gewaltsamen Plünderungen, Epidemien und Mangelernährung erreichten nur wenige Armenier die Bestimmungsorte in Mesopotamien. Viele der Überlebenden starben auch hier an Unterernährung, Dehydration bzw. Krankheiten oder fielen weiteren Massakern zum Opfer.

Wie viele Armenier dieser Politik zum Opfer fielen, lässt sich nicht mit Sicherheit bestimmen. Moderne Schätzungen liegen zwischen 800 000 und über 1,5 Millionen Menschen[174].

174 Ob es sich bei den Massakern an den Armenieren um die Niederschlagung eines Aufstandes, einen Genozid oder um ethnische Säuberungen gehandelt hat, wird im Westen und in der Türkei unterschiedlich bewertet, siehe dazu: Guenter Lewy: The Armenian Massacres in the Ottoman Turkey. A Disputed Genocide. Salt Lake City: Univ. of Utah Press, 2005.

Die Schlacht von Gallipoli (Çanakkale) 1915/16

Da der Hauptteil der britischen Armee in den Schützengräben der Westfront in Europa gebunden war, sollte eine alliierte Flottenoperation gegen Istanbul die Osmanen zur Aufgabe und zum Ausscheiden aus dem Krieg zwingen. Im Februar und März 1915 versuchte die britische Flotte den Durchbruch durch die Dardanellen, um von dieser Seite her Istanbul zu erreichen. Sie scheiterte aber an den massiven türkischen Küstenbefestigungen, die mit deutscher Hilfe ausgebaut worden waren. Um diese Befestigungen auszuschalten, sollte eine amphibische Landung an den Dardanellen die Entscheidung bringen. Die britischen Kräfte sammelten in Ägypten eine Streitmacht von ANZAC-Truppen[175] und griffen am 25. April 1915 die Halbinsel von Gallipoli (Çanakkale) an.

Es sollte eine der blutigsten Schlachten des Ersten Weltkrieges werden. Besonders die schlecht geführten Truppen des britischen Empire erlitten schwere Verluste[176]. Diese zwangen die Expeditionskräfte der Alliierten bis zum 9. Januar 1916 zum endgültigen Rückzug. Ihr Gegner in dieser Schlacht war die türkische fünfte Armee unter dem deutschen General Liman von Sanders, die vom Deutschen Reich gut ausgebildet und bewaffnet ein ebenbürtiger Gegner für die alliierten Truppen war[177].

---

175 Australian and New Zealand Army Corps.

176 205 000 ANZAC- Soldaten und 47 000 französische Soldaten fanden hier den Tod, die an Krankheiten Gestorbenen eingerechnet.

177 Unter den türkischen Offizieren befand sich auch Mustafa Kemal als Kommandant der 19. Division, der spätere Staatspräsident der Türkei nach 1923, der zum Sieger von Gallipoli hochstilisiert wurde.

Der Krieg im Irak und in Palästina

Auch im Irak erlitten die Briten eine schwere Niederlage gegen die osmanischen Truppen. Die britische Führung plante einen Vormarsch ihrer Truppen von Basra aus nach Norden, um den Irak einzunehmen und später von hier aus in den Süden Anatoliens vorzustoßen. Bei Kut-El-Amara, etwa 100 Kilometer südlich von Bagdad, konnten die Osmanen unter der Führung des deutschen Barons Colmar von der Goltz allerdings die britische Expeditionsstreitmacht, bestehend vor allem aus indischen Truppen, einkesseln und gefangen nehmen[178].

London reagierte auf die Niederlagen von Gallipoli und Kut-el-Amara im April 1916 und verstärkte seine Anstrengungen im Nahen Osten. Man stellte eine neue Streitmacht von 150 000 gut bewaffneten und ausgerüsteten Soldaten unter General Stanley Frederik Maude (1864–1917) auf, baute Basra zu einem Nachschubstützpunkt aus, konstruierte Eisenbahnlinien für den Nachschub und brachte Flussboote zum Tigris.

Auch in Ägypten erhielten die britischen Kräfte mit General Archibald Murrey (1860–1945) einen neuen Kommandanten, der das Osmanische Reich an dessen Südflanke über den Sinai und Palästina angreifen sollte.

Anfang 1917 begann der Angriff der britischen Armee, der von Beduinen auf der Arabischen Halbinsel unter der Führung von Thomas Edward Lawrence (1888–1935), bekannt als Lawrence von Arabien, die einen Guerillakrieg gegen die Osmanen führten, unterstützt wurde[179]. Am 11. März 1917 wurde Bagdad von Maude erobert, zwei Wochen später konnte Murrey den Sinai durchqueren und Gaza angreifen. Das Unternehmen endete aber in einem Misserfolg, ebenso ein zweiter Direktangriff,

---

178 Gardner, Nikolas; The Siege of Kut-al-Amara: At War in Mesopotamia, 1915–1916. Bloomington: Indiana Univ. Press, 2014.

179 Wilson, Jeremy; Lawrence of Arabia: The Authorised Biography of T.E. Lawrence. London: William Heinemann, 1989; Lawrence, Thomas E.; Revolt in the desert, 1927; Barr, James; Setting the Desert on Fire: T.E. Lawrence and Britain's Secret War in Arabia, 1916–18. New York: W.W. Norton & Co, 2008.

der an den starken osmanischen Befestigungen vor Gaza scheiterte. Murreys Niederlage führte zugleich zu seiner Absetzung. Ein neuer Kommandant, General Edmund Allenby (1861–1936), wurde ernannt und mit der Aufgabe betraut, Palästina zu erobern. Sein Ziel war Jerusalem, das er mit Hilfe Australischer und Neuseeländischer Truppen am 11. Dezember 1917 einnehmen konnte[180].

Die hohen Verluste an Soldaten an den europäischen Fronten brachte schließlich eine Unterbrechung der Offensiven gegen die Osmanen in Palästina und im Irak, da die Soldaten in Frankreich gebraucht wurden. Erst im September 1918 begann Allenby wieder eine Offensive mit Truppen aus den britischen Kolonien von Indien und Burma. In der Schlacht von Megiddo am 19. September 1918 konnte er die Frontlinie der Türken durchbrechen und die türkische Yildirim-Armee zur Auflösung bringen. Damaskus fiel am 1. Oktober, Aleppo, die letzte Stadt die Allenby erobern sollte, am 26. Oktober 1918. Am 30. Oktober 1918 kapitulierte das Osmanische Reich und schloss am 31. Oktober 1918 den Waffenstillstand von Mudros (auf der griechischen Insel Limnos). Am selben Tag trat auch der Waffenstillstand an der Palästina-Front in Kraft, nachdem die britischen Truppen in einem Monat mehr als 75 000 Gefangene gemacht hatten.

Die unmittelbaren Folgen des Krieges waren für das Osmanische Reich katastrophal. Schon 1916 hatte Husain Ibn Ali, der Emir von Mekka, die osmanische Oberhoheit abgeschüttelt und sich zum König von Arabien ausrufen lassen. Er wurde schließlich als König des Hedschas anerkannt, während der übrige Teil des Reichs gemäß dem Sykes-Picot-Abkommen[181] in Interessenssphären aufgeteilt wurde. In der Balfour-Deklaration[182] von

---

180 Allenby war der 34. Eroberer von Jerusalem und der erste christliche seit den Kreuzzügen.

181 Das Sykes-Picot-Abkommen vom 16. Mai 1916 war eine geheime Übereinkunft zwischen den Regierungen Großbritanniens und Frankreichs, durch die deren koloniale Interessengebiete im Nahen Osten nach der Zerschlagung des Osmanischen Reichs im Ersten Weltkrieg festgelegt wurden.

182 In der Balfour-Deklaration vom 2. November 1917 erklärte sich Großbritannien einverstanden mit dem 1897 festgelegten Ziel des Zionis-

1917 wurde den Juden eine »nationale Heimstätte« in Palästina versprochen. Wegen der Oktoberrevolution schied Russland zwar mit dem Friedensvertrag von Brest-Litowsk aus dem Krieg aus, aber die alliierten Siegermächte besetzten im November 1918 den Großteil des Osmanischen Reichs. Das »Jungtürkische Triumvirat« aus Cemal Pascha, Talat Pascha und Enver Pascha wurde entlassen und flüchtete. Nachdem im selben Jahr Sultan Mehmed V. gestorben war, rückte sein Bruder Mehmed VI. Vahideddin (1861–1926) als letzter Sultan der Osmanen auf den Thron nach. Dieser war den Siegermächten des Ersten Weltkriegs politisch jedoch völlig ausgeliefert und musste den demütigenden Vertrag von Sèvres unterschreiben. Nach der offiziellen Abschaffung des Sultanats im November 1922 wurde er gezwungen ins Exil zu gehen. Damit endete die fast 600-jährige Geschichte der Dynastie der Osmanen als Herrschergeschlecht und des von ihnen regierten Staats.

mus, in Palästina eine »nationale Heimstätte« des jüdischen Volkes zu errichten. Dabei sollten die Rechte bestehender nicht-jüdischer Gemeinschaften gewahrt bleiben.

Die Türkei nach 1918 bis zur Republik 1923

Nach Kriegsende besetzten die alliierten Siegermächte weite Teile Anatoliens. Den Türken blieb nur mehr ein kleiner Reststaat um Ankara. Da die osmanischen Truppen noch über ganz Anatolien verteilt waren, sollten sie zusammengezogen und entwaffnet werden. Dafür entsandten die Engländer den türkischen General Mustafa Kemal (1881–1938).

Mustafa Kemal wurde 1881 in Thessaloniki geboren, durchlief die Kriegsschule in Istanbul und hatte seine ersten militärischen Einsätze in Syrien. Er war Mitglied der Jungtürken und diente im Ersten Balkankrieg auf der Halbinsel Gallipoli, zu der er im Ersten Weltkrieg zurückkehrte und hier als Divisionskommandeur die Verteidigung gegen die ANZAC-Truppen mitorganisierte. Er wurde zum Pascha und Ghazi ernannt, diente dann an der Kaukasischen Front und kommandierte 1918 die türkische Siebente Armee in Palästina. Mit Ende des Krieges wurde er zum Generalinspekteur ernannt, der die Auflösung der türkischen Armee beaufsichtigen und organisieren sollte.

Anstatt aber den britischen Auftrag zu erfüllen, formierte Mustafa Kemal den nationalen Widerstand gegen die Besatzer und verbündete sich mit einflussreichen und mächtigen Politikern, Großgrundbesitzern und Militärs in Anatolien zum »Verein zur Verteidigung der Rechtsansprüche Anatoliens«. Im »Nationalpakt« verkündete der Verein die Souveränität der anatolischen Resttürkei. Als die türkische Nationalversammlung, die Sultan Mehmed VI. zuvor aufgelöst hatte, auf Drängen Kemals wieder einberufen wurde, sprachen sich die Abgeordneten, die sich mehrheitlich aus Jungtürken zusammensetzten, ebenfalls für den »Nationalpakt« aus. Daher wurden einzelne Abgeordnete von den Militärs der Besatzer verfolgt, bis sich das Parlament endgültig auflöste. Die Jungtürken schlossen sich daraufhin Mustafa Kemal an, der in Ankara ein neues Parlament einberief. Dieses trat am 23. April 1920 erstmals zusammen und ernannte Mustafa Kemal am 3. März 1920 zum Leiter der neuen

Nationalregierung, die im Juni 1920 von der Sowjetunion unter Lenin anerkannt wurde. Kemal lehnte den in Sèvres am 10. August 1920 von Bevollmächtigten des Sultans geschlossenen Vertrag ab, der den alliierten Siegermächten die Hoheit über weite Teile Anatoliens zugestanden hatte und der die Existenz eines unabhängigen türkischen Staates in Frage stellte.

Zu diesem Zeitpunkt hatten die Soldaten der türkischen Unabhängigkeitsbewegung bereits die französischen, italienischen und armenischen Besatzer in Anatolien zurückgedrängt[183]. Auch die griechischen Truppen, die die türkische Westküste in Besitz genommen hatten, konnten bis 1922 in mehreren Feldzügen und Schlachten besiegt und aus dem Land vertrieben werden. Darauf folgte die gewaltsame Aussiedlung der griechischen Volksgruppe von der Westküste Kleinasiens, wo sie seit der Antike gesiedelt hatte[184].

Am 24. Juli 1923 unterzeichneten die Siegermächte des Ersten Weltkriegs und die neue türkische Nationalregierung unter Mustafa Kemal den Vertrag von Lausanne[185] und erkannten damit die neu gegründete Türkische Republik an. Am 29. Oktober 1923 rief Mustafa Kemal die türkische Republik aus und wurde zum ersten türkischen Staatspräsidenten ernannt, der er bis zu seinem Tode 1938 blieb.

Am 3. März 1924 beschloss die Nationalversammlung die Abschaffung des Kalifenamts, das bis dahin noch von der osmanischen Herrscherdynastie unter Abdülmecid II. ausgeführt worden war. Am Tag darauf mussten alle Angehörigen der Familie

183 Kinross, Patrick; Atatürk: The Rebirth of a Nation. London: Phoenix Press, 2003.

184 Diese von Griechenland als »Kleinasiatische Katastrophe« empfundenen Ereignisse sind eine der Hauptursachen für die immer noch auftretenden Schwierigkeiten zwischen der heutigen Türkei und Griechenland.

185 Die »Konvention über den Bevölkerungsaustausch zwischen Griechenland und der Türkei« wurde in Lausanne am 30. Januar 1923 von den Regierungen Griechenlands und der Türkei unterzeichnet. Sie betraf 1,6 Millionen Personen (etwa 1,2 Millionen anatolische Griechen und 400 000 Muslime in Griechenland). Die Griechen in Istanbul und die Muslime in Westthrakien wurden von der Regelung ausgenommen.

Osman, wie bereits zuvor Sultan Mehmed VI. Vahideddin, die Türkei verlassen. Die Derwischklöster und religiösen Gerichtshöfe wurden geschlossen, Religionsschulen für Geistliche und Richter aufgelöst, die allgemeine Schulpflicht eingeführt und alle Schulen einem Erziehungsministerium unterstellt.

Auch in der Öffentlichkeit sollte sich die türkische Gesellschaft nach den Wünschen Mustafa Kemals moderner und westlicher zeigen. Die orientalische Kopfbedeckung, der Fes, wurde verboten und 1925 der europäische Krempenhut verordnet. Ferner wurden die Logen der islamischen Orden verboten. 1926 wurde das Zivilrecht der Schweiz übernommen und die Polygamie sowie religiöse Eheschließungen abgeschafft, 1928 kam es zur Streichung des Islam als Staatsreligion aus der Verfassung. Im gleichen Jahr erfolgte die Umstellung von arabischer Schrift auf das neue türkische Alphabet und ab 1932 musste der Gebetsruf, anders als in allen anderen islamischen Ländern, auf Türkisch erfolgen.

1934 erhielten die Frauen das passive und aktive Wahlrecht und wurden den Männern rechtlich gleichgestellt. Im gleichen Jahr verlieh das Parlament Mustafa Kemal den Titel Atatürk, »Vater aller Türken«, ein Name, der bis heute als Synonym für seine Person gilt und Kemal zur Ikone der Türkei stilisiert.

Am 10. November 1938 starb Mustafa Kemal Atatürk. Er hinterließ dem türkischen Staat die Philosophie des Kemalismus, der auf den sechs Grundsätzen Nationalismus, Republikanismus, Revolutionismus, Etatismus, Volkswohl und Laizismus gründet und so in der türkischen Verfassung verankert ist.

Die Regierungszeiten der osmanischen Sultane

Osman I. Ghazi 1288–1326
Orhan I. Ghazi 1326–1359 oder 1362
Murad I. Ghazi 1359 oder 1362–1389
Bayezid I. der Blitz 1389–1402

Interregnum 1402–1413

Mehmed I. 1413–1421
Murad II. 1421–1444, 1446–1451
Mehmed II. der Eroberer 1444–1446, 1451–1481
Bayezid II. der Heilige 1481–1512
Selim I. der Gestrenge 1512–1520
Süleyman I. der Prächtige 1520–1566
Selim II. der Trunkene 1566–1574
Murad III. 1574–1595
Mehmed II. 1595–1603
Ahmed I. 1603–1617
Mustafa I. 1617–1618, 1622–1623
Osman II. 1618–1622
Murad IV. Ghazi 1623–1640
Ibrahim der Verrückte 1640–1648
Mehmed IV. 1648–1687
Süleyman II. 1687–1691
Ahmed II. 1691–1695
Mustafa II. 1695–1703
Ahmed III. 1703–1730
Mahmud I. 1730–1754
Osman III. 1754–1757
Mustafa III. 1757–1774
Abdülhamid I. 1774–1789
Selim III. 1789–1807
Mustafa IV. 1807–1808
Mahmud II. der Reformer 1808–1839

Abdülmecid I. 1839–1861
Abdülaziz 1861–1876
Murad V. 1876
Abdülhamid II. 1876–1909
Mehmed V. Reşat 1909–1918
Mehmed VI. Vahdettin 1918–1922
Abdülmecid II. (nur als Kalif) 1922–1924

Zeittafel Turkstämme, Seldschuken und Osmanisches Reich

Anfang 6. Jht.: Erste Erwähnung der Türken in Zentralasien
552: Erstes türkisches Staatswesen
682: Göktürken schütteln die chinesische Oberherrschaft ab
744: Uiguren bilden einen Staat
762: Manichäismus wird Staatsreligion der Uiguren
840: Uiguren von Kirgisen verdrängt
6.–11. Jht.: Reich der Chasaren in Südrussland
10. Jh.: Karachaniden nehmen den Islam an
999: Türkische Eroberung von Buchara
10.–12. Jht.: Reich der Ghaznaviden im Iran
Um 1000: Seldschuk, Stammesführer bei den Oghusen, nimmt mit seinem Stamm des Islam an
1034: Seldschuken erobern Khorasan
1040: Schlacht von Dandarqan, Seldschuken besiegen die Ghaznaviden
1051: Der Seldschukenfürst Tuğrul erobert Persien und macht Isfahan zu seiner Hauptstadt
1055: Tuğrul erobert Bagdad und wird Schutzherr des Kalifen
1071: Schlacht bei Manzikert/Malazgirt, Byzantiner aus Zentralanatolien verdrängt
1081: Gründung des Reichs der Rum-Seldschuken
1176: Sieg der Seldschuken bei Myriokephalon über die Byzantiner
1177: Die Seldschuken nehmen Malatya ein
1204: Besetzung von Konstantinopel durch die Kreuzfahrer; Gründung des byzantinischen Kaiserreichs von Nikäa und des Reichs von Trapezunt
1220: Alaeddin Keykubad I. besteigt den Thron
1243: Die Seldschuken werden nach der verlorenen Schlacht am Kösedag Vasallen der Mongolen (Ilkhaniden)
1261: Kaiser Michael VIII. gewinnt Konstantinopel zurück
1288/89: Überliefertes Todesjahr von Ertoğrul Ghazi, dem Vater Osmans

1291: Akkon unterliegt als letzte Kreuzfahrerbastion den Mameluken
1295: Übertritt des Ilkhan Ghazan zum Islam.
1261–1300: Gründung der Emirate von Mentese, Aydm, Saruhan, Karesi und Osman in Westanatolien
1290–1324: Osman I.
1301: Osman siegt über eine byzantinische Armee bei Baphaion unweit Nikomedia/Izmit.
1303: Der letzte Sultan der Rum-Seldschuken, Alaeddin Keykubad III., wird durch den Ilkhaniden Ghazan hingerichtet, Ende des Reichs der Rum-Seldschuken
1304: Kleinasiatische Expedition der Katalanischen Kompagnie
1324–62: Orhan
1326: Eroberung von Bursa
1331: Eroberung von Nikäa (Iznik)
1335: Ende des Mongolenreichs im Iran
1354: Eroberung von Ankara und Gelibolu (Gallipoli)
1361: Eroberung von Adrianopel (Edirne)
1362–89: Murad I.
1363–65: Ausbreitung der Osmanen in Bulgarien und Thrakien
1371–73: Sieg bei Chermanon; Byzanz und die Balkanfürsten erkennen die Oberhoheit der Osmanen an
1385: Eroberung von Sofia
1389: Sieg bei Kosovo-Polje über eine Koalition von Balkanstaaten
1389–1402: Bayezid I., genannt Yildirim (der Blitz)
1396: Schlacht von Nikopolis, Osmanen besiegen ein abendländisches Ritterheer
1402: Schlacht von Ankara, Zusammenbruch des Osmanischen Reichs gegen den Mongolen Tamerlan
1403–13: Bürgerkrieg unter Bayezid I. Söhnen um das Sultanat
1413–21: Mehmed I.
1421–44: Murad II.
1423–30: Osmanisch-Venezianischer Krieg um Thessaloniki
1425: Annexion von Izmir und Rückeroberung von Westanatolien
1439: Annexion von Serbien
1443: Johann Hunyadi erobert den Balkan

1444: Schlacht von Varna, Neuerrichtung des Despotates Serbien
1444–46: Mehmed II.
1448: Zweite Schlacht von Kosovo-Polje
1453: Eroberung von Konstantinopel und Pera
1459: Eroberung von Serbien und der Morea (Peloponnes)
1461: Eroberung des Reichs von Trapezunt
1463–79: Krieg mit Venedig
1468: Eroberung von Karaman
1473: Schlacht von Baskent
1475: Eroberung der genuesischen Handelsniederlassungen auf der Krim
1481–1512: Bayezid II.
1485–91: Krieg mit den ägyptischen Mameluken
1499–1503: Krieg mit Venedig, Eroberung von Lepanto, Coron und Modon
1512–20: Selim I.
1514: Selim besiegt Schah Ismail I. in Çaldiran
1516: Eroberung von Diyarbakir; Annexion von Ostanatolien; Niederlage der Mameluken bei Marj Dabiq
1517: Schlacht bei Ridanieh, Eroberung von Ägypten; Unterwerfung von Mekka
1520–66: Süleyman I., genannt der Prächtige oder der Gesetzgeber
1521: Eroberung von Belgrad
1522: Eroberung von Rhodos
1526: Schlacht bei Mohács; Ungarn wird Vasallenstaat
1529: Erste Belagerung von Wien
1534: Eroberung von Täbriz und Bagdad
1537–40: Krieg mit Venedig
1538: Belagerung von Diu in Indien
1541: Annexion von Ungarn
1553–55: Krieg mit dem Iran
1565: Belagerung von Malta
1566–74: Selim II.
1569: Handelskapitulationen mit Frankreich; Kriegszug gegen Russland; Belagerung von Astrachan
1570: Uluç Ali erobert Tunis; Kriegszug gegen Zypern; Eroberung von Nicosia

1571: Seeschlacht von Lepanto
1573: Friede mit Venedig und dem Kaiser
1574–95: Murad III.
1578–90: Annexion von Aserbeidschan
1580: Handelskapitulationen mit England
1589: Aufstand der Janitscharen in Istanbul
1593–1606: Krieg mit den Habsburgern
1595–1603: Mehmed III.
1596: Çelali-Aufstände in Anatolien
1603–39: Kriege mit dem Iran
1603–17: Ahmed I.
1606: Frieden von Zsitvatorok mit den Habsburgern
1609: Unterdrückung der Çelali in Anatolien
1612: Handelskapitulationen mit Holland
1613–35: Aufstand des Manoglu Fahreddin
1618: Frieden mit dem Iran, osmanischer Rückzug aus Aserbeidschan
1618–22: Osman II.
1621: Invasion von Polen
1622: Ermordung von Osman II.
1617–18: Mustafa I.
1623–40: Murad IV.
1624–28: Rebellion in Kleinasien, Anarchie in Istanbul
1632: Murad übernimmt die Kontrolle über die Regierung
1635: Belagerung von Erivan
1624–39: Krieg mit dem Iran, Verlust von Bagdad
1637: Verlust von Asow an die Kosaken
1638: Wiedereroberung von Bagdad
1640–48: Ibrahim I.
1640: Wiedereroberung von Asow
1645–69: Krieg mit Venedig; Invasion von Kreta, Belagerung von Candia
1648: Absetzung und Ermordung von Ibrahim I.
1648–87: Mehmed IV.
1649–51: Janitscharen beherrschen Istanbul und die Çelali-Paschas die asiatischen Provinzen
1651–55: Anarchie in Istanbul
1656: Köprülü Mehmed zum Großwesir ernannt

1656–59: Wiedererlangung der Kontrolle durch die Regierung über die Janitscharen und in den Provinzen
1658–59: erneut Herrschaft über Transsylvanien und die Walachei
1661–76: Köprülü Fazil Ahmet Großwesir
1663: Krieg mit den Habsburgern
1664: Niederlage der Osmanen bei St. Gotthard, Frieden von Vasvar
1669: Verlust von Candia, Frieden mit Venedig
1672–76: Krieg mit Polen, Annexion von Podolien, Vertrag von Zuravno
1676–83: Kara Mustafa Großwesir
1681: Französischer Angriff auf Chios
1683: Zweite Belagerung von Wien
1684: Heilige Liga gegen die Türken durch Kaiser, Venedig und Polen
1686: Verlust von Buda, Venedig erobert Morea
1687: Zweite Schacht bei Mohács; Rebellion der Armee, Absetzung von Mehmed IV.
1687–91: Süleyman II.
1688: Verlust von Belgrad
1689: Österreicher besetzen den Kosovo, Russen attackieren die Krim
1689–91: Köprülü Fazil Mustafa Großwesir; Steuerreform
1690: Rückeroberung von Belgrad
1691–95: Ahmed II.
1691: Schlacht von Slankamen; Tod des Fazil Mustafa
1695–1703: Mustafa II.
1695: Verlust von Asow
1696: Angriff auf Ungarn
1697: Niederlage in der Schlacht bei Zenta
1698–1702: Köprülü Hüseyin Großwesir
1699: Frieden von Karlowitz
1700: Frieden mit Russland
1703: Aufstand der Armee, Absetzung von Mustafa II.
1703–30: Ahmed III.
1709: Karl XII., König von Schweden, sucht Zuflucht bei den Osmanen

1711: Schlacht an der Pruth, Sieg über Zar Peter I., Aufstand in Kairo
1713: Frieden mit Russland, Rückgewinnung Asows, Rückkehr Karls XII. nach Schweden
1714–18: Krieg mit Venedig, Eroberung von Morea
1716: Krieg mit Österreich
1717: Verlust von Belgrad
1718–30: Ibrahim Pascha Großwesir
1718: Frieden von Passarowitz mit Österreich und Venedig, Rückgewinnung Moreas, Teile von Serbien und der Walachei an Österreich
1723–27: Krieg mit dem Iran, Eroberung von Aserbeidschan und Hamadan
1730: Patrona Halil-Aufstand; Absetzung von Ahmed III.; Ende der Tulpenzeit
1730–36: Gegenangriff des Iran, Verlust von Aserbeidschan und des West-Iran
1730–54: Mahmud I.
1736–39: Krieg mit Russland und Österreich
1739: Frieden mit Russland und Österreich, Rückgewinnung von Belgrad
1743–46: Krieg mit dem Iran unter Nadir Schah
1754–57: Osman III.
1757–74: Mustafa III.
1768–74: Krieg mit Russland
1770: Russische Flotte in der Ägäis
1771: Russische Invasion der Krim
1773: Rebellion des Ali Bey in Ägypten
1774–89: Abdülhamid I.
1774: Frieden von Küçük Kaynarca
1783: Russische Annexion des Khanates der Krim
1787: Krieg mit Russland
1789–1807: Selim III.
1792: Vertrag von Jassy
1798: Napoleon in Ägypten
1804: Revolte der Serben
1805–48: Muhammad Ali regiert Ägypten
1807: Selims Reformprogram durch Revolte abgeschafft

1807–08: Mustafa IV.
1808–39: Mahmud II.
1811: Muhammad Ali lässt in Ägypten die Mamelukenemire ermorden
1812: Vertrag von Bukarest
1826: Auflösung des Janitscharenkorps
1832: Schlacht von Konya
1833: Vertrag von Hünkiar-Iskelesi mit Russland
1839: Schlacht von Nizip gegen Ibrahim Ali
1839–61: Abdülmecid I.
1839: Beginn des Tanzimat mit dem Sultansedikt von Gülhane
1853–56: Krimkrieg
1856: Vertrag von Paris
1861–76: Abdülaziz
1876: Bankrott des Osmanischen Reichs
1876: Erste osmanische Verfassung
1876–1909: Abdülhamid II.
1878: Vertrag von Berlin
1885: Verlust von Ostrumelien an Bulgarien
1896–97: Aufstand in Kreta; Krieg mit Griechenland
1908: Revolte der Jungtürken und Wiedereinsetzung der Verfassung von 1876
1909–18: Mehmed V.
1911: Krieg mit Italien um Libyen
1912–13: Balkankriege
1914–18: Erster Weltkrieg
1918–22: Mehmed VI.
1920: Franzosen errichten ein Mandatsgebiet in Syrien, England im Irak und in Palästina
1922: Abdankung von Mehmed VI.
1923: Proklamation der Republik Türkei durch Mustafa Kemal

Weiterführende Literatur

Agoston, Gábor; Masters, Bruce (Hg.); Encyclopedia of the Ottoman Empire. New York: Facts on File, 2008.

Barkey, Karen; Empire of Difference: The Ottomans in Comparative Perspective. Cambridge & New York: 2008.

Beeching, Jack; Don Juan d'Austria. Sieger von Lepanto. München: Prestel-Verlag, 1983.

Chandler, David G.; Malta 1565. Last Battle of the Crusades,. Orsprey Campaign 50: Oxford, 1998.

Çiçek, Kemal (Hrsg.); The Great Ottoman-Turkish Civilisation. 4 Bände: 1. Politics, 2. Economy and Society, 3. Philosophy, Science and Institution, 4. Culture and Arts. Yeni Türkiye Yayınları: Ankara, 2000.

Davison, Roderic H.; Reform in the Ottoman Empire, 1856–1876. New York: Gordian Press, 1973.

Deringil, Selim; The well-protected domains. Ideology and the legitimation of power in the Ottoman Empire, 1876–1909. London & New York: I.B. Tauris, 1998.

Findley, Carter V.; Bureaucratic Reform in the Ottoman Empire. The Sublime Porte, 1789–1922, Princeton: Princeton Univ. Press, 1980.

Faroqhi, Suraiya N.; The Cambridge History of Turkey. Bd. 3, Cambridge [u. a.]: Cambridge Univ. Press, 2006.

Faroqhi, Suraiya N., Fleet Kate (Hg.); The Cambridge History of Turkey. Bd. 2, Cambridge [u. a.]: Cambridge Univ. Press, 2012.

Faroqhi, Suraiya N.; Geschichte des Osmanischen Reiches. 6. Auflage, C.H. Beck: München, 2014.

Faroqhi, Suraiya N.; Kultur und Alltag im Osmanischen Reich. Vom Mittelalter bis zum Anfang des 20. Jahrhunderts. 2. Auflage, C. H. Beck: München, 2003.

Findley, Carter Vaughn; The Turks in World History. Oxford, 2005.

Finkel, Caroline; Osman's Dream: The Story of the Ottoman Empire, 1300–1923. John Murray: London, 2005.

Fleet, Kate (Hg.); The Cambridge History of Turkey. Bd. 1, Cambridge [u. a.]: Cambridge Univ. Press, 2009.

Freely, John; Storm on Horseback. The Seljuk Warriors of Turkey, London & New York: I. B. Tauris, 2008.
Frye, R. N.; The Cambridge History of Iran, Bd. 4, The period from the Arab Invasion to the Saljuqs. Cambridge [u. a.]: Cambridge Univ. Press, 1975.
Goodwin, Jason; Lords of the Horizons: A History of the Ottoman Empire. New York: H. Holt, 2003.
Haythornthwaite, Philip J.; Gallipoli 1915. Frontal Assault on Turkey. London: Osprey, 1991.
Imber, Colin; The Ottoman Empire, 1300–1650: The Structure of Power. Houndmills [u. a.]: Palgrave Macmillan, 2002.
Inalcik, Halil (Hg.); An Economic and Social History of the Ottoman Empire, 1300–1914. 2 Bände, Cambridge: Cambridge Univ. Press, 1997.
Inalcik, Halil; The Ottoman Empire: The Classical Age 1300–1600, London: Phoenix Press, 2003.
Inalcik, Halil; Quataert, Donald (Hg.); An Economic and Social History of the Ottoman Empire, 1300–1914. Cambridge & New York: Cambridge Univ. Press, 1995.
Imber, Colin; The Ottoman Empire, 1300–1650: The Structure of Power. Houndmills [u. a.]: Palgrave Macmillan, 2002.
Itzkowitz, Norman; Ottoman Empire and Islamic Tradition. Chicago: Univ. of Chicago Press, 1980.
Kasaba, Reşat (Hrsg); The Cambridge History of Turkey. Bd. 4, Cambridge [u. a.]: Cambridge Univ. Press, 2008.
Kinross, Patrick Balfour Baron; Kinross John Patrick Douglas Balfour; The Ottoman Centuries: The Rise and Fall of the Turkish Empire. New York: W. Morrow, 1977.
Kreiser, Klaus; Der Osmanische Staat 1300–1922. Oldenburg Wissenschaftsverlag. C. H. Beck: München, 2008.
Kreiser, Klaus; Neumann, Christoph K.; Kleine Geschichte der Türkei. Stuttgart: Reclam, 2009.
Matuz, Josef; Das Osmanische Reich. Grundlinien seiner Geschichte. Darmstadt: Wissenschaftliche Buchgesellschaft, 1985.
McCarthy, Justin; The Ottoman Turks: An Introductory History to 1923. New York: Longman, 1997.
McMeekin, Sean; The Berlin-Baghdad Express: The Ottoman

Empire and Germany's Bid for World Power. Cambridge: Belknap Press, 2010.

Nicolle, David; Armies of the Ottoman Turks 1300–1774. London: Osprey Publishing, 1983.

Palmer, Alan; The Decline and Fall of the Ottoman Empire. New York: Barnes and Noble, 1992.

Pamuk, Sevket; A Monetary History of the Ottoman Empire. New York & Cambridge: Cambridge Univ. Press, 1999.

Quataert, Donald; The Ottoman Empire 1700–1922. Cambridge: Cambridge Univ. Press, 2005.

Saunders, John Joseph; A History of Medieval Islam. London: Routledge, 1972.

Shaw, Stanford; Shaw, Ezel Kural; History of the Ottoman Empire and Modern Turkey. 2 Bände. Cambridge: Cambridge Univ. Press, 1977. Band 1: Empire of the Gazis: The Rise and Decline of the Ottoman Empire 1280–1808; Band 2: Reform, Revolution, and Republic: The Rise of Modern Turkey 1808–1975.

Sicker, Martin; The Islamic World in Ascendancy: From the Arab Conquests to the Siege of Vienna. Praeger Publishers, 2000 (online).

Sicker, Martin; The Islamic World in Decline: From the Treaty of Karlowitz to the Disintegration of the Ottoman Empire. Praeger, 2001 (online).

Somel, Selcuk Aksin; Historical Dictionary of the Ottoman Empire. Lanham [u. a.]: Scarecrow Press, 2003.

Stone, Norman; Turkey. A short History. London: Thames & Hudson, 2014.

Talbot-Rice, Tamara; The Seljuks in Asia Minor, New York: Praeger, 1961.

Uyar, Mesut; Erickson, Edward; A Military History of the Ottomans: From Osman to Atatürk. Westport: Praeger, 2009.

Woodhead, Christine; The Ottoman World. London: Routledge, 2012.

FSC
www.fsc.org
MIX
Papier aus verantwortungsvollen Quellen
FSC® C083411

Bibliografische Information der Deutschen Nationalbibliothek
Die Deutsche Nationalbibliothek verzeichnet diese Publikation in der Deutschen Nationalbibliografie; detaillierte bibliografische Daten sind im Internet über
http://dnb.d-nb.de abrufbar.

Covergestaltung: Kerstin Göhlich
Bildnachweis: The siege of Vienna by the Ottoman Emprie, 1683, Austria, 17th century © akg-images GmbH / De Agostini Picture
Satz und Bearbeitung: SATZstudio Josef Pieper, Bedburg-Hau
Der Titel wurde in der Palatino Linotype gesetzt.
Gesamtherstellung: CPI books GmbH, Leck – Germany

ISBN: 978-3-7374-1002-1

www.verlagshaus-roemerweg.de